PRO S

CW01646060

ACTES DU COLLOQUE INTERNATIONAL DE GENÈVE

JUIN 1996

Publiés par
Danielle Buyssens,
Jean-Daniel Candaux,
Jacques Droin
Daniel Maggetti

Société d'études töpffériennes, Genève
et Georg éditeur, Chêne-Bourg, 1998

Actes du colloque international organisé les 6 et 7 juin 1996 au Musée d'art et d'histoire de Genève, sous les auspices de la Société d'études töpfföriennes et grâce au soutien de la Loterie Romande, dans le cadre des événements *Rodolphe Töpffer 1996* du Département des affaires culturelles de la Ville de Genève.

Cette publication bénéficie de la générosité du Fonds Rapin de l'Etat de Genève, ainsi que de l'aide de la Société Académique Vaudoise.

Couverture: Rodolphe Töpffer, *Histoire de Monsieur Crépin,* autographié chez Frutiger, Genève, 1837

Graphisme: Suzanne Rivier, Genève

Impression sous la direction de J.G. Cecconi, m+h, Chêne-Bourg

Société d'études töpffériennes
p.a. Bibliothèque publique et universitaire
Promenade des Bastions
1211 Genève 4
Présidente: Danielle Buyssens

© 1998, Société d'études töpffériennes, Genève, les auteurs, et Editions Médecine et Hygiène, département Livre Georg, Chêne-Bourg
Tous droits de reproduction, de traduction et d'adaptation réservés pour tous les pays
ISBN 2-8257-0624-8

SOMMAIRE

ROMANS ET VOYAGES

HÉRITAGES

INTRODUCTION

par Jacques Droin
Ancien président

La Société d'études töpffériennes a pris l'initiative de célébrer, en 1996, le cent-cinquantième anniversaire de la mort de Rodolphe Töpffer. Elle a voulu que cette célébration retînt l'attention du public genevois, suisse et étranger, et l'amenât à découvrir ou redécouvrir l'écrivain, l'auteur des albums en estampes et le dessinateur. Pour cela, elle a publié chez l'éditeur Skira l'important ouvrage *Töpffer*, patronné une exposition organisée par le Musée d'art et d'histoire au Musée Rath et destinée à permettre à tous d'admirer des dessins et des œuvres originales de l'artiste, et enfin participé à l'organisation d'un colloque scientifique.

Le présent volume contient les exposés présentés lors de ce colloque par des spécialistes qui ont fait partager à un large public réuni au Musée d'art et d'histoire les 6 et 7 juin 1996 le résultat de leurs recherches, en particulier dans des domaines que ni l'ouvrage ni l'exposition n'avaient mis en évidence.

Il nous a paru nécessaire, d'abord, de situer Rodolphe Töpffer dans son époque, de dresser le cadre économique et social dans lequel est apparu son œuvre si multiple et si nouveau sous certains aspects. Dans cette perspective, il convenait en particulier de mettre en rapport ses caricatures avec celles des autres auteurs du début du dix-neuvième siècle et de montrer en quoi Rodolphe Töpffer innovait. Ensuite, toujours dans le dessein de mieux faire ressortir la nouveauté de ses écrits au regard de ceux des romanciers ses contemporains, il était important que fussent abordés le thème du roman chez Rodolphe Töpffer et le caractère novateur des récits des excursions entreprises avec ses élèves, savoir des «Voyages en zigzag». Enfin, il convenait de mettre en lumière – sujet qui avait été peu examiné jusqu'à présent – l'influence de l'écrivain et dessinateur genevois sur ceux qui ont été ses successeurs plus ou moins directs ou ceux que son œuvre a influencés.

Les articles que l'on va lire, ces propos non menus, si l'on me permet ce jeu de mot, sont un complément bienvenu au gros ouvrage *Töpffer* cité plus haut. Ils permettront au lecteur de mieux se rendre compte du caractère novateur de plusieurs facettes de l'œuvre du génial genevois. En publiant ces exposés, notre Société demeure fidèle à son but, celui de faire connaître Rodolphe Töpffer et de l'apprécier à sa juste valeur cent cinquante ans après sa mort.

POLITIQUE ET SOCIÉTÉ À GENÈVE DANS LES ANNÉES 1840: TÖPFFER ET LES ÉLECTIONS

par Marc Vuilleumier

La Genève de Töpffer, l'ouvrage de Philippe Monnier paru sous ce titre, ne peut manquer d'être mentionné dès le début de cette contribution[1]. En des pages vivantes, au style à la fois familier et très élaboré, il a su évoquer d'une façon inimitable la vie quotidienne de la petite république aux alentours de 1830. Toutefois Ph. Monnier est un nostalgique qui regrette cette période qu'il n'a pas connue, sinon par la tradition orale et par ses propres recherches. Cela l'amène à partager un certain nombre de mythes, élaborés et complaisamment cultivés dans les milieux privilégiés écartés du pouvoir après 1846, tel celui des «vingt-sept années de bonheur» qui, de 1814 à 1841, auraient constitué une époque idyllique, celle d'une certaine douceur de vivre, où les groupes sociaux s'unissaient harmonieusement dans leur diversité[2]. Cette vision, qui a profondément marqué l'historiographie genevoise, est aussi celle de Töpffer et le titre du livre de Monnier peut s'entendre dans un double sens: Genève à l'époque de Töpffer et Genève telle que la voyait Töpffer.

Le problème essentiel du régime issu de la Restauration était de faire cohabiter et d'unir des populations qui, avant 1798, avaient appartenu à des entités politiques et religieuses différentes. D'autres cantons suisses, constitués à partir de territoires disparates, connaissaient une situation analogue. A Genève, malgré quinze ans de cohabitation sous le régime français, les clivages et les incompréhensions demeurent: entre paysans catholiques des communes anciennement françaises et sardes d'une part, anciens citoyens de la république protestante et citadins de l'autre; entre Genève et Carouge qui se perçoit toujours comme ville et ne se contente pas de l'état de banlieue auquel il est réduit[3]. Cette situation était peu favorable à la naissance et au développement d'un sentiment d'appartenance commune et d'identité nationale. La solution aurait consisté à dépasser le concept de nationalité genevoise qui se référait implicitement à l'ancienne république citadine protestante pour le fondre dans un nouveau sentiment d'appartenance à la Confédération; il aurait fallu créer une nouvelle identité nationale dépassant le cadre local et confessionnel. C'est ce qu'avaient fort bien compris certains libéraux protestants (F.M.L. Naville par exemple), mais ils demeurèrent isolés et ce furent les radicaux qui se firent les champions de l'intégration de Genève à la Confédération, c'est-à-dire, pour eux, à la Suisse progressiste et libérale, opposée au Sonderbund.

La situation fut encore aggravée par la politique du gouvernement genevois qui, dans les premières années de la Restauration, craignant un trop grand nombre de catholiques, n'accorda la citoyenneté genevoise aux nouveaux habitants que selon des critères trop restrictifs, ce qui suscita de nombreux mécontentements et des ressentiments durables. D'autant plus que la proportion des Genevois par rapport à la population totale ne cessera par la suite de baisser: 69,9% en 1828, 62,7% en 1843; les Confédérés, eux, qui, rappelons-le, ne jouissent pas des droits politiques, passent de 12,1% en 1822 à 14,8% en 1843 et les étrangers de 19,7% à 22,4%[4]. En 1843 donc, 37,2% de la population n'étaient pas citoyens; ces gens, suivant leur statut et leur nationalité, étaient plus ou moins défavorisés par rapport aux Genevois.

Ces modifications dans la structure de la population sont dues à la croissance naturelle, plus forte chez les non-Genevois, et à l'immigration, provenant en grande partie des régions voisines. Elles provoquent, pour la première fois, une opposition entre la conception traditionnelle de la nationalité, se fondant sur l'origine, le sang, et les tenants d'une nationalité plus ouverte, qui s'acquiert aussi par la naissance, le milieu où l'on vit, l'éducation. En 1834, *L'Europe centrale* de James Fazy réclamera l'amélioration du sort qui était «celui d'au moins un tiers de notre population, qui sous le titre d'étrangers est livré à toutes les iniquités de l'arbitraire». Prenant l'exemple des nouveau-nés savoyards, que les autorités genevoises expulsaient avec leurs parents de peur qu'ils ne soient plus reconnus par la Sardaigne, elle ajoutait:

> N'est-ce pas un véritable et bon Genevois, qui naît parmi nous de parents laborieux, et qui lui-même entre dans la vie avec la perspective d'être un citoyen utile? L'être humain qui a vu pour la première fois le ciel parmi nous, qui reçoit notre éducation, que le gouvernement de ses pères rejette, c'est notre fils adoptif, c'est en réalité un citoyen.[5]

L'accroissement de la population est dû pour une grande part à l'immigration des régions voisines; or celles-ci sont entièrement catholiques. D'où l'augmentation régulière et inéluctable de ceux-ci: 38,7% en 1822; 44,5% en 1843. Au recensement de 1860 ils passeront la barre de la majorité: 50,8%. Cette progression suscite les craintes du protestantisme et de tous ceux qui, sans être particulièrement religieux, se reconnaissent dans une identité genevoise fondée sur la Réforme. Ce sont des conservateurs pour une part, mais aussi des libéraux, opposés au régime de 1814 et partisans de réformes politiques (Marc-Antoine Fazy-Pateur, par exemple); on les trouve aussi bien dans les milieux aristocratiques et patriciens que dans la bourgeoisie ou le petit peuple de Saint-Gervais. C'est dans leurs rangs que se recrutera l'Union protestante, cette société secrète formée au printemps 1842[6]. La révélation de son existence, dès novembre 1842, contribuera à renforcer les ressentiments des catholiques à l'égard de l'ancienne Genève protestante et de ceux qui s'en réclament. En une période de difficultés économiques, alors que les gens de condition modeste (en proportion plus forte chez les catholiques que chez les protestants) avaient peine à trouver du travail, apprendre que les patrons et notables protestants s'engageaient à ne pas occuper de catholiques était propre non seulement à susciter l'indignation mais aussi à nourrir les rumeurs les plus défavorables à l'égard de ces privilégiés. On n'hésitera pas à leur imputer le chômage et la misère des années 1845-1848. Si les résultats matériels de l'Union protestante demeurent difficiles à mesurer et problématiques, ses effets psychologiques furent immenses et contribuèrent à détourner les masses catholiques de tout soutien au gouvernement genevois. Ce sera James Fazy qui profitera de cette situation lors de la révolution de 1846. On verra alors, paradoxalement, les radicaux qui avaient chassé les conservateurs du pouvoir au nom de la lutte contre le Sonderbund être soutenus par les catholiques.

Bien avant l'affaire de l'Union protestante, ceux-ci avaient déjà le sentiment d'être défavorisés. Les biens de l'ancienne République d'avant 1798, au lieu d'être joints à ceux de l'Etat, étaient administrés par un organisme particulier: la Société économique, et leurs revenus étaient destinés à l'usage exclusif de la population issue de celle de l'ancien territoire, donc protestante. C'était un gros désavantage pour les catholiques en matière de charité publique, malgré l'existence d'une fondation privée (Tronchin) en faveur des habitants des communes annexées en 1815-1816.

Dans le domaine politique aussi, le système, malgré ses réformes dues au «progrès graduel» du Premier syndic J.-J. Rigaud au cours des années 1830, jouait contre les campagnes et contre les catholiques. Pour le comprendre, voyons comment se déroulent les élections de 1834 au Conseil représentatif, lorsque Töpffer y est élu. Le tableau électoral où figurent, par ordre alphabétique, les 1 632 électeurs de la Ville et les 1 375 des communes rurales (y compris Carouge) a été arrêté par le Conseil d'Etat le 19 juillet; il a été imprimé sous forme de brochure et distribué aux électeurs. Pour y figurer, il faut être Genevois, âgé d'au moins 25 ans, n'être ni failli, ni assisté, ni domestique, et être soumis à une contribution publique d'au moins 15 florins (6,92 francs). Ceux dont l'imposition n'atteint pas ce cens électoral peuvent la compléter par un versement volontaire. Les 3 007 électeurs satisfaisant à ces conditions correspondent à une population de 56 655 habitants, dont 37 897 Genevois et probablement quelque 8 900 hommes de plus de 25 ans. On voit donc que la législation, dont principalement le cens de 15 florins (il sera abaissé à 7 florins en 1835, soit 3,23 francs), écarte du scrutin environ deux tiers des citoyens en âge de voter.

Chaque année, en août, le Conseil représentatif (250 membres plus vingt-huit conseillers d'Etat) est renouvelé par tranche de trente (les plus anciennement élus). Les candidats doivent être électeurs, âgés de 27 ans ou plus s'ils sont mariés, 30 ans s'ils sont célibataires, et ne pas appartenir aux trente députés sortants, qui doivent attendre un an pour se représenter. Le 14 juillet, le Conseil d'Etat a arrêté la liste des «aspirants», c'est-à-dire de ceux qui se présentent comme candidats; elle devrait comporter au maximum le double des sièges à repourvoir, soit soixante noms, mais on est loin du compte car trente-quatre personnes seulement se sont fait inscrire. Vingt-trois habitent la ville, onze les communes rurales. Onze sont d'anciens députés ou conseillers d'Etat. Lors du premier tour de scrutin, dans la salle de l'Hôtel de Ville, les lundi 18, mardi 19 et mercredi 20 août, on délivre 938 «billets» (bulletins de vote), ce qui donne une participation de 31,2% (36,7% pour la ville et 24,7% pour les communes rurales). L'électeur remplit lui-même son bulletin à l'une des tables prévues à cet effet, ou, s'il ne sait pas écrire ou manie trop gauchement la plume, recourt aux services d'une autre personne. Tout «billet» qui ne comporte pas trente noms est annulé; s'il en compte plus, seuls les trente premiers sont retenus. On peut faire son choix dans la liste des «aspirants» mais aussi sur celle des électeurs. Aussi le journal conservateur *Le Fédéral* du 8 août a-t-il publié, à côté des trente-quatre candidats officiels, cinquante-deux autres noms: «Parmi les honorables citoyens que nous regrettons de ne pas voir figurer au nombre des candidats, nous indiquerons ici les noms de ceux qui nous sont plus particulièrement connus, et sur lesquels nous croyons devoir attirer l'attention des électeurs». La liste, alphabétique, indique principalement des conservateurs, dont Töpffer, bien connu de la rédaction pour sa participation occasionnelle au journal, mais aussi quelques personnes sans tendance bien marquée ou que l'on retrouvera plus tard dans les rangs des radicaux modérés. L'électorat tiendra un certain compte de ces propositions et donnera 202 voix à Töpffer, le plaçant au quarante-deuxième rang.

Seuls sont élus ceux qui ont obtenu un nombre de voix dépassant la majorité absolue des suffrages (469) et le quart des électeurs inscrits (752); deux personnes seulement y parviennent. Il reste donc vingt-huit sièges à repourvoir lors du second tour, les vendredi 29 et samedi 30 août. Mais cette fois les électeurs doivent faire leur choix sur une liste limitée aux cinquante-six (le double des sièges à repourvoir) personnes ayant obtenu le plus de voix au premier tour. Töpffer en est et sera élu vingt-cinquième sur vingt-huit, avec 525 voix. La participation a été un peu plus forte qu'au premier tour: 1079 «billets» distribués, 35,88% (ville 43,14%; communes rurales 27,25%). Sur ces vingt-huit nouveaux députés, dix-huit s'étaient inscrits sur le tableau des «aspirants»; dix, comme Töpffer, ne l'avaient pas fait; vingt, comme lui, n'avaient jamais appartenu au Conseil représentatif[7]. En tenant compte des sièges qui se libéraient par suite de démissions ou de décès, les nouveaux élus pouvaient escompter demeurer au Conseil une dizaine d'années.

Ce qui frappe, dans ces élections comme dans la plupart de celles de cette époque, c'est le faible taux de participation, malgré les appels du *Fédéral* en faveur du scrutin «qui réclame de chaque électeur un patriotisme sage et éclairé»[8]. Pour les radicaux de *L'Europe centrale*, ces élections offrent «chaque année moins d'intérêt». Le renouvellement du Conseil par dixièmes perpétue l'esprit de coterie et empêche tout changement. Les quelques députés novateurs qui réussissent à se faire élire, n'ayant pas le droit d'initiative législative, sont réduits à l'impuissance et, souvent, abandonnent, découragés.

> Et c'est dans ce piège constitutionnel artistement construit pour enlacer tous ceux qui s'y laissent prendre, que l'on attire chaque année quelques centaines de citoyens pour donner un peu de consistance au jeu d'une machine qui ne rendra

> jamais rien de populaire. Pour nous, nous croyons que la politique du peuple n'est pas dans cette voie. Gardons-nous d'intéresser le public à une opération à laquelle la moitié des citoyens n'ont pas le droit de participer, et qui, fussent-ils tous appelés, serait encore sans résultat.[9]

Cet appel à l'abstention n'avait pas été suivi par l'autre organe de l'opposition, le *National genevois* d'Elisée Lecomte. Mais après avoir invité à voter pour quelques ténors du libéralisme et du radicalisme et incité les citoyens à se réunir pour élaborer de véritables listes, il renoncera finalement à proposer la sienne[10].

Bien entendu les causes de l'abstention donnent lieu à polémique: si les radicaux les attribuent à un sentiment d'impuissance dû au peu de droits des citoyens, les conservateurs les voient au contraire dans une certaine insouciance due à la satisfaction des intérêts matériels; ce n'est pas parce qu'ils sont mécontents du gouvernement et du système que beaucoup d'électeurs s'abstiennent, c'est parce qu'ils sont satisfaits de leur situation[11]. Chacune des explications renferme probablement sa part de vérité, car le phénomène de l'abstentionnisme, les sociologues d'aujourd'hui le savent bien, a des causes multiples. Celui des années 1830 présente une particularité sur laquelle il faut s'arrêter: il est, on l'a vu, beaucoup plus marqué dans les communes rurales qu'en ville et, à l'intérieur de celles-ci, dans les communes catholiques que dans les protestantes[12]. L'éloignement géographique, l'isolement du paysan, le fait que même les propriétaires modestes, à cause de la contribution foncière à laquelle il sont soumis et des abaissements successifs du cens, accèdent à la qualité d'électeurs, tout cela peut être pris en compte pour expliquer la plus faible participation rurale. Mais il y a autre chose de beaucoup plus important. Les populations rurales vivent à l'écart de la sociabilité populaire urbaine, en grande partie informelle, par où transite une grande partie de l'information politique. De ce fait, mal renseignés, les électeurs de la campagne ont beaucoup de peine à trouver les trente noms que doit compter leur «billet». Ils vont voter pour les quelques personnes qu'ils connaissent et qui leur paraissent les plus aptes à défendre leurs intérêts puis, pour compléter leur liste, ils vont ajouter des noms dont ils ont entendu parler ou qui figurent sur la liste des «aspirants», sans se rendre compte qu'ils annulent de cette manière les chances de ceux qui sont leurs véritables candidats. Ajoutons à cela que, quand il s'agit de catholiques, les observateurs ont vite fait de déceler une mobilisation en leur faveur; la longueur du scrutin, trois jours au premier tour, leur permet alors de rallier le nombre d'indifférents nécessaire pour contrebalancer la tentative. Cela ne s'est pas produit en 1834, mais des appels parus dans la presse lors d'autres élections confirment ce procédé, qui sera dénoncé par les catholiques[13]. C'est ce qui explique la réserve toujours plus grande de ceux-ci à l'égard du régime issu de la Restauration, où ils sont mal représentés et où ils se sentent volontairement tenus à l'écart.

Au sein du Conseil représentatif, Töpffer ne semble jamais avoir pris la parole, de 1834 à 1842, ce qui ne veut pas dire qu'il ne se soit pas acquitté régulièrement de ses devoirs de député jusqu'à la dernière séance de juin 1842. Tout ce que nous savons, c'est que, le 22 novembre 1841, lorsque, sous la pression de la foule rassemblée sur la Treille et dans la rue de l'Hôtel-de-Ville, le Conseil représentatif, dans la précipitation, décide de faire élire par l'ensemble des citoyens une assemblée constituante, Töpffer vote contre[14]. C'est la révolution, la fin de l'ancienne Genève, celle des «vingt-sept années de bonheur», et cela il refuse de le cautionner. Quelques jours plus tard, il presse Auguste De la Rive de s'entendre avec quelques amis et approuve son intention de faire un journal[15]. Ce sera *Le Courrier de Genève, Journal Suisse, Politique, Littéraire et Industriel,* qui parut du 13 janvier 1842 au 22 mars 1843, deux fois par semaine, et auquel Töpffer collaborera très activement[16]. Organe de ce qu'on appellera la «coterie académique», ce sera une feuille de combat contre le radicalisme, se distinguant par la violence de ses polémiques et par la qualité de ses analyses politiques. Töpffer, disons-le tout de suite, s'illustrera plutôt dans la première de ces catégories que dans la seconde, écrivant dans quatre-vingt-trois des cent un numéros de l'année 1842, avec souvent plusieurs articles par numéro (jusqu'à cinq ou six...). Alors que *Le Fédéral,* lui aussi conservateur, soutenait la tendance des anciens syndics Rigaud et Rieu, qui avaient été les artisans de la politique de «progrès graduel», *Le Courrier* prétendait mener une politique de principe, sans concession. Le professeur Auguste De la Rive en sera l'inspirateur, et ses collègues, Antoine-Elisée Cherbuliez, Töpffer et, dans une moindre mesure, Munier et J.L. Duval, en seront les principaux collaborateurs[17].

Le bouleversement politique de 1841 tient en quelques chiffres: aux dernières élections du Conseil représentatif, en août, avec le cens à 7 florins (3,23 francs), on comptait 4 559 inscrits; aux élections de la Constituante, les 14 et 21 décembre, la suppression du cens et l'abaissement de l'âge électoral de 25 à 21 ans fait passer leur effectif à 11 396. En rapprochant ces deux chiffres et en tentant d'évaluer la classe d'âge des Genevois entre 21 et 25 ans, on peut estimer que le cens à 7 florins, malgré son bas niveau, suffisait à éliminer de l'électorat 55 à 57% des citoyens de plus de 25 ans, ce qui n'est pas négligeable, contrairement à ce qu'affirme l'historiographie traditionnelle[18]. Cette augmentation massive des électeurs en 1841 s'accompagne d'un intérêt accru pour la chose publique et d'une politisation nouvelle: les citoyens savent que désormais leur vote peut changer les choses, qu'il est utile. Si la participation au premier tour de l'élection du Conseil représentatif, en août 1841, avait été de 20,9%, elle atteindra 63,4% à celle de la Constituante, le 14 décembre.

En outre les élections ne se font plus en un collège électoral unique pour tout le canton: les électeurs sont répartis, selon leur domicile, en dix circonscriptions, dont quatre pour la ville, élisant chacune un nombre de députés proportionnel à sa population. Ce système, qui sera maintenu dans la Constitution de 1842, entraîne un bouleversement complet des habitudes politiques: il ne suffit plus d'élaborer, en de petits conciliabules, des listes que l'on fait ensuite circuler dans les salons, les cercles et autres lieux de la sociabilité traditionnelle; il faut trouver pour chacun des dix collèges les candidats convenables en sélectionnant à la fois ceux qui jouissent d'une notoriété à l'échelle du canton et d'autres, moins généralement connus, mais plus proches de la population locale; on ne s'adresse plus seulement à la minorité censitaire mais à l'ensemble des citoyens; de plus l'exacerbation de la lutte politique exige un choix beaucoup plus rigoureux des candidats: il n'est plus possible de proposer aux électeurs un homme dont les opinions ne correspondent pas entièrement à celles du parti et dont on n'est pas sûr. Il faudra en quelque sorte tester au préalable la liste que l'on met sur pied. Pour cela conservateurs et radicaux organiseront, chacun de leur côté, dans chaque arrondissement de la ville (et dans une moindre mesure de la campagne), des scrutins préparatoires permettant à leurs électeurs d'élaborer, par éliminations successives, la liste définitive. Il y aura jusqu'à trois assemblées primaires, à des jours différents, et cela tant pour les élections à la Constituante que pour celles du Grand Conseil, le 17 juin 1842. Comme le relèvera J.-J. Rigaud: «Les imprimeurs étaient ceux qui gagnaient le plus à ce mouvement. Toutes les listes des divers scrutins étaient imprimées et diffusées avec profusion par les comités électoraux»[19].

Un certain nombre de ces listes ont été conservées et nous permettront d'illustrer notre propos par l'exemple de la circonscription où habitait Töpffer, le «collège du Collège», comme l'on disait alors[20]. Pour les élections à la Constituante (14 et 21 décembre 1841), le Collège comptait 1226 inscrits et avait droit à 14 sièges. Les électeurs conservateurs furent appelés à venir voter, le 9 décembre, au Casino, pour proposer leurs candidats. Les bulletins dépouillés donnèrent une «liste préparatoire» de 115 noms, rangés par ordre alphabétique, dont celui de Töpffer. Le 11 décembre, au même endroit, nouveau scrutin au cours duquel 308 électeurs désignèrent 28 candidats (le double des sièges à repourvoir), rangés désormais dans l'ordre des voix obtenues par chacun. Töpffer ne fut pas retenu. Le lendemain, dimanche 12 décembre, les électeurs conservateurs choisirent leurs 14 candidats définitifs, avec faculté de prendre encore quelques noms en dehors de la liste des 28. Forget, avocat, tête de liste, aurait obtenu 258 suffrages et Théodore Herpin, le médecin de Töpffer, catholique, 14ᵉ, 130 (19ᵉ sur la liste des 28 candidats).

Selon un processus analogue, sur lequel nous avons moins de renseignements, les libéraux avaient élaboré leur liste, intitulée «Principes du 3 Mars». Habilement, ils y avaient fait figurer deux des candidats conservateurs: G.-H. Dufour et le professeur Pierre Odier. Ce dernier protesta par une déclaration imprimée, datée du jour même de l'élection. En plus, certains éléments du Trois Mars, Delapalud à en croire une annotation manuscrite, répandirent une liste falsifiée qui, reprenant l'intitulé de la liste conservatrice: «Liberté, Ordre public», proposait les noms de Dufour et d'Odier, suivis de ceux de Delapalud et des autres candidats libéraux.

Est-ce le résultat de ces manœuvres? Toujours est-il que les 727 citoyens (59% des inscrits) qui se rendirent au temple de l'Auditoire, le mardi 14 décembre, élirent 9 conservateurs et 5 libéraux. En tête, Dufour, 613 voix, Odier, 552, Forget 441; dernier, avec 321 voix, l'avocat libéral Gide. Le docteur Herpin, le seul catholique de la liste conservatrice, avait été battu. Trois candidats, élus également dans d'autres circonscriptions, ayant été attribués à celles-ci par tirage au sort, des élections complémentaires se déroulèrent le 21 décembre, pour repourvoir les trois sièges devenus vacants. La liste conservatrice sortie du scrutin préparatoire du 19 avertissait: «Tout Electeur, ami de la Liberté et de l'Ordre public, comprendra que, pour le succès de l'élection, il est indispensable de ne s'écarter en rien des noms portés sur cette liste». Cette fois-ci, elle passera toute entière, avec une participation de 51%.

En vue des élections au Grand Conseil des 17 et 24 juin 1842, le 8 juin un Comité général des élections forme un Bureau de l'arrondissement du Collège, présidé par le docteur Morin et composé de douze membres, parmi lesquels Amiel-Roux, oncle d'Henri-Frédéric, le substitut Colladon, le peintre Diday, le docteur Herpin, catholique, médecin de Töpffer, le professeur Munier, ami de ce dernier, et un monteur de boîtes, Gautier. Le Bureau, qui tient ses séances à la salle du Casino, demande par circulaire de «faire parvenir à l'un de ses membres, demain, vendredi [10 juin], avant 5 heures, la liste écrite et signée par vous, des électeurs de votre connaissance que vous aurez vus et engagés à prendre part aux opérations électorales préparatoires, afin qu'ils puissent être convoqués». Une assemblée générale de ces électeurs conservateurs, le samedi 11, met au point une liste alphabétique «indicative» de 128 noms; y figurent tous ceux qui ont reçu le soutien d'au moins cinq personnes. C'est le cas de Töpffer. Comme la circonscription du Collège doit élire vingt et un députés, les participants à ces opérations préparatoires sont invités, en un premier scrutin, à choisir quarante-deux noms sur la liste indicative et à rapporter leur bulletin au Casino le 13. De cette première sélection, l'avocat Forget sort en tête avec 350 voix, le quarante-deuxième et dernier n'en obtenant que quarante-six; Töpffer, lui, figure au vingt-huitième rang, avec 162 suffrages. En une troisième étape, le 15, les électeurs cochent d'une croix vingt et un des quarante-deux candidats. Comme on pouvait s'y attendre à cause de son rang, Töpffer est éliminé (nous ne connaissons pas le nombre de voix à ce second scrutin préparatoire). La liste issue de ces «primaires» est alors distribuée pour le scrutin officiel du 15 juin, précédée d'un «Dernier avis» rédigé par Munier, à en croire une inscription manuscrite. Il appelle l'électeur à transcrire sans aucune modification cette liste sur son bulletin:

> Vous sentirez facilement qu'aucun de vous ne pouvait raisonnablement prétendre trouver sur la liste définitive tous les vingt et un noms qu'il aurait porté s'il avait voté tout seul; et quoique peut-être chacun eût le désir de faire subir quelque changement à la liste, il est évident que si l'électeur ne veut pas sacrifier ses sympathies personnelles dans l'intérêt du résultat général, tout le travail fait jusqu'ici risque de ne produire aucun fruit et d'avoir inutilement pris votre temps et vos peines. Ainsi donc, si vous voulez sincèrement le succès de l'élection, vous vous ferez un devoir de ne vous écarter absolument en rien de la liste arrêtée par la dernière opération préparatoire. Dites-vous bien que chaque nom que vous changez à notre liste, c'est une voix que vous allez donner à ses adversaires politiques. Il ne s'agit donc plus d'une simple préférence entre des personnes de votre opinion, mais bien de savoir si vous êtes fermement décidés, oui ou non, à assurer le triomphe de vos principes politiques.

Après avoir mis en garde l'électeur contre les fausses listes et autres manœuvres de dernière heure, l'appel concluait: «Ne croyez pas que ces précautions soient superflues ou indignes du caractère de citoyen genevois: le laisser-aller et la bonhomie pouvaient se comprendre dans nos anciennes élections; mais les temps sont changés, et il faut franchement accepter les conséquences de la nouvelle position que la révolution nous a faite». Ce nouvel état de choses ouvre la voie à la formation des partis politiques modernes et l'on peut voir, dans les structures encore provisoires qui se mettent en place à l'occasion de ces élections, un premier embryon de parti. Il en allait de même dans l'autre camp, celui des radicaux qui avaient aussi tenu leurs primaires mais qui, eux, avaient été plus loin par la création, en mai 1842, de leur Association des amis du Progrès, qui se divisera en sections et constituera une première forme de parti populaire.

Comme on l'a vu, la façon même dont s'élabore la liste implique la présence sur celle-ci d'hommes pouvant appartenir à des courants différents, à l'intérieur du même camp. Dans le collège du Collège, c'était le cas des radicaux, qui proposaient plusieurs modérés, dont le colonel fédéral G.H. Dufour qui figurait également sur la liste conservatrice. Celle-ci, de son côté, comportait aussi ses modérés. Un journaliste radical y distinguait même quatre libéraux avancés, cinq «mixtes» et douze conservateurs[21]. Cela pouvait inciter, dans les deux camps, les électeurs hostiles aux extrêmes à ne pas voter pour ceux-ci et à les remplacer par des modérés de la liste adverse (tout bulletin ne comportant pas autant de noms qu'il y avait de sièges à repourvoir était annulé).

C'est probablement ce qui se passa le 17 juin au collège du Collège où les docteurs Morin et Herpin furent battus (ce dernier en sa qualité de catholique probablement) par deux radicaux tandis que nombre des éléments les plus conservateurs firent de mauvais scores. Comme certains élus l'avaient également été dans d'autres arrondissements, il fallut, le 24 juin, procéder à un scrutin complémentaire pour repourvoir cinq sièges. Auparavant, nouvelle primaire au cours de laquelle 332 électeurs conservateurs choisirent cinq noms parmi les non-élus de la liste des quarante-deux sélectionnés le 13 juin. Morin et Herpin arrivèrent en tête avec respectivement 269 et 247 voix, et Töpffer dix-huitième et bon dernier avec quatre-vingt-neuf voix. Habilement, les radicaux avaient porté sur leur liste «Liberté Union» l'un des candidats conservateurs, le substitut William Turrettini, à côté de quatre des leurs qui jouissaient d'une excellente réputation; ils demandaient le soutien de tous ceux «qui désirent une représentation à la fois libérale et conciliatrice». Leur calcul s'avéra juste car leur liste passa toute entière, réunissant, sur les noms qui lui étaient propres, 322 à 353 suffrages. Et cela alors que 332 électeurs conservateurs avaient participé à la primaire... D'où cette note du *Courrier de Genève* du 25 juin:

> Le parti conservateur vient de subir, dans les dernières élections de l'arrondissement du Collège, un échec dont il ne doit se prendre qu'à lui-même, au défaut de zèle de plusieurs de ses membres et à cette sécurité qu'inspire trop souvent un premier

> succès. Plus de soixante électeurs qui avaient pris part aux scrutins préparatoires du Casino ont fait défaut le jour de l'élection, et assuré par leur absence un facile triomphe aux radicaux.

Ajoutons que *Le Fédéral* dénoncera un procédé qui apparaît alors dans la circonscription du Collège et qui se généralisera plus tard, sous le régime fazyste: «quelques personnes avaient établi une sorte de fabrique de bulletins»; après avoir reçu des mains du président leur bulletin de vote et l'avoir rempli, elles ne l'avaient pas glissé dans l'urne, mais proposé à un nouvel arrivant en échange du bulletin vierge qui venait de lui être remis, et ainsi de suite. De cette manière, en évitant à l'électeur, parfois illettré et souvent peu habitué à tenir la plume, la peine d'écrire vingt et un noms, on s'assurait d'un certain nombre de bulletins compacts[22].

Globalement, les élections du Grand Conseil étaient un succès pour les conservateurs. Malgré les conditions nouvelles auxquelles ils étaient confrontés, ils avaient réussi à cantonner leurs adversaires dans le collège de Saint-Gervais et n'avaient dû leur concéder que quelques sièges dans celui de la Douane et du Collège. Cinquante-trois conservateurs «décidés», trente-huit plus «flottants», trente-deux radicaux, de nuances diverses, cinquante-trois catholiques, essentiellement des communes rurales, dont une vingtaine s'alliait occasionnellement aux radicaux, ainsi se répartissaient à peu près les 176 députés[23]. Cette majorité conservatrice permit l'élection d'un Conseil d'Etat de la même orientation. Ce succès se confirmera lors du renouvellement par moitié du Grand Conseil en 1844 et assurera le triomphe, jusqu'à la révolution de 1846, de la tendance la plus droitière des conservateurs.

Pourtant, au lendemain du scrutin de juin 1842, Töpffer n'était pas des plus optimistes, face à «une opinion que nous estimons bien malade encore et fiévreuse». La baisse de la participation électorale depuis l'élection de la Constituante, de 63% à 57%, signifiait selon lui «que l'on nous trompait, purement et simplement, quand on nous représentait la population comme irrémissiblement insatiable de ce suffrage universel au nom duquel on a fait une révolution». Plus importante est sa critique du nouveau système de représentation: comme Auguste De la Rive et *Le Courrier de Genève* l'avaient déjà abondamment développé, les dix circonscriptions, pour un territoire si petit que celui de Genève, ne pouvaient à ses yeux avoir qu'un effet négatif en faisant prévaloir le particularisme sur les vues générales.

> S'il en a été autrement, nous le devons précisément à ce qui reste dans le pays d'habitudes contractées sous l'ancienne loi électorale. En effet, c'est en vertu de ces habitudes seulement que la population a neutralisé en quelque degré, par la nature de ses choix, les désastreux effets de l'esprit de localité, et qu'elle a envoyé au Conseil une fraction notable d'hommes assez éclairés et assez indépendants pour représenter jusqu'à un certain point les intérêts généraux du pays.[24]

La révolution du 22 novembre 1841 s'était faite pour obtenir un Conseil municipal pour la Ville de Genève; la Constitution de 1842 l'avait établi et son élection était fixée au 29 juillet. A nouveau, selon un processus que nous connaissons, la commission électorale du Casino, après avoir élaboré une «liste d'indication» de trente-deux noms, convoqua les électeurs conservateurs pour y sélectionner les vingt et un candidats définitifs, le 27 juillet. A en croire une lettre de Töpffer, envoyée la veille à Auguste De la Rive qui prenait les eaux à Aix-les-Bains, les choses ne se passaient pas très bien:

> Je retarde de vous parler d'ici. J'ai la tête si pleine que c'est tout comme si c'en était vide, ou close, ou farcie, ou bourrée de coton. Par où commencerai-je? Par les élections municipales pardieu, qui vont, dans notre arrondissement du moins, comme un char à échelles laissé dans un chemin creux. On n'a pas voulu de l'académie, soit. Mais pas un de ces animaux qui bougeassent. Il a fallu que Munier mît en branle cet hypothécaire de Forget[25] qui s'est adjoint quelques fortes têtes ou bêtes, et vendredi passé [22 juillet] ils nous ont convoqués pour nous dire à 90 que nous étions là qu'il faut nommer une commission de 40 personnes dont Forget avait la liste dans sa poche, que ces 40 personnes feront un choix de 21 candidats que tout le collège ne manquera pas de nommer comme un seul homme. On a accepté cette ripopée [?] et cette commission réduite à 15 ou 18 zélés, tous Forgés, Junotés et Turrettinisés[26] à fond, travaille à cela encore sous la présidence de Forget qui trouve dur de refuser des radicaux si quelqu'un de la société en désire. Une pétaudière de lampistes huileux et de ferblantiers tranchants. Jules Trembley qui en est m'a dit que s'il avait l'âge, dix fois il serait tombé apoplectique de dégoût rentré. En attendant les élections sont mises à vendredi [29] et rien n'est ébauché encore. Notre seul salut c'est que tout le monde vienne voter la liste groupée [?] qu'ils nous feront et qui sera toujours assez bonne si elle empêche, chose infiniment peu probable, la liste radicale de passer tout entière. Quant à moi je n'en retranche pas un mot, fût-ce celui de ce gredin de père de famille tout puant encore des ordures qu'il manie pour nous les lancer. C'est dans ce sens et pour éviter que l'on dise ensuite que l'Académie a fait manquer l'élection que j'ai fait pour mercredi [27] un article flamboyant de netteté, et pantelant de rigide doctrine électorale.[27]

Tout n'est pas clair dans cette lettre si caractéristique de Töpffer. Sa grande liberté d'expression, la façon dont il se laisse entraîner par les termes qui se pressent sous sa plume l'amènent à des allusions et à des jeux de mots qui nous échappent en partie. Ce que ces lignes semblent néanmoins établir, c'est qu'il y a eu, de la part du comité électoral, une espèce de réaction contre la «coterie académique»; que Forget et ses amis, plus portés aux concessions que Töpffer et les siens, étaient enclins à céder quelques places à des radicaux modérés. Bien que totalement opposé à une telle ligne, Töpffer, comme il l'avait écrit à De la Rive, pense que la seule chance est de s'en tenir strictement à la liste telle qu'elle sortira des primaires. Aussi, dans son article, adjure-t-il ses lecteurs de voter telles quelles les listes conservatrices afin de barrer à tout prix la route aux radicaux. Il redoute, non sans raison puisque ce sera ce qui se produira, de les voir remporter la majorité du Conseil municipal. Ce serait un malheur, car ils ne cachent pas leur intention d'utiliser celui-ci pour «fausser l'institution municipale» et s'en servir contre le gouvernement.

> Or, vouloir faire du Conseil municipal de la Ville de Genève la forteresse retranchée d'où le radicalisme, s'autorisant du vote populaire et de la souveraineté urbaine, bombardera corps, établissements et Conseils, c'est, en effet, vouloir violer tous les principes de hiérarchie politique et d'équilibre gouvernemental; c'est s'apprêter à fausser, au grand péril des intérêts de la ville et de la paix du pays, l'institution municipale; c'est, en s'efforçant de substituer à l'esprit de commune l'esprit de parti, à l'action municipale l'action politique, introduire dans le nouvel ordre de choses un élément de constante perturbation, et frapper au cœur la constitution elle-même.

Et de souligner ce paradoxe qu'il avait déjà relevé à plus d'une reprise: «cette Constitution que le radicalisme a voulue, qu'il a faite, ce sont les conservateurs qui seront bientôt appelés à la défendre contre lui-même»[28]. Finalement, le 27 juin, c'est sur une liste de trente-deux noms que 353 électeurs conservateurs vont choisir vingt et un candidats définitifs. L'ancien conseiller d'Etat De Combes, G.H. Dufour, Auguste De la Rive réunissent plus de 300 voix; le vingt et unième, Delapalud, 211. Les onze «viennent ensuite» ont moins de 200 voix; Töpffer, avant-dernier, 117[29]. Le 29 juillet 1842, les radicaux réussissent, dans le collège du Collège, à faire élire huit des leurs, à côté des treize élus de la liste conservatrice. Dans sa lettre à De la Rive, Töpffer racontait encore, à propos de son article:

> Après l'avoir ouï, Cherbuliez le Constitutionnel a dit: où donc avez-vous étudié si bien la matière municipale, et ça m'a affligé. Cela m'a affligé parce que je pense au fond que ce ne peut être que par le fait d'une baisse, d'un cran ou d'une casse, qu'un homme poétique et artistique comme je le suis se mette à manier proprement le municipal et à faire deux fois par semaine de la haute politique presque aussi bien qu'Elysée Lecomte[30] qui est bien intellectuellement parlant le dernier des intellectuels après Coindet le grand[31] ou Collignon l'allemand.

Ainsi Töpffer se rendait compte que le journalisme lui faisait refouler sa nature «poétique et artistique», et cela, ajouterions-nous, d'autant plus que la prose dont il alimentait deux fois par semaine les colonnes du *Courrier de Genève* était loin d'être toujours de la «haute politique», comme il le dit ironiquement. Néanmoins il poursuivra sa tâche plus de six mois encore.

NOTES

1 Philippe MONNIER, *La Genève de Töpffer,* Genève, 1914

2 Nous avons essayé de dissiper quelque peu ce mythe dans: «Politique et société à Genève en 1831», in Olivier FATIO (éd.), *Genève protestante en 1831,* Genève, 1983, pp. 11-46. Sur la période 1830-1842, cf. David HILER et Bernard LESCAZE, *Révolution inachevée révolution oubliée 1842. Les promesses de la Genève moderne,* Genève, 1992. M. VUILLEUMIER, «Senteurs et tumultes au Faubourg», in *Faubourg Saint-Gervais. L'autre Genève,* Genève, 1992, pp. 55-87

3 M. VUILLEUMIER, «Des années agitées: 1814-1816» et «Carouge suisse: 1816-1846», in *Carouge,* Carouge, 1992, p. 119-146. ID., «Un aspect de la Restauration: Carouge bonapartiste?», *Bulletin de la Société d'histoire et d'archéologie de Genève,* 1990 [1992], t. XX, pp. 45-66

4 Tous les chiffres relatifs à la population de Genève sont tirés de: Paul BAIROCH et Jean-Paul BOVÉE, *Annuaire rétrospectif de Genève,* Genève, 1986

5 *L'Europe centrale,* 28 octobre 1834. Pour plus de détails, cf. M. VUILLEUMIER, «Carouge suisse...», *op. cit.,* pp. 141-142

6 Pierre-Alain FRIEDLI, «L'Union protestante genevoise (1842-1847): une organisation de combat contre l'envahissement des catholiques», *Bulletin de la Société d'histoire et d'archéologie de Genève,* 1982, t. XVII, pp. 315-371. La première mention publique de l'Union protestante, encore imprécise, se trouve dans une polémique de la *Revue de Genève* du 12 novembre 1842 contre *Le Courrier de Genève,* qui démentira tout rapport avec cette organisation. Il semble en effet que les Töpffer, De la Rive et autres rédacteurs du *Courrier* s'en soient tenus à l'écart.

7 Le résultat des élections figure au *Mémorial du Conseil représentatif* et dans la presse. Pour la législation, cf. le *Recueil des lois*

8 8 août 1834

9 7 août 1834

10 25 juillet, 1er, 12 et 15 août 1834

11 *Le Fédéral,* 19 août 1834

12 Dimitri CADEI et Mathieu VAN BERCHEM, *Le suffrage censitaire sous la Restauration à Genève,* mémoire de licence en histoire économique et sociale, Genève 1988, multicopié

13 *De la nécessité de la réforme électorale dans l'intérêt du nouveau territoire. Par un citoyen du nouveau territoire,* Genève, [1839]. M. VUILLEUMIER, «Politique et société...», *op. cit.,* pp. 24-28

14 Cf. sa lettre à M. Jacques-Louis Odier, dans *Le Courrier de Genève,* 16 février 1842, où il dit que la Constituante fut votée par le Conseil représentatif avec tant de précipitation «que je n'eus pas le temps de remarquer si, comme moi, vous avez levé la main contre l'adoption de cette mesure politique».

15 J.-Louis SORET, *Auguste De la Rive. Notice biographique,* Genève, 1877 (tiré des *Archives des Sciences de la Bibliothèque universelle),* p. 175. Le chapitre sur De la Rive homme politique a été rédigé par son fils, William De la Rive.

16 En 1863, le libraire John Jullien, utilisant une collection du *Courrier de Genève* où Töpffer avait coché les articles dont il était l'auteur, en a dressé une liste, complétée par quelques autres articles qui n'étaient pas cochés mais que l'on pouvait attribuer à Töpffer (BPU Hf 5066 Rés.). La collection du journal, qui figurait à l'exposition de 1996, est également à la BPU.

17 *Le Courrier de Genève* du 22 janvier, n° 3, démentait la participation du professeur De la Rive à sa rédaction, comme l'avait prétendu le *Journal de Genève.* Pourtant la correspondance du professeur avec Töpffer, les pages que lui a consacrées son fils William (J.-L. SORET, *op. cit.,* pp. 175-176) ne laissent aucun doute sur sa participation

des plus actives à la vie du journal. Peut-être s'est-il tenu à l'écart des petites tâches rédactionnelles, mais c'est certainement jouer sur les mots que de prétendre qu'il ne prenait pas part à la rédaction. François RUCHON, *Histoire politique de Genève 1813-1907,* Genève, 1953, t. 1, p. 190, écrit qu'«on comptait dans sa rédaction F. Roget, les professeurs J.-L. Duval, Rodolphe Töpffer, A.-E. Cherbuliez qui en avait assumé la direction et P.-Ch. Trembley, le Dr. Herpin, Sismondi, Albert Achard».

18 Paul GUICHONNET (dir.), *Histoire de Genève,* Toulouse, 1974, p. 294: «En février 1835, le cens était réduit au montant symbolique de 7 florins». Un symbole qui suffisait à tenir à l'écart de toute participation politique plus de la moitié des citoyens... L'évaluation du nombre de Genevois entre 21 et 24 ans est assez approximative, car on ne dispose d'un tableau de la population masculine par classes d'âge, toutes nationalités confondues, que pour 1843.

19 F.-Auguste CRAMER, *Jean-Jacques Rigaud. Notice biographique,* Genève, 1879, p. 427

20 On pourra retrouver tous les bulletins conservés et utilisés pour notre récit dans: Etienne BURGY, *Les sources imprimées de la Restauration genevoise. 31 décembre 1813 - 8 octobre 1846. Catalogue chronologique,* Genève, 1998 (*Mémoires et documents publiés par la Société d'Histoire et d'Archéologie de Genève,* t. 60).

21 Annotations de P.J.A. Lagier sur son exemplaire du *Représentant,* 18 juin 1842 (BPU)

22 *Le Fédéral,* 24 et 28 juin 1842

23 Nous reprenons les chiffres de RUCHON, *op. cit.*, p. 307

24 *Le Courrier de Genève,* 25 juin 1842

25 J.-P. Forget, avocat, était conservateur des hypothèques.

26 En juin 1842, un certain Junod appartenait au comité électoral du Collège. W. Turrettini, substitut du procureur général, avait été porté, on l'a vu, sur les listes radicale et conservatrice, ce que Töpffer ne devait guère apprécier.

27 BPU, Ms suppl. 1643, fol. 116-121. Nous ne citons qu'une petite partie de cette longue et extraordinaire lettre. Nous y avons ajouté quelques signes de ponctuation et donné en toutes lettres quelques mots abrégés. Nous ne sommes pas certain d'avoir déchiffré correctement certains mots.

28 *Le Courrier de Genève,* 27 juillet 1842

29 Bulletins de vote pour l'élection municipale du 29 juillet 1842, BPU, Gf 567/10

30 Elisée Lecomte, journaliste français radical, alors propriétaire et rédacteur du *Journal de Genève,* véritable tête de Turc de Töpffer qui l'attaque, lui et son journal, à longueur de colonnes.

31 Probablement John Coindet, rédacteur du *Fédéral*

L'ÂNE DES CHAMPS ET L'ÂNE DE VILLE. PETITE (FL)ÂNERIE ENTRE ESTHÉTIQUE ET POLITIQUE CHEZ RODOLPHE TÖPFFER

par Marie Alamir-Paillard

Il faut que je me confesse: l'âne est de mes bons amis; j'aime sa société, son commerce me récrée, et il y a dans son affaire je ne sais quoi qui excite ma sympathie et mon sourire. [...]
Je parle ici de l'âne des champs, de cet âne flâneur et laborieux, esclave sans être asservi, sobre et sensuel, paisible et goguenard, dont l'oreille reçoit le bruit dans tous les sens sans que l'esprit bouge, dont l'œil mire tous les objets sans que l'âme se soucie: philosophe rustique, ayant appris le bon de toutes les doctrines sans abuser d'aucune; stoïque de patience, quelque peu Diogène par moments, grandement épicurien en face de son chardon. Cet animal là, je l'aime beaucoup, je l'estime, et je n'entends point plaisanter, en disant ainsi.
Il lui manque, c'est vrai, de la noblesse; mais aussi: point d'orgueil, point de vanité, point de faux, nulle envie d'être regardé. [...] Vrai, vrai philosophe; libre en dépit de l'homme son maître, en dépit de la destinée sa marâtre; patient au mal et ne boudant jamais sa fortune. [...]
Ce qui m'étonne, ce qui m'afflige, c'est de voir l'âne, mon ami, calomnié par mon autre ami, La Fontaine. [...] La Fontaine se fourvoie! Ici, il le peint stupide et niais, avouant au milieu de gros menteurs, une peccadille qui est cause que ces gros le dévorent séance tenante; là, et c'est bien plus fort, il le choisit pour peindre le ridicule de ceux qui, forçant leur talent, ne font rien avec grâce. Que l'âne ne fasse rien avec grâce, j'en doute, mais qu'il force jamais son talent, calomnie. Pour le prétendre, il faut ne jamais l'avoir vu braire, braire quand même, braire sans arrière-pensée, braire sans imiter personne et, pour qui que ce soit, n'y rien changer: il faut n'avoir jamais observé tout le naturel de ses amours, la naïve fougue de ses transports, l'absence totale de toute prétention aux raffinements de la galanterie délicate et voilée. J'en ai causé souvent avec des gens amis des mœurs, lesquels l'accusaient d'un cynisme dangereux, bien plus que d'affectation quelconque à singer la fausse décence des galants de cour.
Je ne veux pas tout dire ici sur l'âne, parce que je compte y revenir.[1]

Cette magistrale apologie constitue l'essentiel d'un chapitre des *Réflexions et menus propos d'un peintre genevois*, que Rodolphe Töpffer consacre à venger le «sage dont le lot est d'être la risée des sots, le rebut de la multitude»[2]. L'éloge du sympathique solipède, s'il trouve probablement son inspiration dans les délicieux entretiens du *Tristram Shandy* de Sterne avec l'âne Martin[3], était fort original dans la littérature française du temps. Il fut salué par Sainte-Beuve, pour qui «ce chapitre de réhabilitation [était] victorieux et restera[it] dans l'espèce»[4], et par Théophile Gautier qui avouait partager «le goût du peintre genevois pour l'âne»[5]. Il figure sans doute parmi les meilleures pages d'un auteur qui emmène avec lui l'ami-baudet partout où il va, puisqu'on trouve trace de l'animal dans les écrits d'esthétique, dans les romans et les nouvelles, dans la littérature de voyage, dans les dessins d'illustration et les caricatures, dans la correspondance, et jusque dans les articles politiques du *Courrier de Genève*.

La cause est aujourd'hui entendue: Töpffer est l'homme aux âmes plurielles, c'est un Protée, c'est un Janus[6]. Et l'âne, omniprésent dans son œuvre, va nous en apporter supplémentaire, mais inédite confirmation. Il nous servira, au gré de ses métamorphoses, de complaisant paradigme pour notre petit voyage en zigzag d'un Töpffer à l'autre.

L'ÂNE DES CHAMPS

L'âne, nous dit-il en 1835, «a sa place dans les beaux-arts; le paysage le réclame comme un de ses plus précieux personnages, les peintres le connaissent et ne le dédaignent pas»[7]. De fait, dans les *Réflexions et menus propos d'un peintre genevois,* le baudet est un compagnon de musardage dans les terres de l'esthétique qui sert aussi, à plusieurs reprises, de modèle familier et agreste à la démonstration des théories artistiques de l'auteur. Au chapitre II, qui s'intitule «Où un âne nous montre ce que c'est que le trait, le relief, et la couleur», c'est le baudet que le dessinateur choisit pour établir la supériorité du trait sur les deux autres éléments de la représentation. Plus loin, l'auteur qui se propose de discuter de la nature et du rôle de l'imitation en peinture déclare l'animal indispensable à son entreprise: «où es-tu, mon âne? [...] je ne puis avancer sans ton aide. Aujourd'hui je m'apprête à

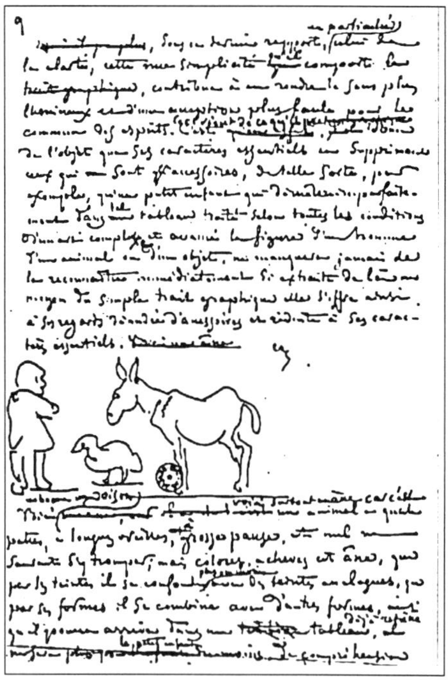

1. Manuscrit de l'*Essai de physiognomonie,* 1844 (édité en 1845). Genève, Bibliothèque publique et universitaire, Ms. suppl. 1187

rechercher et à saisir des notions subtiles: il me faut un sujet sur qui je les étudie, un exemple qui me serve à les faire comprendre»[8].

Si les commentateurs se sont souvent plu à relever la charmante présence de l'âne dans l'ouvrage de Töpffer, nul ne s'est avisé de s'en étonner, puis d'en mesurer le sens et d'en montrer l'importance. Or cette présence insolite n'est pas fortuite, pas plus qu'elle ne peut s'envisager comme l'ingénue manifestation d'un goût personnel quelque peu atypique. Elle perdure, au fil des années, et se manifeste dans d'autres textes fondamentaux de l'esthétique töpfférienne. C'est ainsi qu'on retrouve le baudet qui prend la pose dans l'article intitulé «De la plaque Daguerre, à propos des excursions daguériennes», daté de 1841[9], dans lequel l'auteur affirme la supériorité de l'art expressif du peintre sur le procédé illusionniste du photographe. Ou encore dans le célèbre *Essai de physiognomonie*[10] de 1845, dont le manuscrit (fig. 1) révèle que Töpffer n'avait tout d'abord envisagé que l'âne pour illustrer son propos, comme en témoignent les ajouts ultérieurs de l'homme et de l'oison dans le texte et le croquis[11].

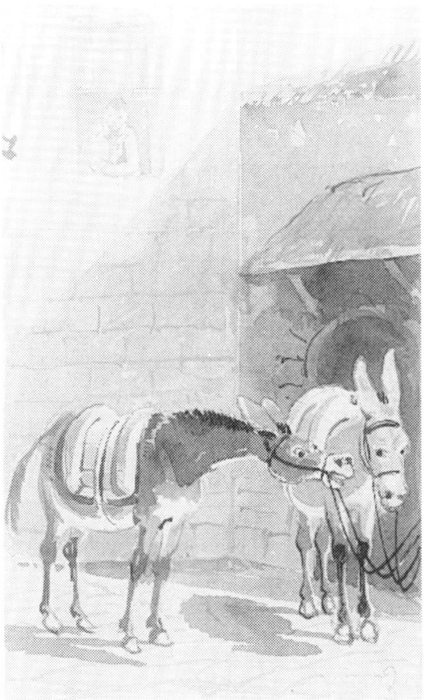

2. Lavis à l'encre de Chine inséré dans un exemplaire de *La Bibliothèque de mon oncle,* édition de 1833. 13,8 x 7,5 cm. Collection particulière

L'importance de cette figure en atteste la valeur stratégique. Le fantasque animal est à la fois le héraut de l'esthétique töpfférienne et le héros emblématique du combat mené par l'auteur contre les doctrines académiques néoclassiques en faveur à Genève dans certains milieux et certaines institutions artistiques. C'est un véritable «âne de Troie»[12] que cette humble bête de somme lestée de réflexions esthétiques originales prônant le naturel et la naïveté contre les conventions culturelles, et chargée de les porter à la connaissance du lecteur. Si Töpffer fait à l'animal l'honneur de l'élire comme digne, entre tous, de le seconder et d'étayer ses démonstrations, c'est sans doute aussi par provocation, et pour mieux se moquer de ses adversaires suppôts du Beau idéal, opposant, en une bouffonne antithèse, son modèle rustique de chair et d'os aux modèles académiques de plâtre, les moulages d'antiques qui fondent alors l'enseignement du dessin à Genève. Il y a peut-être aussi une intention satirique voilée dans le compagnonnage revendiqué avec ce «sage de qui la douce philosophie [le] charm[e] à si bon droit»[13], et duquel il s'avoue nostalgique au moment même où il se

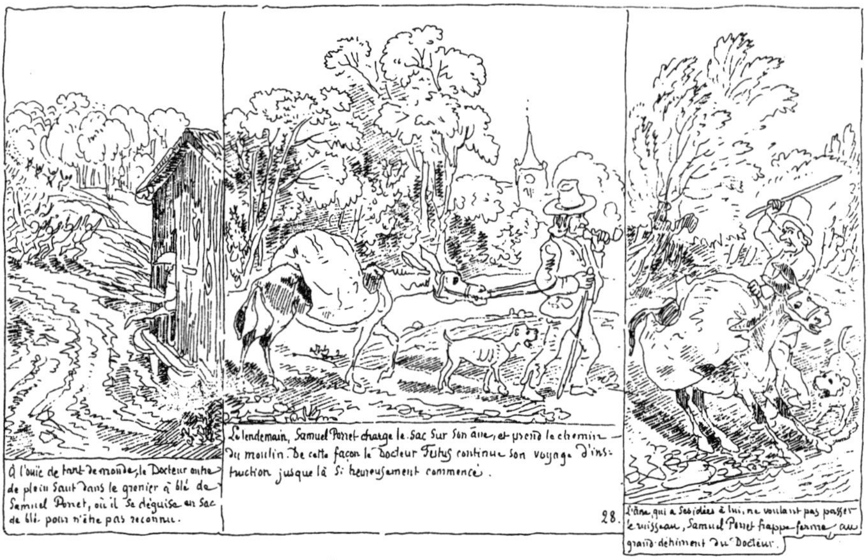

3. *Le Docteur Festus*, autographié chez Schmidt, Genève, 1840, pl. 28

consacre à l'examen des multiples et contradictoires définitions du Beau proposées par de doctes philosophes, savants ou «penseur(s) creux»[14], définitions dont il dénonce sans ambages «la nullité radicale»[15]… Le plus «âne» de tous n'est pas celui qu'on croit, en déduit légitimement le lecteur…

Si les *Menus propos* et les textes d'esthétique sont le lieu où l'âne se rencontre le plus régulièrement, ce n'est pourtant pas là qu'il fait son apparition initiale, mais bien dans la première des *Nouvelles genevoises,* la *Bibliothèque de mon oncle,* publiée en 1832. Lors d'une flânerie récréative dont il est coutumier, Jules, le jeune narrateur, dont on sait qu'il se confond avec l'auteur[16], observe, face à sa fenêtre deux ânes «au gros soleil, [qui] philosoph[ent], attachés au même gond […], [puis se grattent] le cou avec une telle réciprocité de bons offices, avec une nonchalance si voluptueuse, une flânerie si suave, [qu'il ne peut] s'empêcher de sympathiser, [lui] troisième»[17]. Töpffer a illustré plus tard cette «scène primitive» d'un lavis et d'un dessin (fig. 2).

Dans les histoires en images, l'âne, le plus souvent compagnon du meunier, apparaît furtivement ou intervient ailleurs plus directement dans la destinée des personnages. Servant d'adjuvant narratif, de lien entre deux épisodes, ou apportant une note cocasse aux situations désespérées, l'âne permet souvent la relance de l'aventure et du récit. Doué d'une grande intelligence des situations et d'un solide sens pratique, c'est un acolyte efficace qui tire le héros d'affaire grâce à ses heureuses initiatives. *Le Docteur Festus*[18] part pour son grand voyage d'instruction sur une mule, fruit des amours de l'âne au regard vif et de la jument placide qui partagent son étable. Lorsqu'en fort mauvaise posture, Festus se déguise

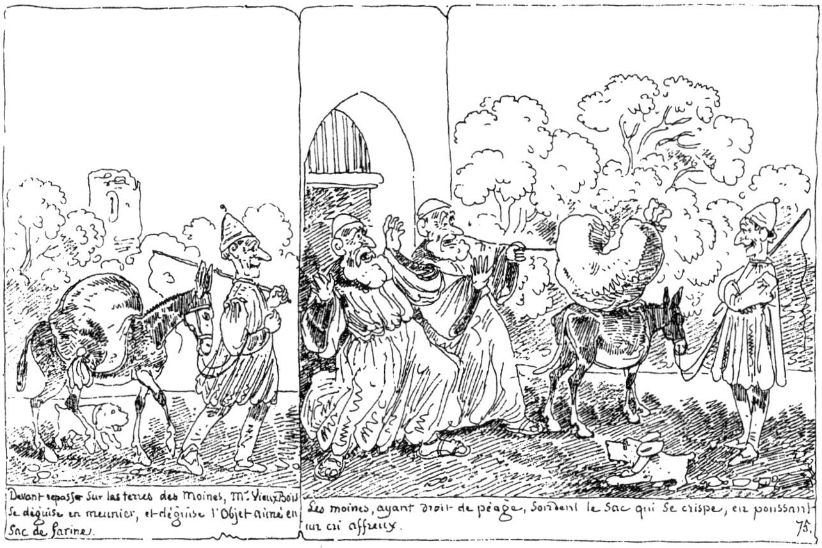

4. *Les Amours de Monsieur Vieux Bois,* 2e édition remaniée par l'auteur, autographié chez Ledouble, Genève, 1839, pl. 76

en sac de blé pour échapper à ses poursuivants, il se retrouve tout naturellement sur le dos d'un âne mené par son maître au moulin. Partageant avec l'animal une bastonnade à but persuasif (fig. 3), il s'en offusque à grands cris qui mettent en fuite le paysan convaincu d'avoir affaire au diable. L'âne continue paisiblement son chemin jusqu'au moulin où le docteur est en grand danger d'être changé en farine. Dans *Monsieur Vieux Bois*[19], l'âne fait fonction de noble destrier dans la joute que se livrent le héros éponyme et le Rival pour reconquérir le corps endormi de l'Objet aimé, qui change de mains, mais pas de dos d'âne. Plus loin, M. Vieux Bois travesti en meunier déguise sa dulcinée en sac de farine, ce qui permet à Töpffer de répéter le comique de situation déjà observé dans *Le Docteur Festus.* En effet, «les moines ayant droit de péage sondent le sac qui se crispe en poussant un cri affreux». Les gesticulations du sac mises en musique par les braiments complices de l'âne mettent les moines en déroute (fig. 4). Le baudet retrouve ici une dimension mythologique qui redouble le comique de la scène: on se souvient de l'épisode des dieux de l'Olympe assiégés par les Géants révoltés et dont la défaite fut conjurée par les braiments des ânes de Satyre et Silène qui terrifièrent et mirent en fuite leurs adversaires.

Au tournant des sentiers ou des routes alpestres se rencontrent les demi-frères et les frères de l'âne des champs, les mulets et les ânes d'altitude, ces humbles «serviteurs de montagne» à qui, déplore Töpffer, «il manque [...] de pouvoir comprendre ces vraies amitiés qu'ils font naître, ces chaudes reconnaissances qu'ils inspirent»[20], eux qui délestent par moments les excursionnistes de leurs pesants bagages, ou offrent leur échine secourable aux voyageurs éclopés ou

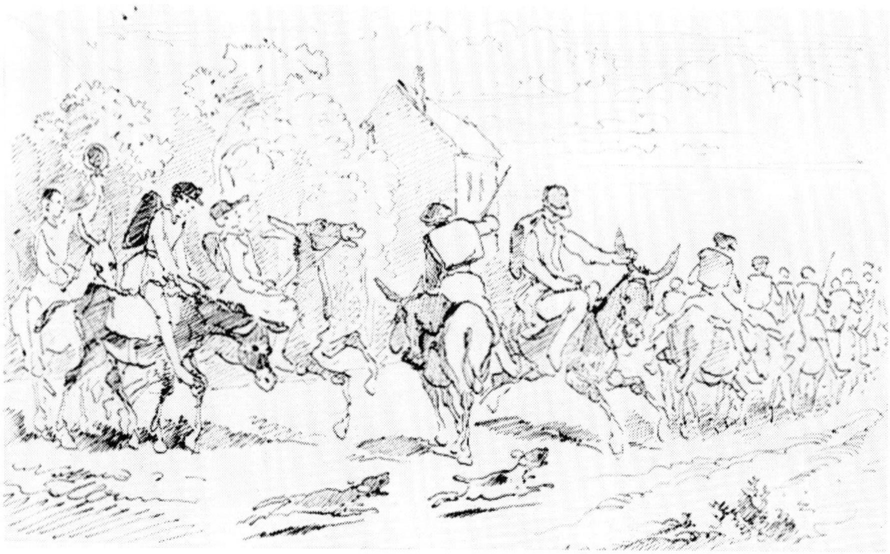

5. Illustration pour le *Voyage à la grande Chartreuse* (1833), redessiné et réécrit en 1843. Plume, sépia et bistre, 10,5 x 17,5 cm. Genève, Cabinet des dessins du Musée d'art et d'histoire

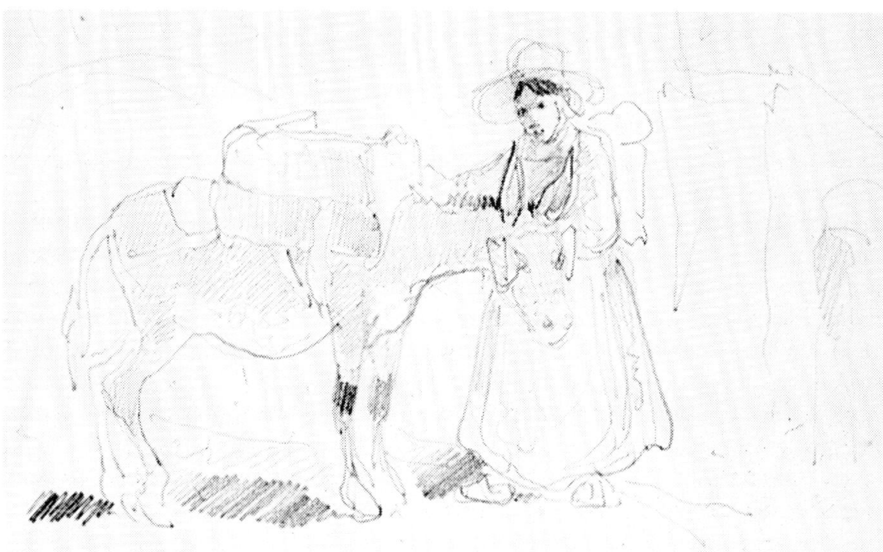

6. *L'âne Martin et Rosalie,* carnet du *Voyage de 1840,* mine de plomb. Genève, Cabinet des dessins du Musée d'art et d'histoire

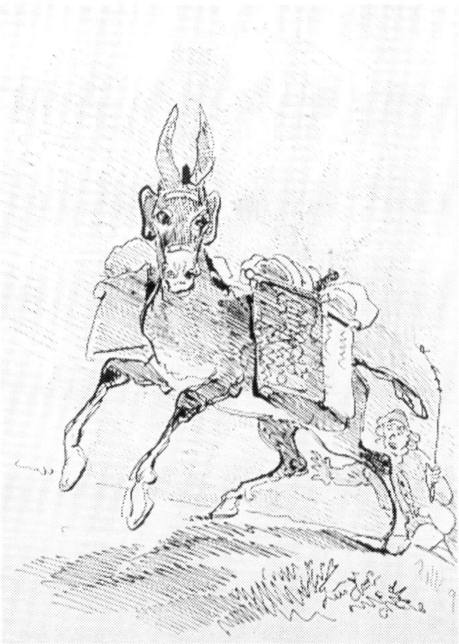

7. Illustration pour le *Voyage autour du Mont-Blanc* (1842), 1843. Plume et bistre, 18 x 11 cm. Genève, Cabinet des dessins du Musée d'art et d'histoire

8. Illustration pour le *Voyage à Gênes* (1834), réécrit et redessiné en 1843. Plume et encre brune, 10,7 x 12,3 cm. Genève, Cabinet des dessins du Musée d'art et d'histoire

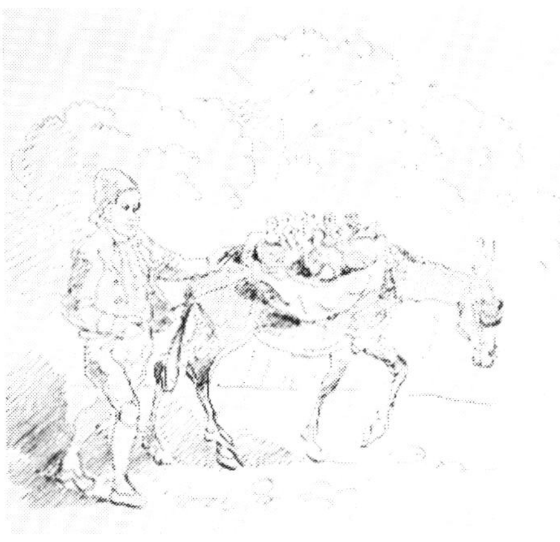

fourbus. Il arrive en effet que la petite troupe genevoise s'offre le luxe exceptionnel d'une équipée à dos d'âne, ainsi lors du *Voyage à la grande Chartreuse* en 1833. «A Aix [les Bains], on trouve une grande quantité de ces animaux qui sont dressés à voiturer les cacochymes. [...] Dès que le bruit s'est répandu de ces ânes, voici Hermann qui a mal aux pieds, Pierre qui souffre du mollet, toute la caravane qui boîte. On loue donc tout ce qu'on en peut trouver, et c'est une cavalerie générale»[21] (fig. 5). En 1840, en route pour Chamonix, on croise Rosalie et Martin (fig. 6). «Martin c'est un âne, et Rosalie, c'est une bergère, une bergère peu jolie, tandis que Martin est un âne coquettement velouté, rayé de noir, doublé de blanc, et, comme tous les ânes, d'une physionomie impayablement philosophique»[22] note le chef d'expédition. Martin, sur le dos duquel se hisse Madame Töpffer «qui en est aux roideurs de jambes», séduit Töpffer à tel point qu'à deux reprises il manque de l'acheter pour l'offrir à sa femme et ne renonce à ce projet que devant les difficultés pratiques de l'entreprise.

L'âne emporte quelquefois les vivres de la troupe, tel ce baudet-fourrier du *Voyage autour du Mont-Blanc,* sur lequel on charge «force volaille et pâtés, force cruchons et bouteilles»[23] (fig. 7). La petite cohorte, chemin faisant, rencontre d'autres bourricots porteurs de leur état, chargés de diverses marchandises. Sur la route de Milan, près d'Ivrée, en 1833, «c'est une société de poules que l'on voiture à dos d'âne [fig. 8]. Rien d'impayable comme l'air de ces dames accroupies en rond sur un linge blanc

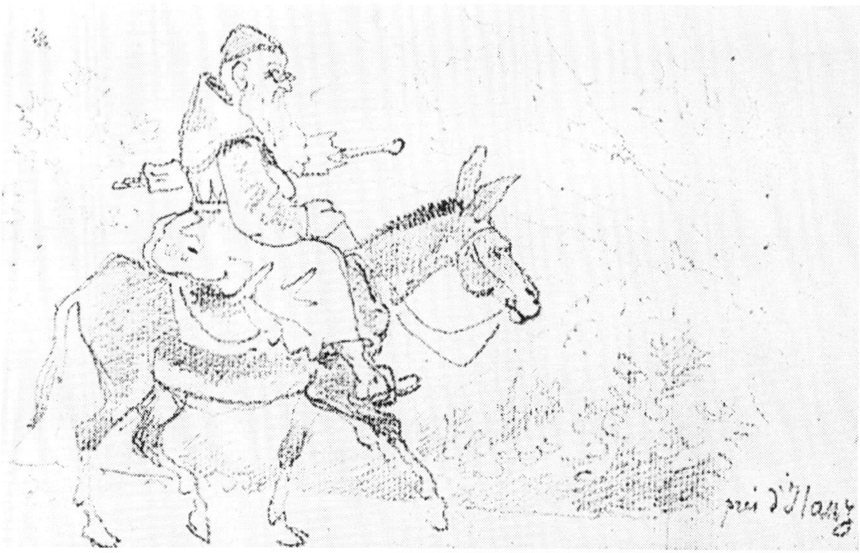

9. *Près d'Ilanz,* carnet de croquis du *Voyage à Milan,* 1839. Crayon, 10 x 16,5 cm. Genève, Cabinet des dessins du Musée d'art et d'histoire

et s'écoutant caqueter comme des commères de bonne compagnie, l'on dirait parfaitement que le manant qui les conduit, est leur voiturin qui les mène aux eaux»[24]. Ailleurs les poules font place au genre humain, de la jeune paysanne au «gras capucin, portant lunettes et parapluie et monté sur un grand âne, [qui] traverse le taillis voisin»[25] (fig. 9).

L'âne, bien sûr, est présent aussi dans de nombreuses feuilles de caricatures où il figure surtout en sa qualité de monture, isolé ou placé dans des séries (fig. 10). Ailleurs, ce «songeur à quatre pattes, peu compris des hommes»[26], ainsi que l'appelait Victor Hugo, illustre le «dialogue à un», une méditation solitaire présentée ironiquement en regard d'un «dialogue à trois» qui apparaît très nettement de moindre qualité métaphysique (fig. 11)...

Si la petite famille asine de Rodolphe Töpffer ne compte jusqu'ici que des héros positifs, c'est que son âne à lui n'est alors chargé que de vertus. Son agreste figure est en effet emblématique d'un espace symbolique qu'on peut esquisser en quelques mots: enfance, père, peinture, nature, naïveté, liberté. L'âne des champs est essentiellement lié aux souvenirs heureux d'une enfance insouciante et confiante. Il est ce compagnon de jeux campagnards que le jeune Rodolphe s'amuse à «encalifourchonner»[27], ou ce citadin d'emprunt, observé de la fenêtre, et grâce auquel l'enfant s'évade un instant[28]. Il est ce complice en peinture, qui tire la carriole sur laquelle Wolfgang-Adam charge son matériel d'artiste, avant que de partir en excursion sur le motif, emmenant avec lui dans la campagne

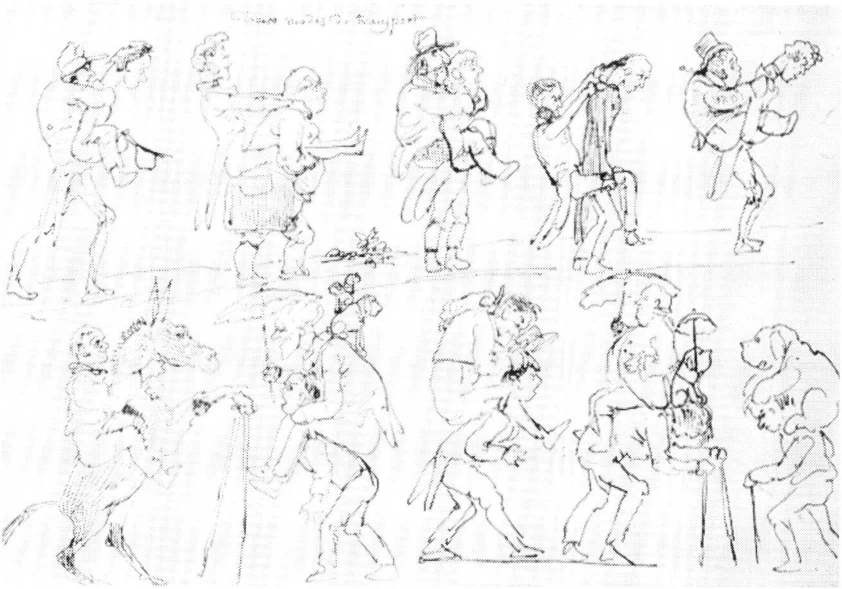

10. *Divers modes de transport*. Plume et sépia, 17 x 28 cm. Genève, Cabinet des dessins du Musée d'art et d'histoire

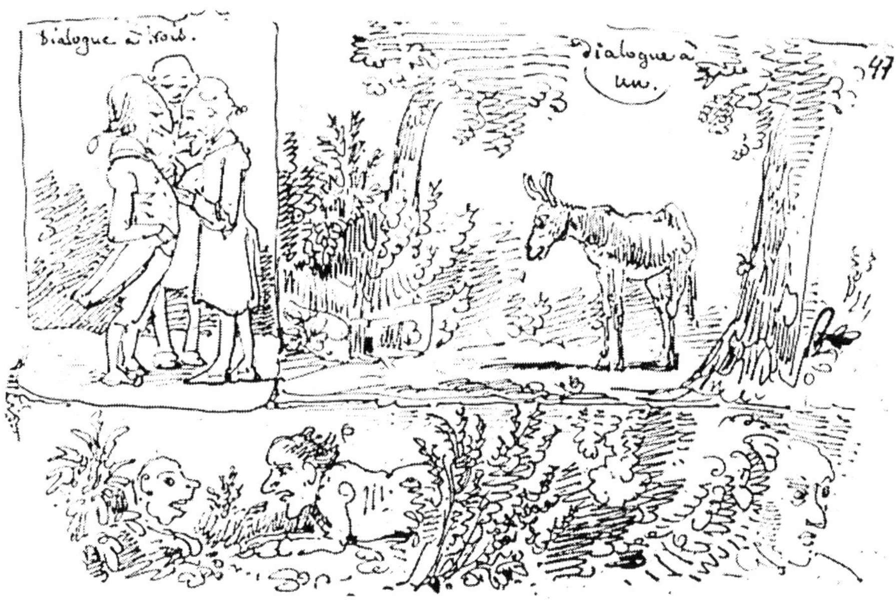

11. *Dialogue à trois, dialogue à un*. Plume et encre noire, 10,9 x 16,5 cm. Genève, Bibliothèque publique et universitaire, coll. Suzannet

genevoise un jeune garçon qui ne doute pas qu'il sera peintre, lui aussi. Il est surtout le modèle champêtre d'élection de ce père qui fait une large place à l'âne dans de nombreux croquis, dans ses aquarelles, ses gravures, ses peintures: le baudet est en évidence dans son célèbre tableau intitulé *Le Rétablissement du culte.* C'est de son père que Rodolphe apprend en même temps que l'amour de la nature («le maître des maîtres, le seul infaillible, le seul excellent»[29]), l'amour de l'art et l'amour de l'âne, et c'est peut-être pourquoi l'animal se retrouve dans les *Menus propos d'un peintre genevois,* en fictif et nostalgique compagnon de route et modèle exemplaire. L'âne est un fétiche, au sens freudien du terme, pour le grand mélancolique qu'est Rodolphe Töpffer, qui n'a jamais pu faire entièrement le deuil de sa vocation première.

Au delà de ces réminiscences, au-delà d'une tendresse particulière pour la bête de somme, laborieuse et résignée, à laquelle celui qui rêva d'être peintre et se réveilla professeur s'identifiera plus d'une fois, il est peut-être d'autres connivences entre l'âne et Töpffer, qui se traduisent sur un plan stylistique et méthodologique. De l'âne, ce flâneur impénitent autant qu'imprévisible, qu'un rien distrait de son erre, Töpffer a appris le voyage lent de celui qui mène son train comme il l'entend et dédaigne superbement la ligne droite pour les sentiers de traverse. Le chemin des ânes, c'est le zigzag, la dérive et le choix des marges, toutes choses symboliques à la fois de la personnalité, de la méthode et du style d'un homme profondément réfractaire à l'esprit de système, qui pratique à merveille l'art de la digression, de la divagation, des changements de registres et du vagabondage théorique. Töpffer, dans ses *Menus propos,* déclare vouloir calquer son allure sur celle de ce «camarade [...] dont la sage nonchalance et la naïve quiétude communiquent de leur charme à [ses] écrits»[30]. La structure fragmentée de son traité posthume doit certainement beaucoup au goût de l'auteur pour Sterne et son *Tristram Shandy,* mais peut-être aussi à la déambulation particulière de l'âne son compagnon. Peu sensible à cette intelligence du Beau avec la bête, son biographe l'abbé Relave lui reprochera, d'ailleurs, de n'avoir dans ses écrits d'esthétique «point suffisamment renoncé à son habitude de s'attarder en route et de voyager en zigzag»[31]...

Un autre emprunt de Töpffer au naturel fougueux de son modèle se traduit par ses fréquentes métaphores de l'âne dessinateur: «en fait de dessin vif, croqué, rapide, il y a tout à gagner à être âne [nous dit-il], dans les sujets plaisans surtout, ou de folle fantaisie, une ânerie audacieuse qui saute un peu brutalement sur l'idée qu'elle a en vue, au risque d'omettre quelques traits et de briser quelques formes a le plus souvent mieux atteint le but qu'un talent plus exercé mais plus timide»[32]. L'ânerie est bien synonyme d'ignorance (ici, de méconnaissance des règles académiques), mais c'est une «sainte ignorance»[33], un état de grâce naïve qui permet la Révélation, celle du génie artistique propre, spontané: une ignorance créatrice très proche de la sapience des cabalistes. Anerie toute positive donc, que Töpffer ne craint pas de revendiquer pour lui-même[34].

Mais, on le sait, à travers l'histoire et les cultures, la figure symbolique de l'âne est plurivoque et contradictoire. L'ambivalence de ses fonctions en fait un animal tantôt divin, vénéré, bénéfique, tantôt démoniaque, honni, maléfique, et sa topique se déploie en une longue série de couples antagoniques. C'est ainsi que l'âne est réputé décidé ou têtu, courageux ou peureux, érudit ou ignorant, sage ou fol, placide ou libidineux, humble ou prétentieux, vertueux ou vicieux, paisible ou violent, laborieux ou paresseux, innocent ou coupable. L'asinité, miroir de l'homme, évolue dans un espace ambigu où ses connotations positives et négatives, toujours susceptibles de renversement, ne se déchiffrent qu'à travers d'autres indices et dans chaque contexte particulier.

L'ÂNE DE VILLE

Le paradoxe de Töpffer est d'avoir fait coexister dans son œuvre deux conceptions totalement antinomiques de l'âne, en passant du sens propre au sens figuré du mot. A partir des années 1840, alors que les tensions politiques s'exacerbent à Genève et que la pression des libéraux et des radicaux le pousse dans des positions de plus en plus réactionnaires, Töpffer va en effet donner un faux-frère métaphorique à l'âne des champs. C'est l'âne de ville, chargé cette fois d'une sémantique péjorative, qui va symboliser l'adversaire politique. L'âne était son ami, voilà que son ennemi est un âne. L'apologie s'inverse en condamnation, l'éloge en insulte et la fine analyse de l'éthologue amateur se mue en un grossier procès intenté à grand renfort de clichés les plus éculés, qui parsèment sa correspondance et, dès 1842, les colonnes du *Courrier de Genève,* l'organe réactionnaire de la coterie académique, dont Töpffer est le principal rédacteur.

Au lendemain des événements du 22 novembre 1841, instaurant à Genève les principes démocratiques de souveraineté du peuple et de suffrage universel, il écrit à Auguste De la Rive: «une constituante, c'est le règne des bêtes, la tyrannie des animaux»[35]. De fait le professeur de rhétorique, s'autorisant abusivement de Dieu le père, choisit pour discréditer l'ennemi, radical ou démocrate, de le ravaler en égrenant des chapelets d'insultes qui amalgament les animaux à d'autres substantifs ou épithètes dépréciatifs: «quand un peuple est assez stupide pour ne pas connaître les biens qui l'entourent, dont il jouit, [le Ciel] le livre aux Lapalud et aux Fazy, comme fait le Conseil d'Etat. Ah! vous en voulez, leur dit-il, vous en voulez animaux! ânes bâtés, huîtres hébétées, ah vous en voulez, tas d'imbéciles, de niais, de jobards; tas d'égoïstes et de lâches, tas de canailles sans cœur, eh bien vous en aurez: je vous lâche dessus ces sauveurs que vous désirez; tâtez en de ce Lapalud, rassasiez-vous en de ce James et ne venez plus me demander rien, car quand ces fléaux sont passé quelque part, on ne s'y revoit plus»[36].

Le bestiaire radical de Töpffer est fort varié, qui va de la brebis au coq d'Inde en passant par le veau, mais l'âne en est le favori incontesté, dénommé aliboron pour l'occasion (animal ou homme stupide et prétentieux, l'aliboron est assimilé à la figure du diable à la fin du Moyen Age). Ce terme, lourdement chargé des vices qu'une tradition séculaire lui impute, n'apparaît que tardivement sous la plume de Töpffer qui l'utilise exclusivement pour diaboliser et vitupérer ses adversaires politiques: «deux partis se disputent la direction des destinées ultérieures de ce pays [le Valais], où quelques aliborons se sont chargés, là comme ailleurs, de rendre le radicalisme suisse ridicule de présomption, drôle d'ânerie et odieux de brutalité»[37]. Ces aliborons radicaux sont, bien évidemment, stupides, ignorants, entêtés et présomptueux. «O fougueux démagogues, vos oreilles sont bien longues, et vous avez beau faire, malgré vos efforts pour les dissimuler, le bout passe toujours», écrit Töpffer en réponse aux attaques de James Fazy contre le corps académique, reprenant à son compte, de son bon La Fontaine, d'Erasme ou d'Esope, l'image des oreilles traîtresses[38]. «Allez donc jusqu'au bout, levez franchement l'étendard de l'ignorance et de l'obscurantisme. C'est là que nous conduit infailliblement le radicalisme»[39].

Les aliborons radicaux sont aussi licencieux et fainéants, enfants de Dionysos, de Silène et de Priape, trois compères en débauche associés à l'animal dans la mythologie gréco-romaine. Le vin et les femmes sont à plusieurs reprises évoqués par Töpffer qui dénonce le peu de moralité et les mœurs dépravées des démocrates. «Le pays manque-t-il d'aliborons, de bons vivants, de batteurs de pavé, de coureurs d'estaminets, d'endettés et de faillis?»[40] persifle le rédacteur du *Courrier de Genève,* pour qui toute la politique du parti radical se réduit au fond à «une [conspiration] des viveurs et des hommes de plaisirs, contre les laborieux et les hommes de mœurs...»[41] «S'il y a eu autrefois des austères, des chastes, des probes de race, des martyrs de loyauté, d'honneurs, de civisme, des énergiques dans la mâle poursuite du bien, du beau, du grand, eh bien, il n'y en aura plus, mais à la place, des viveurs, des lurons fonctionnant à qui mieux mieux, s'en donnant à cœur joie, et répétant en chœur, au bruit des verres, au cliquetis des flacons: Que nos pères étaient bêtes!»[42] Les radicaux sont encore dépeints comme «des gueulards [...], des aliborons, de petits grands hommes qui oratent de ci et delà»[43]. Ils ne sauraient tenir des propos sensés. Töpffer leur dénie non seulement le droit à la parole, mais la parole même: ce sont hommes du braire. L'image nous fournit un charmant exemple de l'inversion des valeurs liées à l'animal.

Le *Voyage dans les Alpes,* en 1826, débute sous les auspices sonores d'un baudet qui salue le départ de la petite troupe de ses braiments positifs: «A la porte de la ville [...] un chant mélodieux est entonné par un âne à deux pas de nous et comme en [notre] honneur et gloire. Nous acceptons tous ce chant admirable comme un présage heureux, et comme une gracieuse offrande de la part d'un âne bienveillant, s'intéressant aux progrès des lumières»[44]. L'ironie ici n'exclut pas la vraie sympathie pour le discours asinien. Mais dix-sept ans plus tard, les braiments des radicaux n'ont plus rien de ce bruit gaiement incongru qui fait les délices de Töpffer dans ce voyage de 1826 ou dans son hommage des *Menus propos.* Ces braiments-là sont assimilés à la fois à des discours confus et stupides et à des sons bruyants, éructés par la bête radicale, bref, à ce qu'il appelle «la stérilité vulgaire du tumulte démocratique»[45].

Ailleurs, on voit réapparaître Silène et Dionysos montés sur ces ânes: les gosiers dont émanent ces braiments sont en pente. Les radicaux ne sont pas ivres

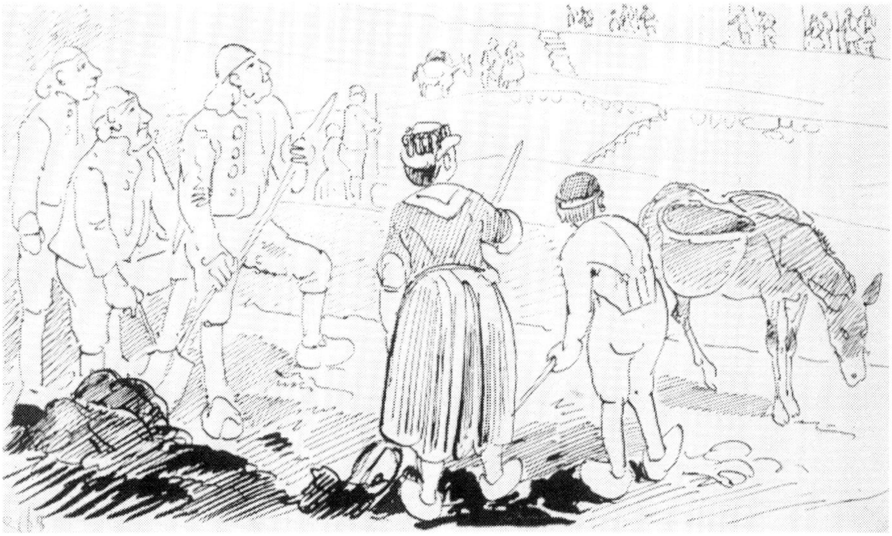

12. Illustration pour le *Voyage autour du Mont-Blanc* (1842), 1843. Plume et bistre, 11,5 x 18 cm. Genève, Cabinet des dessins du Musée d'art et d'histoire

que de pouvoir: dans le *Voyage autour du Mont-Blanc, dans les vallées d'Hérens et de Zermatt et au Grimsel* (1842), la caravane genevoise fait halte dans une auberge d'Aigle: «nous nous régalons au milieu d'un grand vacarme», commente Töpffer. «Ce sont des radicaux d'Aigle qui festonnent sur le pavé, en défiant les tyrans et chantant la patrie à plein gosier. Signe de courage, de civisme, mais surtout de vin blanc»[46].

Dans ces années 1840, l'image du peuple chez Töpffer est aussi ambivalente que celle de l'âne, avec laquelle d'ailleurs elle s'identifie quelquefois. Il y a un peuple-âne des champs (fig. 12), comme il y a un peuple-âne des villes. Dans le *Voyage autour du Mont-Blanc,* Töpffer parle du plaisir qu'il a à s'entretenir avec les «bonnes gens», dont «le naturel» n'a pas été «altéré par les belles manières, la fausse instruction ni les sottes suggestions de la vanité», et se plaît à relever «qu'il y a là [chez les petits] beaucoup de patience, de courage, d'affection, de dévouement, d'abnégation de soi, dans une condition dont ceux qui ne la voient jamais que de loin, sont portés à se faire, d'après ses dehors frustes et son écorce grossière, une idée fausse et bien souvent injuste»[47]. De même Töpffer écrit-il de Vichy, où il est en cure, à Auguste De la Rive, que le peuple français est au fond «un peuple excellent de nature, qui doit tous ses défauts, ses vices et ses ridicules, à l'indigne éducation que lui ont faite ses institutions, ses révolutions, sa littérature. Et [que] si au-dessous de cette surface on creuse jusqu'aux classes agricoles, qui ont échappé à l'éducation, on trouve des gens à tous égards recommandables, très-bons, très-religieux et d'une grande droiture»[48].

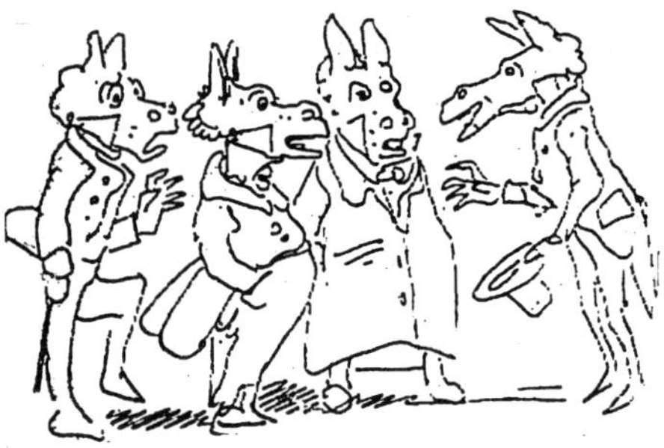

13. Caricatures. Plume et encre brune, 6,7 x 10,5 cm. Genève, Cabinet des dessins du Musée d'art et d'histoire

14. Caricatures. Plume et encre brune, 8,2 x 22,5 cm. Genève, Cabinet des dessins du Musée d'art et d'histoire

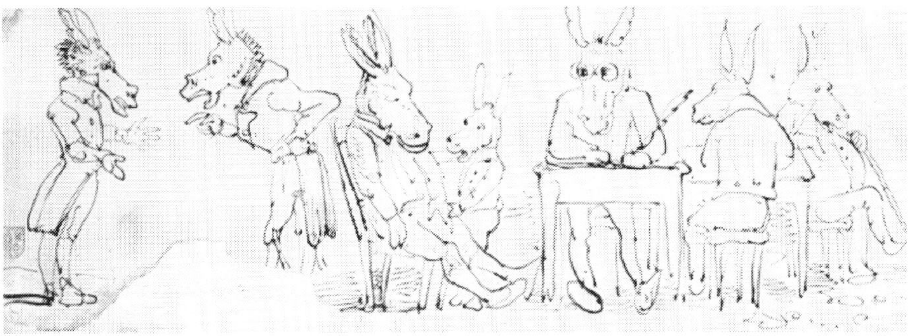

Pour ce peuple-âne des champs, modeste, inculte, mais plein de bon sens, nanti seulement de la foi du charbonnier, respectueux des lois et des hiérarchies sociales, Töpffer éprouve la même tendresse paternaliste que pour l'humble bête de somme qui endure patiemment charges et coups, sans jamais se révolter. Mais que le peuple-âne des villes ose prétendre sortir de la place qui lui est impartie par ceux qui le dominent, qu'il ose faire entendre sa voix, alors l'écrivain décharge contre lui une verve vengeresse, témoignant d'une phobie de l'insubordination qui signale aussi son intime frustration. L'asinité jusqu'alors positive se convertit en asinité négative. La vertu (la résignation) de l'animal subjugué lui valait d'être considéré à l'image d'un homme, saint ou philosophe. Le vice (la révolte) de l'homme aliéné lui vaudra d'être considéré à l'image d'un âne diabolique! « Le peuple? Un âne qui se cabre! [...] on a des gens d'esprit pour soutenir cela»[49] constatera amèrement Victor Hugo dans ses *Châtiments.* Cette formule révélatrice («Le peuple? Un âne qui se cabre!»), Töpffer aurait pu l'avoir écrite, tant elle traduit à merveille ses positions réactionnaires, lui pour qui «l'inégalité des conditions humaines vient de Dieu, en sorte que toute lutte établie contre ce fait providentiel n'aboutit qu'à d'impuissants efforts suivis d'affreuses calamités»[50].

Les portraits-charges littéraires qui anthropomorphisent l'âne en l'affublant de vices humains s'accompagnent de caricatures graphiques zoomorphisant les

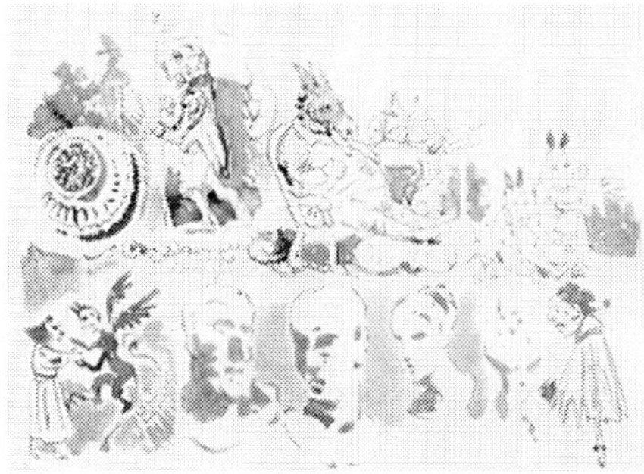

15. *Histoire de Jacques,* manuscrit, 1844. Page de caricature à la plume et au lavis, album: 16 x 22,5 cm. Genève, Cabinet des dessins du Musée d'art et d'histoire

16. Caricatures. Plume et encre brune, 6,1 x 27 cm. Genève, Cabinet des dessins du Musée d'art et d'histoire

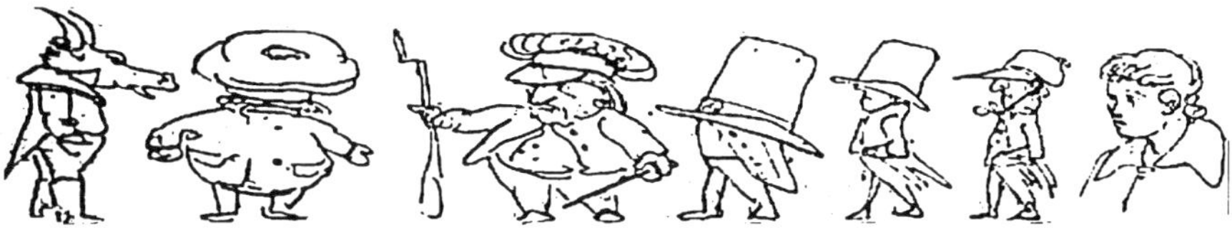

adversaires politiques où les grotesques figures sont impliquées dans des activités humaines propres au domaine politique. Que ces ânes de ville palabrent (fig. 13), débattent ou rédigent (fig. 14), ils ne sauraient dire ou écrire que des inepties. Les deux figures de la presse démocrate genevoise, Elisée Lecomte, ressortissant français, rédacteur en chef du *Journal de Genève,* et James Fazy, patron du *Représentant* puis de *La Revue de Genève,* sont bien entendu les cibles favorites du *Courrier de Genève.* En réponse à un article de Fazy, Töpffer compose un pastiche rhétoriquement retors des *Animaux malades de la peste,* une fable de La Fontaine à qui il reprochait jadis d'avoir injustement médit de l'âne son ami et de qui il reprend désormais à son compte tous les poncifs. Les événements de novembre 1841 et la Constituante y sont décrits comme la manipulation, par le *Trois Mars,* d'un peuple genevois constitué de «lurons, d'aliborons, de brouillons et de moutons»[51]. Même si dans le texte l'amalgame n'est pas fait entre la peste et le radicalisme (la peste figurant au contraire ironiquement le régime conservateur dénoncé par Fazy), il est clair que le jeu des métaphores peut s'inverser. Fazy n'était-il pas alors justement, pour Töpffer, «ce maudit animal, ce pelé, ce galeux d'où venait tout [le] mal»[52], l'âne rouge de l'Apocalypse?

On sait que l'*Histoire d'Albert,* dernière des histoires en estampes, autographiée en 1845, et dont le héros, ainsi que le précise Töpffer, est «un aliboron qui change constamment de métier»[53], s'intitulait d'abord *Histoire de Jacques* et se voulait une satire de James («Jacques») Fazy présenté comme un velléitaire occupé à se faire une situation. Le leader radical serait-il cet âne bedonnant, contemplant avec fierté sa progéniture (fig. 15) qui figure sur une page de croquis de l'album manuscrit de l'*Histoire d'Albert* et qui fait penser aux fameux *Caprices* de Goya[54]? On peut aussi se demander si cette autre mystérieuse caricature (fig. 16) ne serait pas un résumé graphique de l'*Histoire d'Albert,* du jeune garçon un peu niais à l'aliboron conquérant, encadrant divers spécimens de démocrates ridicules, dont l'un, coiffé d'une casquette populaire et muni à la fois d'une baïonnette et d'une épée, pourrait représenter le peuple en armes?

Il faut le dire ici, Töpffer n'a pas le monopole de l'âne négatif. La métaphore asinienne est filée en abondance dans les brochures anonymes et les colonnes de la presse genevoise où les adversaires politiques se décochent forces ruades en se traitant mutuellement d'ânes. C'est une insulte conventionnelle, universelle et typique du combat idéologique et politique de la Genève des années 1840, qui fuse de droite comme de gauche et retombe quelquefois dans le même camp. De la brochure anonyme, intitulée *L'Ane du Journal de Genève,* dans laquelle James Fazy règle des comptes avec son confrère Elisée Lecomte, au récit burlesque de *La Revue de Genève,* intitulé «L'âne du meunier et la bourrique du syndic», lecture métaphorique de la lutte des classes entre le Haut et le Bas à Genève, en passant par «L'âne parlementaire», une petite fable du *Fédéral,* sur le modèle du loup et de l'agneau de La Fontaine, qui se moque de la naïveté des baudets désormais affranchis, sans oublier les apologues mordants et les fantaisies burlesques sur le même thème qu'on trouve dans la presse satirique, le tissu d'«âneries» de l'époque témoigne d'une remarquable culture genevoise en la matière[55].

La métaphore politique se double d'un débat saugrenu, quoique tout à fait sérieux, qui agite le *Landerneau* genevois et au centre duquel on retrouve des bourriques. Alors que les tensions politiques sont à leur comble, plusieurs lettres ou pétitions, émanant des boutiquiers des Rues basses ou de citoyens dérangés dans leur repos matinal par le braiment des rustiques baudets attelés aux charrettes des laitières ou des jardinières qui assurent l'approvisionnement de la ville, demandent au Conseil d'Etat d'intervenir pour faire cesser «ce criant abus», en exigeant que les animaux soient dorénavant muselés et parqués en des endroits précis[56]. Après avoir tardé à légiférer, le Département de Justice et Police finira par céder aux requêtes et fera placarder en 1845 un avis sur les murs de la ville, décrétant le musellement général des ânes genevois, au moyen d'un «modèle [...] fourni au Bureau de Police»[57]. Cette brayante affaire, on s'en doute, excite la verve des journaux satiriques et inspire plus d'une plume genevoise, dont celle d'un démocrate anonyme qui compose un petit recueil de chansons populaires, le *Pot pourri des laitières.* Voici un des couplets de l'une d'entre elles intitulée «à bas la muselière»: «Il faut convoquer, ma chère, Tous les ânes du canton En assemblée populaire! Et nos bêtes leur diront: Arrière la muselière. Ou là-haut nous monterons, Et c'est nous qui vous la mettrons [...]. Malgré vous ma saume braira, ou bien foi de laitière. On s'révoltera. Hue... dia!»[58]

L'affaire du musellement des ânes donne l'occasion à Töpffer d'un spirituel feuilleton dans le *Courrier de Genève* du 20 août 1842, intitulé «La ville est pleine d'ânes». Prenant prétexte d'une prétendue lettre de lecteur qui propose l'usage d'une courroie adéquate pour faire taire les baudets, Töpffer en livre une lecture politique métaphorique assortie d'un commentaire ironique, où l'allusion à Elisée Lecomte et son *Journal de Genève* est claire. Il n'est pas si facile de réduire les ânes au silence, répond-il à son abonné. Preuve en est ce roussin qui «s'en vient trois fois par semaine, le Mardi, le Jeudi et le Samedi, chanter dans nos rues, sans que ni nous, ni personne ait encore trouvé le moyen de le faire taire, ou, à défaut, de le faire chanter avec quelqu'agrément. Maintes fois reconduit à la frontière (car il n'appartient à personne dans le canton), il est obstinément revenu stationner auprès du gond d'adoption où il se figure qu'est attaché son licol. Vieux, pelé, l'oreille cassée, les genoux couronnés, le flanc tanné de coups et criblé de piqûres, le drôle tient bon, tantôt esquivant les horions, tantôt ruant de sa corne ou happant du râtelier, et toujours chantant sa même mélodie; au grand plaisir, il faut le dire de quelques bonnes femmes du quartier, qui en revanche lui fournissent gîte, litière, foin et chardons. Il y a donc roussin et roussin, et, parmi eux tel qui sans même avoir des idées romprait dix fois la courroie plutôt que de ne les exprimer pas»[59]. Lecomte contre-attaque[60] et Töpffer rétorque en proposant son expulsion: «il y aurait [...] un moyen plus sûr [d'empêcher cet âne de braire]. Ce serait de le renvoyer au pâturage natal, brouter les chardons de la patrie. Une souscription couvrirait facilement les frais de route, ou mieux encore, comme il est aujourd'hui fort à la mode de faire des pétitions, on en pourrait adresser une à l'autorité compétente pour lui demander de le faire conduire sûrement jusqu'à sa destination»[61]. De fait, Elisée Lecomte sera expulsé de Genève par un arrêté du Conseil d'Etat en date du 10 septembre 1842, suite à une pétition du cercle conservateur des Mignons.

Le Diable boiteux, publication satirique, se mêle à la polémique en publiant une «Délibération gouvernementifique sur la requête du *Courrier de Genève* du 20 août, dite Pétition des bourriques». C'est une satire des délibérations du Grand Conseil sur le sort de la gent ânichonne, lequel finit par débouter les pétitionnaires, considérant somme toute qu'«ils sont plus ânes que ceux dont ils reçoivent les visites tous les matins»[62]. Mais quelques jours plus tard, c'est Töpffer qui reçoit le coup de pied de l'âne du même *Diable* dénonçant la mauvaise foi de certaines de ses polémiques partisanes et lui retournant son insulte favorite: «pour avoir de quoi répondre à ses adversaires, l'âne Jabot leur attribue tous ses défauts. De cette façon, il ne lui manque pas à critiquer. *Le Diable boiteux* en profitera pour faire mordre à cet âne la poussière dans laquelle il se vautre»[63]. Associer, à propos du professeur devenu le tribun de la réaction, l'âne à M. Jabot, ce grimpion qui «croit devoir», c'était viser assez juste. Il est vrai que, dans ces années de luttes politiques, un peu comme M. Jabot a «cru devoir» «manifester l'inquiétude que lui cause le parti populaire»[64], Töpffer a, lui aussi, «cru devoir» défendre les prérogatives des patriciens, s'impliquant dans ces luttes partisanes bien davantage qu'il ne l'aurait voulu, épuisant des forces qu'il regrettait sans cesse d'avoir à dérober à sa création littéraire et graphique.

En été 1842, alors qu'il n'a jamais autant sacrifié sa nature profonde d'artiste à ses devoirs de notable conservateur et de pamphlétaire politique, il fait part à Auguste De la Rive de son désir de «s'exiler, [...] de s'élire à ne rien faire, de se donner vacances de patriotisme et d'activité civique»[65] pour ne faire plus que ce

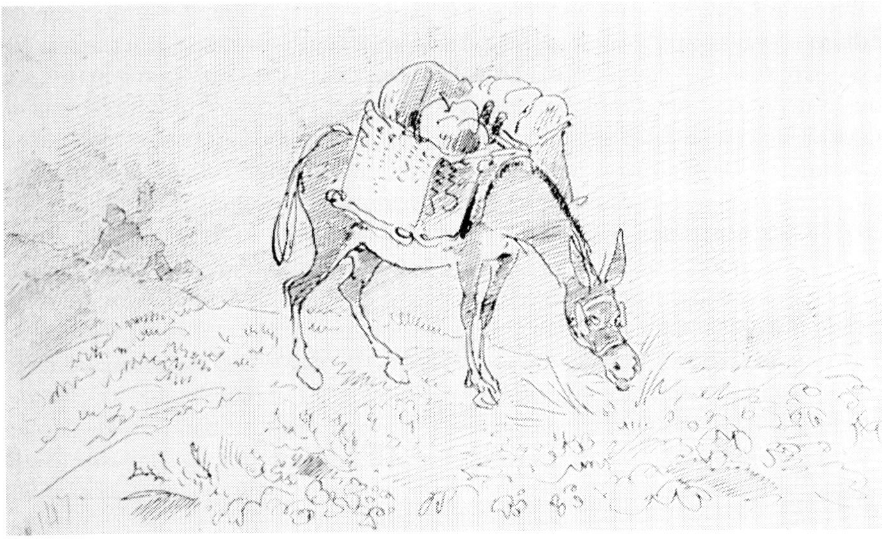

17. Illustration pour le *Voyage autour du Mont-Blanc* (1842), 1843. Plume, sépia et bistre, 10,5 x 17 cm. Genève, Cabinet des dessins du Musée d'art et d'histoire

qui lui plaît. Cette tension entre le principe de réalité et le principe de plaisir se révèle au cœur du récit de son dernier voyage en zigzag, autour du Mont-Blanc. Entreprise à la fin du même été, cette excursion est une parenthèse bienvenue dans une vie qui ne lui a jamais paru aussi lourde à porter. Dans ce texte étonnant qui réunit les aspects les plus contradictoires d'un homme paradoxal, les ânes de ville, aliborons démocrates, hantent les longues digressions politiques qui alourdissent le récit. Mais on y rencontre aussi un âne des champs (fig. 17), fourrier de l'expédition qui, profitant de l'inattention générale, «s'est pris à paître, et, de touffe en touffe, de régal en régal, [...] s'est perdu, [...] déjeuner compris, dans les profondeurs du brouillard!». Alors qu'autour de lui on s'agite en tous sens pour retrouver l'animal, Töpffer, enchanté de l'incident, s'identifie au fugueur et l'encourage *in petto* à profiter de cet instant de liberté volée, lui témoignant une sympathie qui en dit long sur son propre sentiment de réclusion. «Pais à ton aise, baudet; roussin, profite des instants; pauvre créature, devine l'intention des dieux: ce sont eux qui t'ont envoyé cette nuée tutélaire; pour moi je n'ai point de hâte qu'on te retrouve, et volontiers je retarde mon déjeuner pour assurer le tien. Assez dure est ta destinée, assez rares tes fêtes; et n'était que tu ne boudes jamais ces plaisirs, que l'occasion met à ta portée, où sont ceux là qu'on te ménage?»[66]

On peut s'étonner de voir coexister, dans certaines des dernières œuvres, le *Voyage autour du Mont-Blanc* ou l'*Essai de physiognomonie,* les deux images discordantes de l'âne, sans que jamais l'auteur en paraisse troublé. Le fait est emblématique de sa carrière et témoigne d'une personnalité complexe et contradictoire, dont Töpffer plaisante dans une lettre à Adolphe Pictet: «Il n'y a que les très petits esprits, écrit-il, qui soient incapables d'admettre, ainsi que je fais, deux idées contradictoires. Dans les cerveaux vastes il y a de la place pour tout le monde, et je m'admire quand je considère l'innombrable quantité de choses opposées, inverses, *secum repugnantia,* qui vivent à l'aise dans le mien, sans seulement s'y chicaner, encore moins s'y donner de mutuels coups de pieds dans leur derrières mutuels»[67].

On connaît le rôle important de l'âne dans les mythes liés aux métamorphoses (le roi Midas et ses oreilles, *L'Ane* de Lucius de Patras, *L'Ane d'or* d'Apulée, *Peau d'âne* de Perrault, etc.). L'animal, doté d'une topique aussi plurivoque qu'ambivalente, ne pouvait que convenir à un homme métamorphique par excellence, singulière incarnation de la *coincidentia oppositorum.* Lorsque Töpffer parle de l'âne des champs, c'est en artiste, en poète, en esthète. L'éloge de l'âne signale la subtile sensibilité d'un esprit original, doublé d'un observateur remarquable, qui lui fait prendre la défense de l'animal contre les stéréotypes et les conventions liés à la banale valeur d'usage sociale. Le refus des lieux communs, ainsi que l'accusation de calomnie portée à l'encontre du grand fabuliste qui a largement contribué à les accréditer, manifestent le progrès intellectuel d'un individu qui s'émancipe des préjugés de la masse. En outre, prendre la défense de l'âne, c'est redonner sa parole et sa dignité à l'esclave, au dominé, c'est, encore une fois, remettre l'ordre des choses en question. Avant-gardiste, anticonventionnel et subversif, Töpffer se dresse ici contre la *vox populi* et n'écoute que sa fantaisie. Une attitude d'ouverture généreuse, qui se retrouve, au temps de l'insolence, chez le jeune auteur d'une production littéraire et artistique inventive et non encore chargée de moraliser le public: les *Histoires en estampes,* les premières *Nouvelles genevoises* et les premiers textes sur les Beaux-Arts. C'est sans doute pourquoi on ne trouve sous la plume du dessinateur et de l'écrivain à ses débuts aucune caricature insultante de l'animal. Dès lors qu'il exprime si distinctement une perception toute positive de l'âne, il ne peut, dans le même temps, utiliser le cliché usuel, sans se trouver en porte à faux: l'insulte, toute métaphorique soit-elle, repose toute de même sur l'opinion qu'on se fait de l'animal réel. Traiter avec mépris un humain d'âne équivaudrait à offenser la bête dont il vient de montrer que la connotation négative se construisait sur une méconnaissance doublée d'une projection idéologique.

A contrario, lorsque Töpffer parle, plus tard, de l'âne de ville, c'est en professeur, en pamphlétaire, en idéologue. Sa condamnation de l'«âne» signale l'adhésion aux valeurs négatives qui lui sont conventionnellement attachées et qui sont unanimement acceptées par la masse des esprits ordinaires. En rejoignant la société des pourfendeurs d'âne, le journaliste veut aussi convaincre le grand nombre: il adopte sans broncher l'usage commun, la sémantique «classique» de l'animal qu'il dénonçait auparavant avec tant de perspicacité. Il rentre dans le rang de la pensée vulgaire et de la communication élémentaire. C'est une régression, un «retour à l'ordre» du langage usuel, chargé des poncifs rebattus du prêt à juger. Après s'être élevé au-dessus des grossières préventions, il replonge dans la mare aux clichés. D'autre part, accepter, sans états d'âme, d'en adopter les connotations purement négatives (stupidité, entêtement, désobéissance, grossièreté, luxure, etc.), c'est se placer maintenant du point de vue du maître, du dominant que le comportement de l'animal exaspère; c'est défendre l'ordre établi qu'on confond désormais avec l'ordre naturel des choses. C'est ainsi que l'âne nous transporte du langage poétique au langage politique, de la subversion à la réaction, bref, d'un Töpffer à l'autre, qui puise dans le répertoire de la symbolique contradictoire attachée à l'animal selon qu'il est artiste innovateur ou tribun politique conservateur et que son discours se veut critique ou normatif.

ÂNE, MON FRÈRE ÂNE

Mais au fond, c'est en artiste que Töpffer aime à se reconnaître, et il nous en donne la preuve par l'âne. A l'époque où il s'engage dans le combat politique, il s'échappe quelques jours de Genève pour les rives savoyardes du Léman. Aux Allinges, une région qui lui est chère depuis l'enfance, il se livre à une méditation nostalgique sur la poésie des ruines, dont il donne une très belle vue dans ses *Essais d'autographie*[68] (fig. 18). Au bord d'un paysage romantique et solitaire, il a placé son animal fétiche, seule âme qui vive dans cette immensité. Le roussin de son Arcadie fictive, débâté, débridé, libre et rêveur, qui apparaît comme une figure de projection nostalgique de l'auteur, un calme antidote du bruit et des contraintes de la Genève politicienne. «Mille chaînes me lient à ce séjour d'une ville populeuse, et c'est pour cela qu'afin de leurrer mes envies d'étable, de grange et de verger, [...] je me suis donné pour compagnon un pauvre âne, symbole si naïf de champs, de prés et de métairie» avouera-t-il un peu plus tard[69]. Et, lorsque déjà gravement malade, il abandonne les luttes partisanes pour se consacrer enfin à l'achèvement de ses *Réflexions et menus propos d'un peintre genevois,* c'est à l'âne des champs son ami qu'il consacre, dix ans après la joyeuse apologie de sa jeunesse, un nouveau chapitre, grave et bouleversant, où il fait de l'humble animal le modèle exemplaire non plus d'une esthétique, mais d'une éthique, d'un *ars vivendi et moriendi* qu'il regrette de n'avoir pas su, ou pas pu suivre:

> C'est grand dommage que j'aie quitté mon âne. Où est-il ce charmant camarade d'autrefois, ce sage de qui la douce philosophie me charmait à si bon droit? Hélas, je l'ignore; sans quoi, plantant là ma démonstration, tout d'une course, j'irais le rejoindre; mais en quelque lieu qu'il se trouve, soyez-en sûr, il n'abuse de rien; il ne boude quoi que ce soit; il ne flatte ni ne hait, ni ne méprise; et quelle que puisse être sa condition, misérable ou fortuné, il en allège la dureté par sa patience ou il en corrige la mollesse par sa frugalité.
>
> C'est grand dommage que j'aie quitté mon âne. Bien mieux que de tous ces prêcheurs qui m'en remontrent, j'aurais appris de lui comment on vieillit sans ingrate

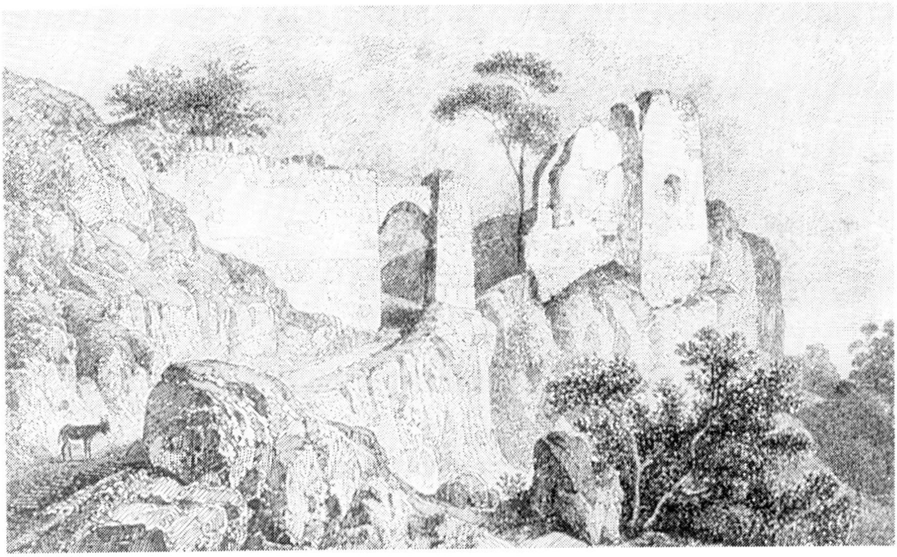

18. *Les Allinges,* dans: *Essais d'autographie,* autographié chez Schmid, Genève, 1842, pl. 11

surprise, comment on accepte sans inutile murmure le poil blanc, l'aride maigreur, tous les tristes insignes du déclin, comment on échappe aux funèbres prévisions de mort et de sépulcre, comment après avoir consommé sa vie en services ignorés, l'on rend doucement ses os à la terre, aise de la quitter, aise de l'avoir connue... Adieu, mon âne; ton exemple froisse ma vanité plus encore qu'il ne relève mon courage, et ton ressouvenir remue mon cœur plus encore qu'il ne le récrée.[70]

NOTES

1 *Réflexions et menus propos d'un peintre genevois* (troisième Livre du traité du lavis à l'encre de Chine), Genève, s.n.a., 1835. Cet opuscule constitue le troisième Livre des *Réflexions et menus propos d'un peintre genevois ou essai sur le beau dans les arts* (ouvrage posthume, inachevé, reprenant certains des nombreux opuscules intitulés *Réflexions et menus propos d'un peintre genevois* parus entre 1832 et 1841), Paris, J.-J. Dubochet, 1848, 2 vol., vol. I, Livre III, chap. VIII, pp. 134-137.

2 *Ibidem,* p. 156

3 Laurence STERNE, *Vie et opinions de Tristram Shandy, gentilhomme* (Londres, 1759-1764), Paris, Gallimard, 1982, pp. 469-471

4 SAINTE-BEUVE, «Notice sur Rodolphe Töpffer», préface à *Rosa et Gertrude,* Paris, J.-J. Dubochet, 1841, p. 32

5 Théophile GAUTIER, «Du beau dans l'art, à propos des Réflexions et menus propos de Rodolphe Töpffer», *Revue des deux mondes,* n° 19, 1847, pp. 887-908. Réédition sous le titre de *Rodolphe Töpffer et ses Menus Propos,* Genève, Albert Skira, 1943, p. 29

6 «[...] nous avons en réalité deux âmes ou plus; qu'en pensez-vous? Une âme qui raisonne, qui conclut, qui veut... Une âme qui sent, que le raisonnement assomme, que le vouloir fatigue... Une âme qui est triste, renfrognée, sombre, rongée d'un petit gueux de tænia immatériel; c'est celle-ci dont parle toujours Pascal... Et tout à côté une âme joviale, rieuse, prête à rire et à bouffonner, même pendant que sa voisine est en train de se ployer, couronnée de crêpes immatériels, dans un linceul immatériel aussi. Ne vous sentez-vous pas dans le corps ces quatre âmes bien distinctes?», Lettre à A. Pictet, 7. 10. 1840, *Un bouquet de lettres de Rodolphe Töpffer,* éd. par Léopold GAUTIER, Lausanne, Payot, 1974, p. 226. Sur la personnalité complexe de Rodolphe Töpffer, voir dans *Töpffer,* ouvrage collectif sous la direction de Daniel MAGGETTI, Genève, Albert Skira, 1996, plus spécialement les contributions de Marie ALAMIR-PAILLARD, Philippe KAENEL, Daniel MAGGETTI et Jérôme MEIZOZ.

7 *Réflexions... ou essai..., op. cit.,* vol. I, p. 157

8 *Ibidem,* Livre IV, chap. I, pp. 199-200

9 *Bibliothèque universelle de Genève,* n° 63, mars 1841, pp. 62-94, paru ensuite en brochure en 1841. Cet onzième opuscule des *Réflexions et menus propos d'un peintre genevois* n'a pas été retenu dans l'édition posthume du traité éponyme.

10 *Essai de Physiognomonie,* Genève, Schmid, 1845, réédition Genève, Albert Skira, 1945

11 *Essai de Physiognomonie,* manuscrit, BPU, Genève, Ms suppl. 1187, p. 9

12 Sur le combat esthétique de Töpffer, voir Marie ALAMIR-PAILLARD, «Rodolphe Töpffer critique d'art, 1826-1846: de la subversion à la réaction», in *Töpffer, op. cit.,* pp. 67-132

13 *Réflexions... ou essai..., op. cit.,* vol. II, Livre VI, chap. XVIII, p. 102

14 C'est ce que Töpffer écrit de Winckelmann! BPU, Ms 1257/d, f. 1

15 *Réflexions... ou essai..., op. cit.,* vol. II, Livre VII, chap. IX, p. 180.

16 «Jules c'est moi!», Lettre à Sainte-Beuve, 29.12.1840, *Un bouquet..., op. cit.,* p. 100

17 *La Bibliothèque de mon oncle,* 1832, Réédition dans *Œuvres complètes,* t. I, «Nouvelles», Genève, Albert Skira, 1942, p. 66. A noter que dans ce passage, les deux animaux qui se grattent mutuellement au sens propre peuvent faire penser à l'expression métaphorique ancienne, «on dit qu'un âne gratte l'autre, en latin, quand deux personnes de peu de mérite se louent réciproquement» (Furetière), que l'on retrouve chez Erasme *(Eloge de la Folie)* et chez la Fontaine (*Fables,* Livre XI, «Le Lion, le Singe et les deux Anes»). Mais il n'y a ici chez Töpffer aucune dérision.

18 *Le Docteur Festus* (1829), réédition dans *Œuvres complètes,* t. VI, «Caricatures», Genève, Albert Skira, 1944, pp. 28-31

19 *Monsieur Vieux Bois* (1826), réédition dans *Œuvres complètes,* t. IV, «Caricatures», Genève, Albert Skira, 1943, pp. 70-77

20 *Voyage autour du Mont-Blanc, dans les Vallées d'Hérens, de Zermatt et au Grimsel* (1842), présenté et annoté par Manuela BUSINO-MASCHIETTO, Genève, Georg, 1996, p. 71

21 *Voyage à la grande Chartreuse* (1833), réédition dans *Œuvres complètes,* t. V, «Voyages en zigzag», Genève, Pierre Cailler, 1952, p. 37

22 *Chamounix, L'Oberland, Le Righi* (1840), *Premiers voyages en zigzag,* Paris, Garnier, t. II, s.d., pp. 22-23

23 *Voyage autour du Mont-Blanc, op. cit.,* p. 97

24 *Voyage à Milan* (automne 1833), réédition dans *Œuvres complètes,* t. V, *op. cit.,* p. 122

25 *Milan, Côme, Splügen* (1839), *Premiers voyages en zigzag, op. cit.,* t. I, s.d., p. 357

26 Victor HUGO, *L'homme qui rit,* 1866-68, p. 12. Victor Hugo est un autre thuriféraire de l'animal, qui dans son long poème philosophique *L'Ane* (1880) s'attache à démontrer à son propos la supériorité de la nature et de l'instinct sur la science et à plus forte raison la fausse science.

27 Voir la description que Töpffer donne d'une telle enfance dans sa nouvelle *Le Presbytère,* 1832, rééditée dans *Œuvres complètes,* t. I, *op. cit.,* p. 153

28 *La Bibliothèque de mon oncle, op. cit.*

29 *Réflexions... ou essai..., op. cit.,* vol. I, Livre II, chap. XIII, p. 80

30 *Ibid.,* Livre IV, chap. I, p. 200

31 Abbé Pierre-Maxime RELAVE, *Rodolphe Töpffer,* Lyon, Emmanuel Vitte, 1886, p. 111

32 *Essai de physiognomonie, op. cit.,* p. 19

33 «O sainte asinité, sainte ignorance! [...] Toi qui seule peut rendre les âmes meilleures, Que ne le peuvent faire le génie humain ou l'étude...», in Giordano BRUNO, «Eloge de l'âne», cité par Nuccio ORDINE, *Le Mystère de l'âne, essai sur Giordano Bruno,* Paris, Les Belles Lettres, 1993, p. 56

34 Voir sur ce point Marie ALAMIR-PAILLARD, «Töpffer: l'art de la naïveté», *48/14, La revue du Musée d'Orsay,* Paris, no 3, septembre 1996, pp. 46-57

35 Lettre à Auguste De la Rive, Genève, BPU, Ms suppl. 1643, ff. 100-101

36 *Ibid.,* f. 102

37 *Voyage autour du Mont-Blanc, op. cit.,* p. 162

38 Jean DE LA FONTAINE, «L'Ane vêtu de la peau du lion», *Fables,* Livre V, f. 21

39 «Du radicalisme», *Le Courrier de Genève,* 26. 3. 1842

40 *Le Courrier de Genève,* 23. 4. 1842

41 *Le Courrier de Genève,* 28. 9. 1842

42 «Essais d'Autographie», *Le Courrier de Genève,* 2. 7. 1842

43 Lettre à Petit-Senn, 23. 9. 1842, citée dans Eusèbe H. GAULLIEUR, «Rodolphe Töpffer (Essai biographique)», in *Album suisse, Mélanges de littérature et d'histoire nationale par ses principaux écrivains,* Berne, Genève, Mathey, 1856, p. 68

44 *Voyage pittoresque dans les Alpes* (1826), réédition dans *Œuvres complètes,* t. I, «Voyages en zigzag», Genève, Pierre Cailler, 1945, p. 69

45 *Le Voyage à Venise,* éd. originale autographiée, Genève, Schmid, 1841, p. 58

46 *Voyage autour du Mont-Blanc, op. cit.,* p. 14

47 *Ibid.,* p. 168

48 Lettre à De la Rive, citée dans Eugène RAMBERT, *Rodolphe Töpffer d'après des correspondances inédites,* Genève-Paris, 1874, p. 20

49 Victor Hugo, *Châtiments* (1853), Livre III, chap. VIII, III, Paris, Garnier-Flammarion, 1979, p. 147. On sait tout le mal que Töpffer pensait de l'écrivain français.

50 *Voyage autour du Mont-Blanc, op. cit.,* p. 170

51 *Le Courrier de Genève,* 18. 6. 1842

52 Jean DE LA FONTAINE, «Les animaux malades de la peste», *Fables,* Livre VII, I

53 *Essai de physiognomonie, op. cit.,* p. 20

54 On ignore si Töpffer avait connaissance de l'œuvre en question, mais il est certain qu'il a dû voir la reproduction d'une gravure de la série des ânes (*Hasta su abuelo*) qu'en donne Grandville en 1834 dans le *Magasin pittoresque* pour illustrer un article sur le peintre espagnol.

55 Voir Marie ALAMIR-PAILLARD, «La ville est pleine d'ânes! Une métaphore politique à Genève en 1842», article à paraître

56 Anonyme, Pétition des habitants *à Messieurs les Syndics et Membres du Conseil d'Etat de la République de Genève,* Genève, BPU, SHAG 479/79

57 *Avis de la police,* placard, Genève, BPU, SHAG 455 B/1

58 [Philippe CORSAT], «A bas la muselière», *Pot-pourri des Laitières,* Genève, Imprimerie Vaney, 1843

59 «Feuilleton», *Le Courrier de Genève,* 20. 8. 1842

60 *Journal de Genève,* 23. 8. 1842

61 *Le Courrier de Genève,* 27. 8. 1842

62 *Le Diable Boiteux,* 1. 9. 1842

63 *Le Diable Boiteux*, 27. 9. 1842
64 Annonce publicitaire pour l'*Histoire de M. Jabot, Bibliothèque universelle de Genève*, juin 1837, pp. 234-237, ici p. 235
65 Lettre à De la Rive, Genève, BPU, Ms Suppl. 1643, ff. 116-121
66 *Voyage autour du Mont-Blanc*, op. cit., p. 99
67 Lettre à Adolphe Pictet (mai 1841), *Un bouquet…, op. cit.*, p. 228
68 *Essais d'autographie* (1842), réédition dans *Œuvres complètes*, t. X, «Caricatures», Genève, Albert Skira, 1944, pl. 11
69 *Réflexions …, op. cit.*, vol II, Livre VII, chap. I, p. 158
70 *Ibid.*, Livre VI, chap. XVIII, pp. 101-103

CRÉDIT PHOTOGRAPHIQUE:

Photos Musée d'art et d'histoire, N. Sabato, Genève: fig. 2, 5, 6, 10
Les autres prises de vues sont de l'auteur

RODOLPHE TÖPFFER, JEAN-JACQUES RIGAUD ET L'HISTORIOGRAPHIE DE LA «CITÉ DE CALVIN»

par Danielle Buyssens

Le goût des beaux-arts à Genève est comme une plante exotique que des hommes intelligents s'efforcent d'acclimater malgré l'indifférence publique. Si, au milieu de répugnances aussi profondes, aussi générales, le goût des beaux-arts est parvenu à s'implanter chez les petits-fils de Calvin, c'est grâce à l'éducation de serre chaude dont ils ont été entourés.

Ne cherchez pas, il ne s'agit ni d'une citation de Rodolphe Töpffer, ni de Jean-Jacques Rigaud, ni d'ailleurs d'aucun Genevois ou d'un de leurs commentateurs... Cette citation – tout à fait dans l'esprit de l'époque qui nous intéresse et guère démodée autrement que dans sa forme – est un faux... Je me suis amusée à la construire à partir de l'introduction bien réelle qu'un Français, Léon Lagrange, donnait en 1861 à son étude promotionnelle du rôle joué par les Sociétés des amis des arts dans son pays. Et voici le texte original, dont je donne maintenant un plus large extrait:

> Le goût des beaux-arts en France est comme une plante exotique que des hommes intelligents s'efforcent d'acclimater malgré l'indifférence publique. [...] Si, au milieu de répugnances aussi profondes, aussi générales, le goût des beaux-arts est parvenu à s'implanter chez les petits-fils de Brennus [le chef gaulois], c'est grâce à l'éducation de serre chaude dont ils ont été entourés dans tous les temps. [...] Pendant que le gouvernement dirige les grands travaux, [...] une aristocratie intelligente ouvre aux applications plus familières de l'art, sur tous les points de la France, des expositions régulières, encourage les talents naissants, sème dans le sol ingrat de la province les œuvres de nos peintres et de nos sculpteurs, force les esprits les plus rebelles à subir, bon gré mal gré, l'influence pénétrante du beau, et, par ce dévouement à une cause sans cesse perdue et sans cesse en appel, mérite de plus en plus le titre de Société des amis des arts que se dispute chacun de ces groupes.[1]

On aura remarqué que pour rendre ma petite falsification vraisemblable, j'ai amputé mon extrait de deux éléments: l'ancienneté des encouragements dispensés aux beaux-arts et le rôle joué en la matière par le gouvernement. On sait trop en effet que la représentation dominante que se donne l'époque de la Restauration de son action en faveur des beaux-arts est celle d'un engagement jusqu'alors inédit, voire encore balbutiant, et que le gouvernement n'y prend guère part. Pour le reste, l'éloge adressé par Léon Lagrange aux élites provinciales de France aurait très bien pu passer pour celui de la Société des Arts, ou encore de la fugitive Société des amis des beaux-arts qui s'était donné pour mission d'encourager les artistes en leur achetant des œuvres réparties entre ses membres par le biais d'une loterie. Manière, bien sûr, de dire d'emblée que l'auto-flagellation genevoise n'a peut-être d'original que le fait, précisément, de se croire originale, ou de croire tout bonnement, au-delà des effets rhétoriques, qu'elle rend compte d'une réalité originale. Réalité, d'abord, à relativiser. Après tout, ce lieu microscopique est aussi, aux yeux d'un Théobald Walsh venu de Lyon jeter un regard sans complaisance sur Genève au début des années 1830, «un des foyers de la civilisation européenne, dont sont loin d'approcher celles de nos grandes villes de France que je connais», et dont ce visiteur, parmi d'autres, apprécie fort le musée et son contenu[2]. Certes, la cité du bout du lac ne saurait être lavée de toutes les accusations qui lui sont infligées – et qu'elle s'inflige quant à son investissement modéré dans le domaine de l'art, ou à sa relative incompétence en la matière. Mais dans son vouloir être «à nulle autre pareille», Genève – ou du moins une longue tradition de sa glose – aime aussi beaucoup mettre en avant ses «défauts» au titre de caractéristiques identitaires. A ceux qui jugeraient cette dernière proposition quelque peu excessive, dédions ce passage, pioché parmi quantité d'autres exemples offerts par la presse du temps:

> Voici un nouveau volume de poésie et de poésie indigène; qu'en pensera le public genevois? Nous avons, nous qui composons ce public, beaucoup de vertus et des qualités précieuses, cela est hors de doute, mais ce qui ne l'est pas moins, c'est notre absence d'imagination. Il est impossible, à cet égard comme à tant d'autres, de différer plus que nous ne le faisons de nos voisins de la France, et, je le dirai en passant, ce contraste m'afflige moins qu'il ne le devrait, parce qu'il me fait voir dans notre prosaïsme un élément de plus de nationalité, une certitude de plus de rester nous, bons et purs genevois, en dépit des phrases de la philanthropie.[3]

La portée de tels *leitmotiv* sera lourde pour la postérité. En des temps plus proches des nôtres, un Waldemar Deonna n'hésitera pas, pour illustrer ce «prosaïsme» et en tirer la preuve de l'infériorité nécessaire de sa ville en matière d'art, à identifier l'exception genevoise dans le fait que «les artistes genevois eux-mêmes s'entendent fort bien à leurs affaires et n'ont garde de les négliger au seul profit de leur art; tels Jean Huber, Liotard, qui exige de ses tableaux des sommes considérables, et souvent avec cupidité»[4]. Accordera-t-on à Deonna le bénéfice d'avoir ignoré, chez tant de grands artistes de tous les temps, pareilles trahisons du légendaire désintéressement censé les élever au-dessus de la lie des artisans mercantiles[5]?

En dépit du délicieux euphémisme de Jean-Jacques Rigaud, ne lui attribuant que d'avoir «dépeint avec tant de charme les douceurs de la vie d'artiste»[6], les pamphlets de Rodolphe Töpffer n'ont pas manqué d'alimenter le moulin de l'auto-morigénation genevoise. Mais il n'y aurait en l'occurrence aucune légitimité à lui imputer la paternité de l'assertion de Deonna. En effet, si l'aspect financier est loin de laisser Töpffer indifférent, ce n'est pas les artistes auxquels il reproche d'avoir les doigts trop crochus, mais ces fameux amateurs pas assez «achetants» qu'il dénonce dès 1827 dans un article consacré à la Société des amis des beaux-arts: «En économie politique, explique Töpffer, il est prouvé que la demande fait naître les produits; il est vraiment malheureux pour nos peintres qu'il ne soit pas également prouvé que les produits font naître les acheteurs»[7].

Pour apprécier la situation des beaux-arts à Genève en ce début du XIXe siècle, il faut, comme y invite avec pertinence Marie Alamir-Paillard, tenir compte d'un contexte européen où «l'ancien système académique, le mécénat de cour, sont en voie de disparition, et le système moderne du "marchand-critique" et des subventions publiques aux frais de la collectivité n'est pas encore en place»[8]. Encore faut-il souligner ici que la situation genevoise a ceci de caractéristique qu'il s'agit non seulement d'y effectuer la transition d'un système à l'autre, mais de surcroît, à l'heure de la montée de sentiments nationaux plus exclusifs, d'implanter localement une vie artistique dont les structures avaient été jusqu'alors largement «déléguées» à d'autres instances, la logique cosmopolite du Siècle des Lumières s'étant trouvée relayée, après la tentative avortée d'un premier rapatriement à l'époque révolutionnaire, par l'annexion de Genève à la France[9]. C'est là une articulation essentielle de l'histoire de la «culture des beaux-arts» à Genève, à laquelle la représentation d'une Restauration inventant de toutes pièces un monde nouveau pour l'art doit sa part de vérité. De fait, la cité est dans une grande mesure inexpérimentée, et si elle peut se prévaloir de tout ce que ses ressortissants ont appris et continuent d'apprendre à l'extérieur, ce sont précisément des pratiques qui demandent à être doublement reformulées: en fonction d'un système dont les règles se cherchent encore, et en fonction de l'écart de proportions entre un territoire comme celui de la France et l'échelle d'une Genève qui emprunte plus volontiers à la Suisse son répertoire iconographique que des structures artistiques alors moins avancées que les siennes.

De tout cela, le jeune Töpffer paraît avoir une conscience remarquablement claire, articulant dans une perspective inaugurale l'importation obligée et la chance à saisir d'une spécificité prometteuse. Affichant un optimisme qui tiédira par la suite, son article de 1827 propose les moyens d'une amélioration rapide des relations entre ces «bons tableaux» et ces «grands capitaux» qui, ne manquant ni les uns ni les autres à Genève, n'attendent qu'un signal pour «s'aimer tendrement». La clef de l'affaire ne réside-t-elle pas dans la reconnaissance de «l'utilité» des beaux-arts pour la «prospérité nationale»? Non sans quelque rouerie, mais avec un indéniable sens de l'efficacité, Töpffer balaie les arguments traditionnels qui lient les progrès des beaux-arts à ceux de la civilisation et des mœurs: «nous nous trouvons bien comme nous sommes», déclare-t-il. Et c'est donc par contraste avec «ces considérations d'une application [trop] générale» qu'il va faire valoir «des motifs d'une utilité réelle» correspondant de manière plus ciblée à Genève: «Tout le monde est d'accord sur un point: c'est que les arts du dessin sont d'une haute importance pour notre fabrique. Or, ce serait se faire des choses une idée fausse, que de s'imaginer que le succès de nos écoles n'est pas intimément lié à l'état de l'art chez nous, et qu'elles ne doivent pas partager la même destinée».

S'il entonne ici une antienne bien connue, celle du rôle joué par les beaux-arts en faveur de l'économie *via* la qualité esthétique qu'ils communiquent aux productions de l'horlogerie et de la bijouterie, la suite du propos de Töpffer s'entend plus rarement. A quoi doit-on en effet ce besoin nouveau de s'occuper d'art à Genève? Comment se fait-il qu'il ne se soit pas fait jour plus tôt, puisque aussi bien ce n'est pas d'aujourd'hui que l'enseignement dispensé aux artisans doit y trouver ses ressources? La réponse de Töpffer est sans ambiguïté, sinon sans une certaine impertinence à l'égard des sensibilités nationales-genevoises: «Durant notre réunion à la France, les arts ont été cultivés chez nous avec succès; mais ils participaient aux encouragemens d'un grand pays: les médailles arrivaient aussi chez nous, et les acheteurs français soutenaient nos artistes». Même si l'on ne peut manquer de rapporter une certaine exagération de Rodolphe à l'expérience particulièrement positive vécue durant l'annexion par son père, Wolfgang-Adam Töpffer[10], l'examen des sources prêche plus en sa faveur[11] qu'en celle du manque d'enthousiasme manifesté par Rigaud: «... notre patrie, estime ce dernier, quoique faisant partie de la grande république et puis du grand empire, reçut bien peu d'encouragements sous le rapport des beaux-arts»[12]. Nulle nostalgie cependant chez Töpffer, car le présent est à prendre à bras le corps: pourquoi ne pas profiter de ce rapatriement obligé pour faire de l'art lui-même «une branche d'industrie propre à fleurir chez nous» et à contribuer directement à la prospérité économique en intéressant les étrangers de passage? Il suffirait pour cela que les Genevois soutiennent les premiers pas de leurs artistes sur la «route toute nouvelle et nationale» qui s'offre avec l'entrée de Genève dans la Confédération helvétique: «Sous de certains rapports, peu de peuples jouissent des mêmes avantages que nous; la Suisse, notre patrie, est également riche en souvenirs historiques et en sites sublimes, et les ouvrages de quelques-uns de nos compatriotes[13] ont déjà montré le parti que l'on peut tirer des uns et des autres». Fort d'un «caractère propre» qui lui permettra d'«éviter toute rivalité défavorable avec les écoles des grands pays», l'art genevois saura attirer les regards... et la bourse des étrangers. Double mouvement donc, d'importation et d'exportation simultanées, grâce auquel Genève fera jaillir un art original sans qu'on ne lui demande plus que d'obéir à son fameux «prosaïsme».

A dire vrai, l'optimisme dont je qualifiais tout à l'heure cet article de Töpffer est plus mitigé que celui professé par certains de ses contemporains, pour qui les temps nouveaux sont d'ores et déjà advenus[14]. La vision de Töpffer est prospective, «il reste, dit-il, à désirer», et il ne manquera pas d'ailleurs de durcir le ton par la suite. Mon propos n'est pas de décerner à l'un ou aux autres la palme de l'objectivité. Ce qui m'intéresse en revanche, c'est de comparer leur prise en compte du passé et de ce changement sur lequel, au-delà de la question de son actualité ou de son avenir, il y a bel et bien consensus. A ma connaissance, et pour autant que l'on s'en tienne au Töpffer de 1827, il est le seul à évoquer de manière positive cette époque où Genève recueillait les fruits d'une vie artistique organisée en grande partie hors de ses murs. Nous avons déjà entendu l'opinion de Rigaud sur la période française. De manière plus générale, cet homme politique amateur d'art, qui fondera dans les années 1840 l'historiographie de l'art genevois et de sa réception avec ses *Renseignements sur les beaux-arts à Genève*[15], estime que cette vie artistique extra-territoriale ne saurait être vraiment portée au crédit de sa patrie: «Jusqu'au commencement de ce siècle, Genève avait compté, il est vrai, de temps à autre, quelques artistes dont la réputation avait été européenne; mais fixés pour la plupart à l'étranger, où leur talent s'était mûri, c'est aussi l'étranger qui avait revendiqué une partie de leurs succès»[16].

Si l'observation n'est pas entièrement fausse, elle n'en est pas moins hypothéquée par un modèle très précis que Rigaud a en tête pour l'art genevois, un modèle identique à celui de Töpffer mais qu'il poursuit quant à lui sans s'inquiéter des anachronismes! S'étonnant de ce que Genève ait tant tardé à faire jaillir des artistes de son sol, il s'exclame: «Cependant, la nature ne semblait-elle pas avoir été prodigue à notre égard, de tout ce qui peut enflammer l'imagination? Que de points de vue pittoresques, que d'effets variés de lumière, que de vues sublimes au milieu des Alpes [...]! [...] Enfin la Suisse libre manquait-elle de sujets historiques?»[17] C'est là aller un peu vite en besogne, et projeter sur le passé un intérêt pour le paysage et l'histoire nationaux qui dispute encore sa suprématie au néoclassicisme et à son cortège de vues italiques comme de héros grecs ou romains, d'une part; une intégration de Genève à la Suisse qui vient à peine de se concrétiser et de légitimer du même coup l'appropriation d'un territoire et de son histoire, d'autre part. On voit bien comment ce point de vue a pu contribuer à déformer la perception d'une production artistique nourrie de références partagées par l'Europe des Lumières et son héritage révolutionnaire, et, au-delà, soutenir l'idée qu'il avait fallu de puissants mobiles pour empêcher si longtemps l'épanouissement d'un art indigène. Et c'est peut-être bien sa pugnacité à désigner «une route nouvelle» qui permet à Töpffer de traiter le passé avec une distance à la fois plus paisible et plus lucide...

NOTES

1 Léon Lagrange, «Des sociétés des amis des arts en France. Leur origine, leur état actuel, leur avenir», dans: *Gazette des beaux-arts, Courrier européen de l'art et de la curiosité,* Paris, 1861, pp. 291-292

2 Théobald Walsh, *Voyage en Suisse,* II, Paris, 1834, p. 232 et p. 254 et sq.

3 *Le Fédéral,* 8 avril 1834, Feuilleton consacré aux «Poésies de J.-I. Galloix»

4 Waldemar Deonna, *Le Genevois et son art,* Genève, 1945, pp. 107-108

5 L'historiographie genevoise fait partie du peloton de tête d'une approche sociale des beaux-arts, et s'appuie notamment sur des renseignements d'ordre économique qui n'ont été introduits que beaucoup plus récemment pour d'autres champs géographiques.

6 Jean-Jacques Rigaud, *Renseignements sur les beaux-arts à Genève,* Genève, 1876, p. 308. On peut citer *a contrario* l'irritation de Rigaud au sujet de la brochure de Töpffer incriminant en 1830 le fonctionnement de la Société des amis des beaux-

arts; voir Marie ALAMIR-PAILLARD, «Rodolphe Töpffer critique d'art, 1826-1846: de la subversion à la réaction», dans *Töpffer*, Genève, 1996, p. 94.

7 Article publié anonymement dans le *Journal de Genève*, 18 janvier 1827

8 *Op. cit.*, p. 95

9 Voir D. BUYSSENS, «Les conditions de la vie artistique à Genève au XVIIIe siècle», dans *Les conditions de la vie culturelle et intellectuelle en Suisse romande au temps des Lumières*, Actes du colloque organisé par l'Institut Benjamin Constant, Université de Lausanne, 17-18 novembre 1995, *Annales Benjamin Constant* 18-19, Genève-Paris, 1996

10 Voir Lucien BOISSONNAS, *Wolfgang-Adam Töpffer*, Lausanne, 1996

11 Les livrets des Salons parisiens organisés durant l'annexion de Genève témoignent de la participation d'artistes genevois, alors que la Société des Arts ne parvient plus à les attirer dans ses propres expositions; plusieurs continuent d'aller chercher formation et clientèle à Paris, et si les médailles n'arrivent pas à proprement parler «chez nous», Adam Töpffer n'est pas le seul à bénéficier de récompenses honorifiques.

12 *Op. cit.*, p. 190

13 Töpffer pourrait faire allusion ici au paysagiste neuchâtelois Maximilien de Meuron et au peintre d'histoire zurichois Ludwig Vogel, qui avaient tous deux exposé à Genève en 1823. Sur l'intérêt porté à ces deux artistes par Töpffer, intérêt exprimé cependant avec parcimonie compte tenu de la priorité accordée aux artistes genevois, voir Marie ALAMIR-PAILLARD, *op. cit.*, pp. 82 et 108.

14 *Ibid.*, p. 94

15 Les *Renseignements sur les beaux-arts à Genève* parurent initialement dans les *Mémoires et Documents de la Société d'histoire et d'archéologie de Genève*, tome IV, 1844, pp. 17-68; tome V, 1847, pp. 1-87; tome VI, 1849, pp. 1-94 et 383-469.

16 «Rapport du Comité des Beaux-Arts, fait par M. l'ancien Premier Syndic Rigaud, Président», dans *Procès-verbal de la vingt-deuxième séance annuelle de la Société pour l'avancement des Arts*, Genève, 1840, p. 57

17 «Rapport de M. l'Ancien Syndic Rigaud, Président de la Classe des Beaux-Arts», dans *Procès-verbal de la huitième séance annuelle de la Société pour l'avancement des Arts*, Genève, 1826, p. 73

CONSIDÉRATIONS SUR LA CARICATURE AU DÉBUT DU XIXe SIÈCLE

par Pierre Vaisse

Caricatures töpffériennes: le titre du célèbre petit livre de Paul Chaponnière consacré aux dessins de Rodolphe Töpffer semble s'être imposé à l'auteur comme une évidence[1]. C'est sans doute avec le même sentiment d'évidence que, pour l'édition du centenaire des oeuvres complètes de l'artiste, les Editions Albert Skira choisirent le terme de «Caricatures» comme titre générique de ses histoires en images[2].

Que Rodolphe Töpffer ait dessiné des caricatures, personne n'en disconvient. Il avait d'ailleurs de qui tenir, puisque son père avait déjà pratiqué ce genre en abondance, et l'on sait que Rodolphe, qu'animait un profond respect filial, a composé la page de couverture pour la réédition d'une anthologie de ses caricatures qu'Adam-Wolfgang avait publiée en 1817[3]. Elles se situent encore clairement dans la tradition, dominante en Europe à la fin du XVIIIe et au début du XIXe siècle, de la caricature anglaise, celle des Gillray, Rowlandson, Isaac et George Cruikshank. S'il arrive à son fils de le suivre dans cette voie, la plupart de ses dessins sont toutefois d'un caractère différent, mais ils ne se laissent pas facilement situer dans une évolution générale de l'art de la caricature. Théophile Gautier s'y essaya, non sans hésitations, dans l'article qu'il lui consacra en 1847:

> Il serait difficile de trouver en France des équivalents pour faire comprendre le talent de M. Tœpffer comme dessinateur humoriste: ce n'est ni la finesse élégante de Gavarni, ni la puissance brutale de Daumier, ni l'exagération bouffonne de Cham, ni la charge triste de Traviès. Sa manière ressemblerait plutôt à celle de l'Anglais Cruikshank; mais il y a chez le Genevois moins d'esprit et plus de naïveté.[4]

L'imprécision est telle qu'on se demande si le critique pensait à Isaac Cruikshank, dont une gravure comme *A Chapter of Noses* n'est pas sans rappeler certains dessins du Genevois, ou plutôt à son fils George, dont il avait peut-être en mémoire la *Vie de Napoléon,* cette suite de trente estampes publiées à Londres en 1815 pour accompagner le poème héroïco-burlesque d'un certain Dr Syntax, personnage dont Rowlandson avait déjà illustré cinq ans plus tôt les aventures[5]. Cependant, comme on l'a bien montré depuis lors, et comme Rodolphe Töpffer en avait d'ailleurs parfaitement conscience, les histoires en images sur lesquelles repose sa renommée se distinguent de telles œuvres, et plus généralement de ce qui avait été réalisé jusque là dans le domaine de l'illustration et des suites gravées, à la fois par le rapport nouveau entre le texte et l'image et par l'utilisation particulière des images en séquences pour décomposer une action – c'est-à-dire, en fait, par l'invention, l'*invenzione,* au sens de la doctrine académique[6].

On sait que cette originalité, à laquelle les contemporains ne furent pas insensibles, lui vaut d'être aujourd'hui considéré comme le pionnier de ce qu'on appelle un peu pompeusement le neuvième art, c'est-à-dire de la bande dessinée[7]. Certains procédés annonceraient même le cinéma. Il n'y a pas lieu de mettre en doute ces vues, mais, quel qu'en soit le bien fondé, elles s'inscrivent dans une perspective particulière de la recherche. En bref, il s'agissait d'affirmer la modernité de Töpffer. Une telle perspective n'est évidemment pas propre aux études qui le concernent: voici déjà longtemps que, la modernité s'étant imposée comme la valeur fondamentale en art, on ne saurait affirmer la grandeur d'un artiste sans montrer qu'il fut moderne, par quelque côté que ce soit.

En ce qui concerne Töpffer, cette manière de voir a eu pour conséquence de privilégier certains aspects de son œuvre, la structure des histoires en images d'une part, et aussi le traité de physiognomonie, dans lequel on a même cru déceler l'annonce de la sémiotique, à l'époque où la sémiotique était à la mode en histoire de l'art[8]. Le style de ses dessins retenait moins l'attention, et, dans la mesure où l'on s'y intéressait, c'était plutôt pour en souligner l'originalité que pour chercher à établir des liens avec l'œuvre de contemporains ou de prédécesseurs immédiats. Une telle orientation avait sans doute cet avantage de s'écarter d'une recherche des influences qui fut pendant longtemps l'occupation presque exclusive, et souvent stérile de trop d'historiens de l'art; mais elle tenait d'abord à la volonté, consciente ou non, de voir en Rodolphe Töpffer un personnage à part, une personnalité genevoise dont aucun rapport avec le contexte artistique du reste de l'Europe ne viendrait relativiser le mérite. Philippe Kaenel a quelque peu corrigé ce défaut d'ouverture dans l'étude approfondie et très instructive qu'il a rédigée sur les dessins de Töpffer, mais sans poser (ce qui n'était d'ailleurs pas son propos) le problème dans son ensemble[9].

Il faudrait donc se demander comment l'art de Töpffer s'inscrit dans l'évolution de la caricature, ou c'est plutôt ce qu'il faudra bien se demander un jour, car le temps ne semble pas encore venu de répondre à une telle question. En effet, contrairement à ce que l'attrait de cet art laisserait supposer, les études sur son histoire restent encore, dans l'ensemble, superficielles et lacunaires. De nombreux ouvrages généraux sont parus, les uns à la fin du XIXe et au début du XXe siècle, les autres, beaucoup plus richement illustrés, au cours des dernières décennies[10]. Quelque intéressants qu'ils soient, ils n'apportent pas d'informations suffisamment précises sur les problèmes d'évolution et de filiation stylistiques, qui ne les retiennent d'ailleurs guère. Quant aux études monographiques, la plupart d'entre elles portent soit sur les caricaturistes anglais de la grande époque, déjà mentionnés plus haut, soit, pour le plus grand nombre d'entre elles, sur les caricaturistes français du milieu du XIXe siècle, à commencer par Daumier, mais ces dernières concernent en général plutôt le contenu, la signification politique ou plus largement idéologique des œuvres que les problèmes stylistiques. Par contre, si l'on excepte un livre, excellent, sur les caricatures du jeune Eugène Delacroix, nous ne disposons d'aucune vue d'ensemble sur la caricature française au début du XIXe siècle, pas plus d'ailleurs qu'à la fin du XVIIIe, même si la production révolutionnaire ou contre-révolutionnaire a retenu l'attention de certains historiens de la politique – dans une perspective qui n'est évidemment pas celle de l'histoire de l'art[11].

Mais une difficulté plus grave encore s'offre au chercheur. Quiconque feuillette un ouvrage récent consacré à l'histoire générale de la caricature ne peut pas ne pas être surpris par l'extrême diversité des œuvres reproduites, au point qu'un doute s'impose inévitablement à l'esprit sur l'unité du genre. Il s'impose d'ailleurs même à l'intérieur d'un champ très restreint: quel rapport, par exemple, entre une lithographie de Gavarni montrant des lorettes en conversation et tel dessin où Thomas Couture se moque de lui-même en se présentant comme un nabot ridicule devant une grande dame? Même dans la production d'un seul artiste, la différence éclate entre des œuvres qui passent pour relever du genre de la caricature, comme le livre déjà mentionné sur Delacroix en offre plusieurs exemples. Il ne faudrait au demeurant pas croire que le phénomène soit limité à cette époque: on rencontre dans des ouvrages sur la caricature aussi bien la reproduction de petits dessins amusants dont Dürer a parsemé une lettre à son ami Pirkheimer, que celle de telle planche de son savant *Traité des proportions du corps humain* où les visages sont soumis à des variations géométriques qui leur confèrent une expression ridicule. Or il est clair que pour Dürer, indépendamment de l'écart chronologique qui les sépare, il s'agissait là de productions relevant d'activités sans rapport entre elles, et qu'il n'aurait pas songé à classer dans un même genre, à supposer que l'idée d'une telle classification ait pu lui venir.

Les définitions de la caricature, pourtant, ne manquent pas. Aucun des ouvrages qui lui sont consacrés n'omet de commencer par ce point; mais c'est en général pour en donner plusieurs, et très vagues, de façon à permettre d'accueillir les œuvres les plus variées, et ce ne sont pas les réflexions plus ou moins profondes sur l'essence de la caricature auxquelles certains croient devoir se livrer qui permettent de parvenir à une délimitation plus précise du champ couvert par le concept. En fait, il existe un usage courant du terme qui, par suite d'une longue évolution sémantique, en est venu à désigner un ensemble d'objets des plus hétéroclites, aussi bien par leur fonction que par leur forme, et tout l'effort de définition tend, comme il arrive souvent en histoire de l'art, à rendre compte d'une façon plus ou moins théorique, c'est-à-dire arbitraire, du résultat de ce processus historique[12].

Il convient cependant d'observer qu'entre les ouvrages du XIXe siècle, comme les volumes de Champfleury ou le livre de Wright, et ceux qui sont parus depuis vingt ou trente ans s'est produit un resserrement certain du champ, sur lequel nous aurons à revenir. Les premiers adoptaient comme ressortissant à la caricature toute forme d'art à laquelle l'épithète de sérieux ne convenait pas, et réunissaient ainsi sous cette appellation (sans même parler, comme le fait Wright, de poésies satiriques, de farces ou de jeux) une masse d'objets de l'antiquité ou du moyen âge, statuettes, dessins de vases, graffiti, dans lesquels nous avons perdu l'habitude de voir des caricatures. A titre d'hypothèse, on peut proposer deux causes pour expliquer l'évolution qui s'est produite par la suite. D'une part, l'invention de la gravure, puis, au XIXe siècle, la diffusion des lithographies par la presse ont permis de multiplier un certain type d'images, satires politiques ou de mœurs, c'est-à-dire, par exemple, les œuvres d'un Daumier ou d'un Gavarni, qui sont les premiers objets auxquels on pense lorsqu'il est question de caricature – d'où un déplacement sensible dans l'acception courante du terme. D'autre part, et sur un tout autre plan, les auteurs n'ont pas pu ne pas tenir compte de l'étude fondamentale d'Ernst Gombrich, qui faisait remonter la caricature *stricto sensu* au XVIe siècle, obligeant ainsi à abandonner comme relevant d'un autre genre toutes les œuvres antérieures autrefois classées dans la même catégorie[13].

Le terme même de caricature, on le sait, ne s'est guère répandu, d'après les témoignages recensés, qu'à partir du XVIIe siècle. Formé à partir du verbe italien *caricare,* qui signifie charger, il désignait donc, à l'origine, ce qu'on appelle en français un portrait charge. Les Carrache, le Bernin s'amusèrent ainsi à portraiturer un personnage en exagérant certains traits de son visage, à la fois pour mettre en évidence tel aspect supposé de son caractère et pour le tourner en ridicule. Cet amusement devait être largement répandu dans les ateliers, beaucoup plus que les quelques feuilles conservées ne le laisseraient supposer. Nous sommes, ici encore, probablement victimes d'une illusion fréquente en histoire de l'art, qui consiste à construire cette histoire en fonction des œuvres encore existantes, alors que les destructions, relativement réduites dans certains domaines (pensons aux retables dans les églises d'Italie), ont sans doute été au contraire massives pour des dessins auxquels ne s'attachait pas à l'origine une grande valeur.

Le genre finit cependant par connaître un tel succès qu'au début du XVIIIe siècle, un artiste comme Ghezzi ne le pratiquait plus par simple divertissement, mais s'en était fait une spécialité lucrative. Ce même succès explique aussi les réactions hostiles à la caricature, qui heurtait un certain goût et une certaine esthétique. C'est ainsi que, dans son *Laokoon,* Lessing s'en prend aux «Ghezzi grecs» qu'aurait, selon lui, visés une loi thébaine qui ordonnait l'imitation du beau et condamnait sous peine d'amende celle du laid, c'est-à-dire «l'indigne procédé consistant à obtenir la ressemblance par l'exagération des parties les plus laides de l'original; en un mot la caricature»[14]. On a vu dans cette prise de position contre la caricature une conséquence de l'esthétique idéaliste défendue par l'auteur[15]. En réalité, cette notion d'esthétique idéaliste telle qu'elle est utilisée par nombre d'historiens allemands de l'art est dépourvue de toute consistance historique. Ce que refuse Lessing, à grand renfort d'arguments, c'est le pouvoir de l'art tel que l'avait affirmé Boileau dans deux vers aussi célèbres que dépourvus d'originalité de son *Art poétique:*

> Il n'est pas de serpent ni de monstre odieux
> Qui par l'art imité ne puisse plaire aux yeux.

Ce qu'il refuse, en d'autres termes, c'est d'accorder la moindre valeur à l'art, uniquement considéré comme procédé d'imitation. L'imitation d'une réalité déplaisante à voir est pour lui tout aussi déplaisante que la vue de cette réalité même, qu'il s'agisse d'un visage dont les traits révèlent quelque difformité morale ou quelque autre spectacle pénible que ce soit.

Ce que recouvrent l'érudition et l'argumentation de Lessing, c'est en fait un trait de sensibilité, pour ne pas dire de sensiblerie fréquent à l'époque, et que l'on retrouve chez nombre d'autres auteurs, en particulier chez Diderot, pourtant plus près, philosophiquement, du sensualisme que de l'idéalisme. Mais ce n'est pas parce que la vue de caricatures lui répugnait, comme lui répugnait, par conviction antireligieuse, le spectacle du martyre des saints dans la peinture d'église, qu'il lui est arrivé incidemment, dans son *Eloge de Térence,* de condamner la caricature en général, mais parce que l'exagération dont elle joue l'éloignait, selon lui, de la vérité. A propos de comédies antiques, Diderot en vient en effet à louer «cette unité dans le dessin, cette précision dans le trait, cette vérité dans la couleur qui distinguent le portrait d'avec la caricature»[16].

Si nouvelles qu'aient été en son temps les idées de Diderot sur le théâtre, il reste encore fidèle à une conception de la vérité qu'il faut bien qualifier de classique quand on la compare aux idées romantiques concernant la place du rire et du grotesque dans la vie. Il s'agit ici d'art dramatique, et non de dessin; mais la conception générale que l'on avait de la caricature devait longtemps rester liée aux débats littéraires, dont les débats proprement artistiques n'étaient en fait souvent qu'une projection, et cela, parce que les auteurs qui écrivaient sur elle étaient d'abord des gens de lettres. C'est ainsi qu'encore au début du XXe siècle, dans le *Nouveau Larousse illustré,* Samuel Rocheblave estimait que la caricature participait «à la fois de la satire, du genre burlesque et de la comédie», c'est-à-dire de trois genres littéraires[17].

La signification qu'eut alors la caricature, ou plutôt la notion de caricature dans sa plus grande généralité, se révèle en toute clarté dans la préface à l'*Histoire de la caricature antique,* par Champfleury, ainsi que dans l'avertissement à la seconde édition, dans lequel il rapporte qu'un universitaire lui avait objecté que la caricature n'avait pu exister dans la Grèce antique, et cela en s'appuyant sur le même décret rendu par les Béotiens qu'invoquait déjà Lessing[18]. Ce qui était en cause, c'était donc une certaine conception de l'antiquité, trop exclusivement héroïque, noble, grave, ennuyeuse – celle-là même qu'avait propagée, entre autres, Winckelmann, et dont quelques classiques attardés continuaient à défendre la mémoire. L'antiquité, la génération des romantiques et des premiers réalistes en était trop imprégnée pour pouvoir rompre avec elle; mais elle la voulait à l'image de ses désirs, tout comme les architectes contemporains voyaient les temples grecs en couleurs – ce en quoi ils s'appuyaient d'ailleurs sur les résultats de l'observation. D'où ce livre de Champfleury où il est question tout à la fois de comédie, de parodie, de satire, de masques, de Priape et de pygmées, du dieu Risus adoré particulièrement à Vichy, parce que les malades s'y réjouissaient de leur guérison, mais à aucun moment de ce que nous appelons aujourd'hui une caricature.

Si l'on considère que, dans son *Histoire de la caricature moderne,* Champfleury traite de Daumier, Traviès, Henry Monnier, Philipon, Pigal, Grandville et Gavarni, c'est-à-dire exclusivement de caricaturistes *stricto sensu,* la tentation pourrait être grande de déceler chez lui une incompréhensible incohérence[19]. Elle se retrouve chez les auteurs de la fin du siècle, qu'il s'agisse d'Arsène Alexandre ou d'Emile Bayard. Eux aussi parlent de caricaturistes; eux aussi donnent de la caricature une définition aussi large, quoique un peu différente, car entre temps, le réalisme a triomphé dans l'esthétique courante. Le rire n'est plus l'antidote à l'ennui d'une antiquité dont on ne se soucie plus guère; il résulte plutôt d'une juste observation de la vie, celle, par exemple, que l'on croit découvrir dans les estampes japonaises de l'*ukiyo-é,* dont les maîtres ne manquent alors dans aucun livre sur la caricature, car, comme l'écrit Arsène Alexandre, «sans doute, quand ils nous retracent quelque scène populaire, les artistes japonais n'ont pas l'intention de faire œuvre de caricaturistes; le fait suffit. Ils peignent la vie, et ils la peignent telle qu'elle est, c'est-à-dire amusante»[20]. C'est une même conception, poussée encore plus loin, que l'on retrouve à la même époque chez l'historien de l'art allemand Richard Muther lorsqu'il affirme que l'essor de la peinture de genre, de la peinture fondée sur l'observation de la vie n'a été possible, en France, qu'à partir de l'art des Daumier ou des Gavarni[21].

Pendant tout le XIXe siècle, et déjà au temps de Diderot, la caricature semble faire l'objet d'un double discours. D'une part on décrit, d'une façon plus ou moins superficielle ou suggestive, les œuvres particulières de quelques caricaturistes professionnels, surtout des Français qui firent la gloire du genre sous Louis-Philippe et Napoléon III; et d'autre part, soit dans les introductions, soit à propos de débats littéraires, on érige abstraitement la caricature en principe esthétique général. Notons au passage que Baudelaire ne procède pas autrement: ses études sur «quelques caricaturistes français» et sur «quelques caricaturistes étrangers» relèvent du premier genre, tandis que sa dissertation sur l'essence du rire ne se distingue du second que par la dimension spirituelle très particulière qu'il accorde au rire, dimension si personnelle qu'elle rend sans doute le texte indispensable à qui veut bien comprendre le poète, mais qu'elle en restreint beaucoup la portée pour l'historien de l'art.

Ce double discours avait ses raisons. Il s'agissait d'abord, à l'occasion, pour l'auteur d'une histoire de la caricature, d'établir par quelques considérations d'ordre général la dignité du genre et de justifier ainsi son sujet. Mais l'idée de caricature fut, depuis l'origine, chez ses adversaires aussi bien que chez ses défenseurs, investie d'une autre fonction, beaucoup plus importante: elle devint la métaphore d'une contre-esthétique. D'un Lessing qualifiant de Ghezzis tous les peintres du laid, c'est-à-dire tous les peintres dont l'œuvre ne s'accordait pas avec les principes de son esthétique, à un Richard Muther élevant les «Monnier et Grandville, Gavarni et Daumier» au rang de découvreurs de la réalité pour l'art, donc de fossoyeurs des oripeaux du romantisme comme des conventions du classicisme, le raisonnement est analogue, ou plutôt la figure de rhétorique est la même, qui consiste à prendre les représentants d'un genre très particulier, si on le définit par sa fonction, pour les figures tutélaires d'une esthétique générale.

Pour dire les choses simplement – mais les convictions fondamentales sur lesquelles reposent les discours des historiens de l'art sont parfois très simples, de quelque luxe d'érudition et de quelque subtilité d'argumentation qu'ils les agrémentent –, on a, plus ou moins explicitement, fait de la caricature le fer de lance de la modernité, plus précisément de cette modernité que fut au XIXe siècle le réalisme, contre le classicisme, puis contre l'académisme et tous ses avatars[22]. Cette vision avait ceci de vraisemblable pour elle que l'existence d'une hiérarchie entre les genres ou entre les arts est un élément constitutif de la doctrine académique, et que c'était, en apparence du moins, contester cette hiérarchie que d'affirmer son estime pour la caricature. Beaucoup d'études qui la concernent sont encore imprégnées de cet état d'esprit, et c'est la même conviction qui a conduit à voir un insupportable paradoxe dans l'attitude de Rodolphe Töpffer, caricaturiste, donc tourné vers la modernité en art, alors qu'il défendait en politique les positions les plus résolument conservatrices.

Les études de Gombrich, faisant suite aux recherches de Wittkower sur le Bernin, auraient dû conduire à reconsidérer quelque peu cette thèse. Qu'on s'arrête aux dessins du cercle des Carrache ou qu'on remonte jusqu'à Dürer et Léonard de Vinci, force est en effet de constater que la caricature *stricto sensu,* c'est-à-dire l'exagération satirique des traits d'un visage, est rigoureusement contemporaine de l'ère des académies. Pour sévère qu'il fût, le goût néo-classique n'en atténua pas la mode. Bien au contraire, des peintres comme Vincent, Gagnereaux, Drouais pratiquèrent la caricature, sans parler de David ni du sculpteur berlinois Gottfried Schadow, qui s'amusait, en 1813, à signer une gravure antinapoléonienne «A Paris chez Gilrai»[23]. Il n'est pas, à la fin du XIXe siècle, jusqu'au plus sérieux des représentants de la grande peinture, Puvis de Chavannes, qui ne se soit complu à des plaisanteries dessinées d'un goût peu en accord avec la noblesse de ses compositions murales[24]. Dans le cas de ce peintre, comme de quelques artistes comparables, il a pu s'agir d'un simple divertissement, d'un défoulement, dirait-on aujourd'hui[25]. Une autre hypothèse, d'un caractère plus général, consiste à voir dans la caricature une inversion, et une contestation de la beauté idéale, notion apparue à la Renaissance, au début de l'ère des académies – d'où la coïncidence chronologique entre les deux phénomènes[26].

Si séduisantes que soient ces interprétations, elles négligent quelques données fondamentales. Il est constant, d'abord, que la dérision n'est pas pensable indépendamment du sérieux. Le *Virgile travesti* comme *le Lutrin* n'ont pu être écrits qu'en un temps où l'on tenait l'épopée antique, incarnée par l'*Iliade* et l'*Enéide*, pour la forme la plus élevée de la poésie. Scarron et Boileau savaient en rire ou en faire rire; cela ne signifie pas qu'ils aient voulu manquer de respect à Homère et Virgile, et encore moins contester le rang de l'épopée dans la poésie et la supériorité reconnue de la littérature grecque ou romaine. Imaginer le contraire serait commettre un lourd anachronisme, projeter sur l'ensemble de la vie artistique et littéraire cette structure manichéenne de pensée, fondée sur l'opposition polémique entre tradition et modernité, qui domine depuis un certain temps déjà l'historiographie de l'art plus encore que celle de la littérature.

Tout manichéisme est simplificateur: l'usage fait de la notion de beauté idéale dans les études sur la caricature en offre un exemple. Réduire l'esthétique dominante à cette notion permet d'affirmer la valeur contestatrice de la seconde. Mais tout historien de l'art devrait savoir que la théorie de la peinture qui s'est constituée à la Renaissance pour se maintenir, avec d'importantes variations, jusqu'au XIXe siècle, était centrée autour d'une autre notion, fort complexe au demeurant, et qui a donné lieu à de nombreux commentaires, celle d'imitation. Contrairement à ce qu'une interprétation simpliste des termes pourrait laisser croire, imitation et beauté idéale ne s'opposaient pas, d'autant que l'épithète d'idéal laissait elle aussi une large place au commentaire. Mais il semble que beaucoup d'auteurs actuels, en particulier d'auteurs de culture germanique, tendent à confondre cette notion de beauté avec celle dont l'imitation constituait pour Lessing la fin de la peinture, c'est-à-dire la parfaite beauté du corps humain[27]. Or quelles qu'aient été la dimension intellectuelle de Lessing, l'ampleur de son érudition et la force de son argumentation, son livre, dont on parla beaucoup à l'époque sans toujours bien le comprendre, n'eut et ne pouvait avoir qu'une incidence très limitée sur les destinées de la peinture, et en particulier sur celles d'un genre dont il lui était difficile de reconnaître la légitimité: la peinture d'histoire.

En voulant établir une séparation absolue entre la poésie et les arts visuels, Lessing (qui plaçait lui-même, en bon littérateur, la première au-dessus des seconds) portait en effet atteinte au fondement même de la doctrine académique, à la volonté d'établir les seconds au rang d'arts libéraux, d'où découlait la supériorité de la peinture d'histoire. Or la peinture d'histoire, qui puisait son principal mérite dans l'invention, devait s'appuyer sur un certain nombre de connaissances, et en particulier, à la fois par respect du principe d'imitation et pour rendre la scène compréhensible au spectateur, sur une connaissance des expressions du corps et du visage, tant des expressions permanentes révélatrices du caractère ou de la condition sociale que des expressions passagères dues aux mouvements de l'âme.

On sait à quels excès de formalisation et à quelles aberrations pseudo-scientifiques a conduit cette recherche, depuis les célèbres dessins de Charles Le Brun codifiant la forme prise par les narines ou les sourcils selon le sentiment éprouvé jusqu'à des ouvrages comme le *Traité physiognomonique de la tête* d'un certain Herbé, paru en 1840, qui mêle aux prétentions médicales les plus naïves de savantes analyses fondées sur l'examen des formes de visages dessinés au trait, analyses d'autant moins contestables qu'il s'agissait de portraits de personnages historiques suffisamment connus pour que leur caractère ne fût pas un secret[28]! Mais en deçà de ces abus, l'idée qu'il existe une correspondance entre l'aspect physique, en particulier les traits de visage, et le caractère ou les sentiments d'une personne est depuis longtemps une croyance largement répandue sur laquelle repose pour une large part aussi bien la peinture narrative que la caricature et, aujourd'hui, la bande dessinée, sans parler du choix des acteurs dans l'art cinématographique. Aussi n'y a-t-il pas lieu d'opposer l'inexpressive beauté d'un profil pur à l'expressivité d'un visage aux traits exagérés pour les besoins de la cause comme les produits de deux esthétiques antagonistes, car le passage se fait progressivement de l'une à l'autre selon un principe fondamental pour la peinture d'histoire, donc étroitement lié à la doctrine académique. Il est vrai que, dans une gravure célèbre, Hogarth a cru devoir distinguer entre caractères et caricatures; mais son raisonnement, qui s'apparente à celui de Diderot, consiste à disqualifier, au nom du bon goût et d'une certaine mesure dans la satire, les charges trop violentes en les assimilant à ce qu'elles ne sont justement pas: à des productions monstrueuses, fruits de la pure fantaisie sans rapport avec le règne de la vérité. En réalité, sa tentative confirme seulement ce vieil adage qu'on ne plante des poteaux-frontières que là où les frontières naturelles ne sont pas évidentes.

On pourrait objecter au rapprochement entre doctrine académique et caricature ceci que la seconde aurait, du moins chez certains artistes, une autre source: les dessins d'enfants. C'est ce que Théophile Gautier supposait à propos de Rodolphe Töpffer, à la suite du texte cité plus haut: «On voit qu'il a étudié avec beaucoup d'attention les petits bonshommes dont les gamins charbonnent les murailles, avec les lignes dignes de l'art étrusque pour la grandeur et la simplicité»[29]. En vérité, peut-être la vue des seuls dessins ne l'aurait-elle pas conduit à ce rapprochement, qui lui a sans doute été inspiré par les *Réflexions et menus propos d'un peintre genevois*, plus précisément par les chapitres XX-XXII du Sixième livre, où il est justement question de ces petits bonshommes griffonnés par les gamins sur les murs ou sur les marges de leurs cahiers.

Ces pages ont fait l'objet de nombreux commentaires, qui n'échappent pas tous à l'anachronisme consistant à projeter sur elles l'admiration pour les dessins d'enfants qui a si fortement marqué toute une partie de l'art du XXe siècle[30]. Il est vrai qu'ils suscitaient déjà depuis longtemps l'intérêt des artistes, mais un intérêt dont la nature, au XVIe ou au XVIIe siècle, reste difficile à définir, et qui, en tout état de cause, ne saurait se comparer à celui que leur portait un Klee ou un Asger Jorns[31]. En ce qui concerne Rodolphe Töpffer, ses propos sur les dessins des petits bonshommes, comme il les appelle, s'inscrivent parfaitement dans l'ensemble de l'esthétique qu'il développe tout au long de son ouvrage, c'est-à-dire d'une esthétique très traditionnelle, pour laquelle il était bien entendu que, quelle que fût la nécessité de l'étude (que Töpffer ne conteste nullement), elle ne saurait suppléer à l'absence de naturel ou de génie, et que c'était cette dernière qualité qui faisait l'artiste véritable.

On voit bien par quel mécanisme de la pensée la caricature a pu être rapprochée du dessin d'enfants: l'une et l'autre passaient pour des formes d'expression opposées à l'esthétique académique, ou dominante. Nous venons de voir ce qu'il faut en penser pour la caricature. Quant au dessin d'enfants, c'est sa naïveté supposée, non son aspect caricatural, qui a fasciné tant d'artistes du XXe siècle. Sans doute arrive-t-il que les enfants, avec leur méchanceté naturelle, s'adonnent aussi à la caricature, c'est-à-dire qu'ils cherchent à tourner en ridicule les défauts, surtout les défauts physiques d'un de leurs proches par le dessin, et même qu'ils y mettent un certain talent; mais de telles œuvres sont loin de se confondre avec l'ensemble des dessins par lesquels la plupart d'entre eux tentent de restituer une image du monde à l'aide de signes graphiques variables selon les âges et dont il faut laisser l'analyse aux spécialistes. Si, par contre, certains artistes ont adopté pour leurs satires un style volontairement maladroit imitant ce graphisme, c'était sans doute pour leur ajouter une pointe d'ironie supplémentaire en leur conférant cette autorité que leur innocence serait censée donner aux propos des enfants.

Le culte de la naïveté a souvent fait rapprocher, depuis le XIXe siècle, dessins d'enfants et imagerie populaire, et ce rapprochement n'a pas épargné la caricature. Or populaire, la caricature ne l'est pas, dans sa production du moins. Elle l'est, ou veut l'être parfois dans sa diffusion, ce qui l'oblige à utiliser certains procédés devenus populaires, parce qu'abandonnés du grand art. Expliquons-nous: il existait depuis longtemps une imagerie politique ou religieuse, parfois conçue à des fins d'édification, mais souvent avec des intentions violemment polémiques. Quoi qu'il en soit, pour être comprises du public auquel elles s'adressaient, de telles images ne pouvaient se contenter du dessin; il leur fallait également avoir recours aux mots, c'est-à-dire aux noms des allégories ou des personnages historiques, et, le cas échéant, aux paroles que ceux-ci étaient censés prononcer. Il en va encore ainsi de la caricature au XIXe siècle. La peinture d'histoire, par contre, s'interdisait en principe ce procédé, le peintre devant faire comprendre, et l'intérêt de l'action, et les sentiments des protagonistes par le seul dessin, en respectant le principe d'imitation de la nature, donc de vraisemblance. A ce titre, l'allégorie constituant une forme de langage conventionnel, la pure doctrine académique en proscrivait l'usage dans des scènes historiques. La caricature, par contre, ne se privait pas d'user de ce mélange dont Rubens avait donné un prestigieux exemple à la galerie de Marie de Médicis, parce qu'il permettait d'expliciter facilement le contenu de certaines situations.

Ce n'est pas qu'il n'existât pas de mots dans la peinture classique, mais (si l'on excepte les signatures, qui ont une fonction tout à fait différente et n'appartiennent pas au même niveau de réalité que la scène représentée), ils étaient rares, en dehors des titres de livres dans les portraits de savants, de juristes ou d'écrivains, et toujours justifiés par le principe d'imitation. Or au cours du XIXe siècle, un besoin croissant s'est fait sentir d'expliciter le contenu des œuvres, besoin dans lequel on pourrait voir soit une compensation à l'exigence de réalisme dans la forme, soit une conséquence du choix de nouveaux sujets ou d'une nouvelle interprétation de sujets traditionnels. D'où le recours, plus ou moins discret, à des procédés courants dans la caricature.

Il s'agit, dans quelques tableaux, d'une déformation expressive des visages poussée jusqu'à ce qu'on appelle la caricature au sens étroit du terme. Tel est le cas des bourreaux dans la *Saint-Barthélemy* de J.-N. Robert-Fleury[32]; tel est encore le cas des membres de l'Aréopage, à qui le désir fait perdre toute dignité, dans la *Phryné* de Gérôme – sorte de réponse au passage du *Laokoon* où Lessing explique que le peintre a, contrairement au poète, le pouvoir de montrer la beauté d'Hélène, mais qu'il ne peut représenter les vieillards troyens la contemplant du haut des remparts, parce qu'on ne manquerait pas de lire dans leurs regards une lubricité incompatible avec la dignité de l'art[33].

Un autre procédé permettait, lui, de faire comprendre ou de souligner la signification d'un événement que sa représentation strictement réaliste priverait de tout intérêt: l'introduction de l'allégorie dans des scènes historiques. Contrairement à ce qu'a prétendu Albert Boime dans un article sur l'inachèvement des *Enrôlés volontaires* et du *Baptême du prince impérial* de Thomas Couture, l'allégorie ne relevait pas d'une esthétique idéaliste incompatible avec l'exigence de réalisme qui aurait dominé la peinture à partir du milieu du siècle. Courante dans la caricature politique (que l'on pense, par exemple, au *Dernier conseil des ministres* de Daumier), elle envahit au contraire, et l'illustration de l'actualité dans la presse, et la peinture d'histoire dans la seconde moitié du siècle[34]. Mais un autre procédé se développe aussi, plus discret, mais non moins efficace: l'introduction de mots, de phrases qui, sous couvert d'imitation d'une réalité banale, donne en fait la clé de la composition. On peut penser au *Damoclès* de Thomas Couture, encore que l'inscription gravée sur le mur («*Potior mihi periculosa libertas/ Quam secura et aurea servitus*») ne soit trop évidemment que l'expression de la pensée du personnage, comme le contenu d'une bulle en pointillé dans une bande dessinée, et que l'ensemble de la composition tienne plus de l'allégorie que de la scène historique[35]. Plus démonstratives de ce point de vue sont des œuvres comme *L'exécution du maréchal Ney* de Gérôme, avec les *graffiti* portés sur le mur du fond («Vive l'empereur», etc.), ou *Louis VI donnant aux Parisiens leur première charte,* de Jean-Paul Laurens, dans le salon Lobau de l'hôtel de ville de Paris[36]. Là, on discerne sur un mur l'inscription suivante: «*Nus sumes homes cum il sunt;/ Tex membres avum cum il unt*», vers extraits d'un poème de Robert Wace, le *Roman de Rou,* cités par Augustin Thierry dans son *Essai sur l'histoire de la formation et des progrès du Tiers Etat.* Quoique la pensée de Robert Wace ne se situe pas sur le même plan que l'événement, purement politique, de l'affranchissement d'une commune, elle en constitue cependant un commentaire comparable aux légendes des caricatures politiques: seules les exigences de la grande peinture ont conduit le peintre à lui donner l'apparence réaliste d'un *graffito* placé là par hasard.

Nous nous sommes en apparence beaucoup éloignés de notre point de départ, c'est-à-dire de Töpffer. Nous avons constaté combien la caricature, loin de ressortir, comme on l'imagine trop souvent, à une quelconque contre-esthétique et loin d'ouvrir ainsi la voie à la modernité – à une modernité d'ailleurs formellement indéfinissable, parce que protéiforme –, a en fait partie liée avec la doctrine académique et avec la peinture d'histoire. Aussi n'y a-t-il pas lieu de vouloir trouver à tout prix dans les histoires en images de Töpffer, pour autant qu'elles participent de la caricature et de la peinture d'histoire, cette modernité aujourd'hui érigée en valeur suprême. Mais nous ne pensons pas pour autant avoir résolu le problème du rapport entre le caractère de son art, réputé progressiste, et sa position politique, indiscutablement conservatrice, et cela, pour une raison fort simple: le problème n'existe que pour ceux qui, à la suite des saint-simoniens, inventeurs de la notion d'avant-garde, continuent à croire qu'il existe une relation nécessaire entre les deux, quand il ne s'agit là que d'un article de foi dépourvu de tout fondement historique.

NOTES

1 Paul CHAPONNIÈRE, *Caricatures töpffériennes,* Neuchâtel, A la Baconnière, 1941
2 Rodolphe TÖPFFER, *Œuvres complètes,* édition du centenaire, *Caricatures,* Genève, Skira, 1943 et suiv.
3 Contrairement à ce qu'on a longtemps cru (voir e.a. Daniel BAUD-BOVY, *Les Caricatures d'Adam Töpffer et la Restauration Genevoise* [...], reproductions photographiques par Fréd. Boissonnas, Genève, 1917, col. 57), le dessin de Rodolphe Töpffer n'aurait pas servi pour l'édition de 1817, mais daterait d'environ 1840. Voir Lucien BOISSONNAS, «Rodolphe, fils "spirituel" de Wolfgang-Adam Töpffer», dans *Töpffer,* sous la direction de Daniel MAGGETTI, Genève, Skira, 1996, p. 18
4 Cité par Emile BAYARD, *La Caricature et les Caricaturistes,* Paris, Libraire Ch. Delagrave, 1913, p. 81
5 George CRUIKSHANK, *The Life of Napoleon, Hudibrastic Poem in Fifteen Cantos by Doctor Syntax, embellished with Thirty Engravings by G. Cruikshank,* Londres, 1815
6 Voir Thierry GROENSTEEN, «Naissance d'un art», dans *Töpffer, L'invention de la bande dessinée,* textes réunis et présentés par Thierry GROENSTEEN et Benoît PEETERS, Paris, Hermann, 1994
7 *Ibid.*
8 Sur cet aspect de la réception de Töpffer, voir Annie RENONCIAT, «Un théoricien de la Littérature en estampes», dans *Töpffer, op. cit.* (note 3), pp. 259-278
9 Philippe KAENEL, «La Muse des croquis», *ibid.,* pp. 27-66
10 CHAMPFLEURY, *Histoire de la caricature antique,* Paris, E. Dentu, 2e éd., 1867; ID., *Histoire de la caricature moderne,* Paris, E. Dentu, s.d.; Thomas WRIGHT, *A History of Caricature and Grotesque in Literature and Art,* Londres, 1865 (trad. fr. Paris, Garnier frères, s.d.); Arsène ALEXANDRE, *L'art du rire et de la caricature,* Paris, Librairies-Imprimeries réunies, s.d.; Emile BAYARD, *La Caricature et les Caricaturistes, op. cit.* (note 4); Werner HOFMANN, *Die Karikatur von Leonardo bis Picasso,* Vienne, 1956; catalogue de l'exposition *Karikaturen-Karikaturen?* (Kunsthaus Zürich), Berne, Benteli Verlag, 1972; Ronald SEARLE, Claude ROY et Bernd BORNEMANN, *La caricature, Art et manifeste, Du XVIe siècle à nos jours,* Genève, Skira, 1974; Michel MELOT, *L'œil qui rit. Le pouvoir comique des images,* Paris, Bibliothèque des arts, 1975; Klaus HERDING et Gunter OTTO (éd.), *«Nervöse Auffangsorgane des inneren und äusseren Lebens», Karikaturen,* Giessen, Anabas Verlag, 1980; Edward LUCIE-SMITH, *The Art of Caricature,* 1981 (trad. all. Weingarten, Kunstverlag Weingarten, 1981); catalogue de l'exposition *Mittel und Motive der Karikatur in fünf Jahrhunderten. Bild als Waffe* (Hanovre, Dortmund, Göttingen, Munich), Munich, Prestel-Verlag, 1984
11 Sur les caricatures d'Eugène Delacroix, voir Nina Maria ATHANASSOGLOU-KALLMYER, *Eugène Delacroix. Prints, Politics and Satire 1814-1822,* New Haven et Londres, Yale University Press, 1991; sur un aspect de la caricature de droite, Claude LANGLOIS, *La caricature anti-révolutionnaire,* Paris, Presses du C.N.R.S., 1988
12 Voir M. T[HIVOLET], «Caricature», dans *Encyclopaedia universalis,* vol. III, 1968, pp. 955-959
13 Voir Ernst KRIS, en collaboration avec E.H. GOMBRICH, «Principes de la caricature», dans Ernst KRIS, *Psychanalyse de l'art,* Paris, P.U.F., 1978, pp. 231-250 (trad. fr. de Ernst KRIS, *Psychoanalytic Explorations in Art,* 1952); E.H. GOMBRICH, *Art and illusion,* Washington, National Gallery of Art, 1959 (trad. fr. Paris, Gallimard, 1971, chap. X, «L'expérimentation dans le domaine de la caricature»)
14 «Es [la loi thébaine] verdammte die griechischen Ghezzi; den unwürdigen Kunstgriff, die Ähnlichkeit durch Übertreibung der hässlichern Teile des Urbildes zu erreichen; mit einem Worte, die Karikatur.» Gotthold Ephraim LESSING, *Laokoon,*

oder über die Grenzen der Malerei und Poesie, 1766, rééd. Suttgart, Reclam, 1964, p. 14 (trad. fr. Paris, Hermann, 1964, pp. 59-60)

15 Voir Günter et Ingrid OESTERLE, «Zur ästhetischen Fragwürdigkeit von Karikatur seit dem 18. Jahrhundert», dans Klaus HERDING et Gunter OTTO, *op. cit.* (note 10), p. 117, note 4

16 Denis DIDEROT, «Eloge de Térence», *Variétés littéraires,* t. IV, 1769, cité d'après ses *Œuvres esthétiques,* Paris, Garnier Frères, 1959, p. 67

17 Article «Caricature», *Nouveau Larousse illustré,* sous la direction de Claude AUGÉ, t. II, s.d. [1914], pp. 503-504

18 CHAMPFLEURY, *op. cit.* (note 10), p. V-VI

19 *Op. cit.* (note 10)

20 *Op. cit.* (note 10), p. 222

21 Richard MUTHER, «Die Ausstellung der Secession November 1899», rééd. dans R. MUTHER, *Studien und Kritiken,* Vienne, Wiener Verlag, vol. I, 1900, p. 12

22 Voici ce qu'écrivait le critique DUSEIGNEUR en 1888, à propos d'une exposition consacrée à la caricature qui se tenait à l'Ecole des beaux-arts de Paris: «Après Courbet, Manet; après Manet, la caricature, quoi de plus logique! à quand le tour d'une exposition pornographique» (cité par Aimé BROWN PRICE, «Official Artists and Not-So-Official Art: Covert Caricaturists in Nineteenth-Century France», *Art Journal,* n° 43, hiver 1983, p. 365).

23 La gravure de Gottfried Schadow est reproduite dans R. SEARLE, C. ROY et B. BORNEMANN, *op. cit.* (note 10), p. 104-105

24 Un certain nombre de ses caricatures ont été publiées dans *Les caricatures de Puvis de Chavannes,* préface de Marcelle ADAM, Paris, Delagrave, s.d. Voir l'étude d'Aimé BROWN PRICE citée note 22

25 C'est l'interprétation d'Aimé BROWN PRICE, *ibid.*

26 Bernd BORNEMANN, «Theorie der Karikatur», dans le cat. de l'exposition de Zurich 1974, *op. cit.* (note 10), p. 5

27 Sur cet aspect de la pensée de Lessing, voir Rensselear W. LEE, *Ut pictura poesis. The Humanistic Theory of Painting,* 1967, trad. fr. *Ut pictura poesis. Humanisme et Théorie de la Peinture. XVe-XVIIIe siècles,* Paris, Macula, 1991, p. 46

28 HERBÉ, *Traité physiognomonique de la tête, d'après Broussais, Cabanis, Chaussier, Gall, Georget, Lachambre, Lavater, Lebrun, Michaud, Moreau (de la Sarthe), Porta, Rostan, Spurzhein et Trélat,* Paris, 1840

29 *Op. cit.* (note 4)

30 Voir le catalogue de l'exposition *Mit dem Auge des Kindes. Kinderzeichnung und moderne Kunst* (Munich, Lenbachhaus et Berne, Kunstmuseum, 1995), Suttgart, Verla Gert Hatje, 1995, et le recueil collectif paru à l'occasion de l'exposition: Jonathan FINEBERG éd., *Kinderzeichnung und die Kunst des 20. Jahrhunderts,* Stuttgart, Verlag Gert Hatje, 199

31 Voir Pierre GEORGEL, «L'enfant au bonhomme», dans Klaus GALLWITZ et Klaus HERDING éd., *Malerei und Theorie. Das Courbet-Kolloquium 1979,* Francfort/Main, Städelsches Kunstinstitut, 1980, pp. 105-115

32 Joseph-Nicolas Robert-Fleury, *Scènes de la Saint-Barthélemy. Assassinat de Brion, gouverneur du prince de Conti,* 1833 (Paris, Louvre)

33 Jean-Léon Gérôme, *Phryné devant le tribunal,* Salon de 1861 (Hambourg, Kunsthalle). LESSING, *op. cit.* (note 17), 1964, pp. 159-160

34 Thomas Couture, *L'enrôlement des volontaires* (Beauvais, Musée de Picardie) et le *Baptême du prince impérial* (Compiègne, Musée national du château). Voir Albert BOIME, «Thomas Couture and the evolution of painting in Nineteenth Century France», *The Art Bulletin,* mars 1969, pp. 48-56, et Pierre VAISSE, «Couture et le Second Empire», *Revue de l'art,* n° 37/1977, pp. 43-68

35 Thomas Couture, *Damoclès,* Salon de 1872 (Caen, Musée des beaux-arts). Voir VAISSE, *ibid.*

36 Jean-Léon Gérôme, *7 décembre 1815, neuf heures du matin* [L'exécution du maréchal Ney], Salon de 1868 (Sheffield, Sheffield Art Galleries). Sur Jean-Paul Laurens et Augustin Thierry, voir Pierre VAISSE, «L'histoire de la France médiévale selon Augustin Thierry et son rôle dans l'histoire de l'art français au XIXe siècle», *Revue suisse d'archéologie et d'histoire de l'art,* Bd. 54 (1997), H. 2, pp. 215-222

LA POLITIQUE CARICATURALE DE RODOLPHE TÖPFFER: ENTRE RÉVOLUTION ET CONTRE-RÉVOLUTION

par David Kunzle

L'histoire de la bande dessinée au XIXe siècle représente en quelque sorte une évasion de l'arène politique, en comparaison avec le dessin humoristique, en tout cas tel qu'il se manifeste à l'époque de l'Age d'or de Gillray et Rowlandson, du *Punch,* ou bien encore de la France de Daumier. Dans le domaine social, il est évident que la bande dessinée exprime la mobilité vers le haut et vers le bas, les inquiétudes et les incertitudes, les traumatismes de la classe moyenne, surtout de la classe moyenne inférieure qui est son audience principale. En même temps, un examen plus rigoureux de la bande dessinée montre qu'elle réagit de façon spasmodique, directement ou indirectement, aux grandes révolutions du XIXe siècle: celles de 1830, 1848 et 1870-1871, aussi bien qu'à certains problèmes politiques généraux. Il n'a jamais été plus juste de dire à propos de la bande dessinée, aujourd'hui véritable moyen d'expression comique, qu'elle était, au même titre que la comédie, la farce, la bouffonnerie, un masque recouvrant des préoccupations trop graves pour être affrontées à nu.

L'art comique de Rodolphe Töpffer est un cas frappant des potentialités subversives et critiques de l'apparente innocence. Son œuvre caricatural est en quelque sorte déclenché par un séisme politique, celui de la révolution de juillet 1830 en France, et se termine au cours de la période de gestation, notamment genevoise, d'autres révolutions, celles-ci aux dimensions véritablement européennes, les révolutions des années 1840. Les histoires en estampes de Töpffer révèlent un courant sous-jacent de préoccupations politiques. L'auteur a viré, comme grand nombre d'intellectuels, d'un libéralisme de jeunesse à un conservatisme d'âge mûr, et a passé ses dernières années à combattre les réformes politiques de sa ville natale. La révolution à Paris était assimilable: la révolution chez soi ne l'était pas. Mais il existe une autre révolution qu'on ne peut ignorer chez Töpffer, c'est celle d'origine esthétique. Le rôle que joue Töpffer dans la subversion des idées esthétiques académiques traditionnelles est considérable.

Paradoxalement, l'accoucheur des innovations radicales de Töpffer en art graphique, à savoir ses histoires en estampes, n'était autre que le conservateur politique par excellence, l'octogénaire Goethe à Weimar. Goethe détestait la caricature

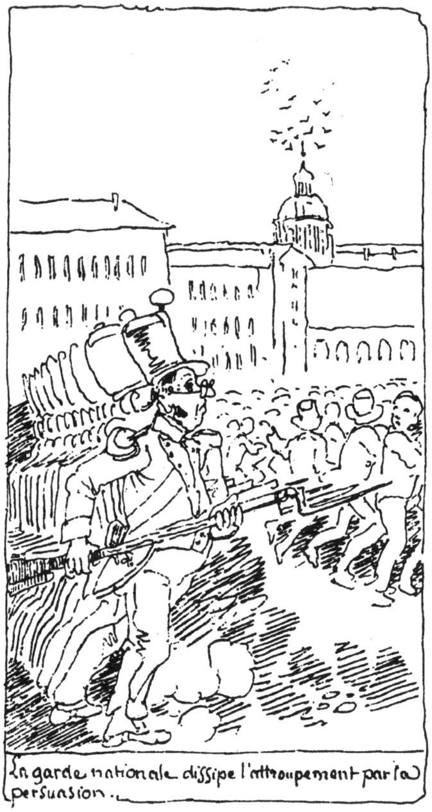

1. *Histoire de Monsieur Pencil,* 1840

tout autant qu'il adorait Napoléon, qui avait d'ailleurs toujours été et qui demeurerait longtemps, plus que tout autre, la cible privilégiée de la caricature. Le fait que Töpffer ait pu s'attirer l'approbation critique du géant littéraire de l'Europe tout à la fin de sa vie est une histoire connue: la manière dont cela s'est produit est en fait très complexe et témoigne, non seulement d'un relâchement inattendu des critères esthétiques de Goethe, mais aussi du charme particulier des histoires en images de Töpffer.

Les premières tentatives du genre que Töpffer ait envoyées à Weimar plaisaient, en plus de certaines qualités esthétiques compensatrices, par leur satire habile de la vanité scientifique; mais le jeune pédagogue genevois eut soin de ne pas envoyer quoi que ce soit qui puisse rappeler à son protecteur potentiel la récente révolution de Paris, ou bien qui puisse critiquer le système weimarien de petit despotisme auquel Goethe appartenait. Ainsi, le *Dr Festus* se rendit à Weimar, mais pas *M. Pencil.*

De toutes les histoires en images de Töpffer, *Monsieur Pencil* porte le plus profondément l'empreinte de la révolution de juillet 1830. Obsessionnelle comme aucune autre histoire, elle oppose un sens exacerbé de l'absurde aux injonctions de l'actualité politique. *Monsieur Pencil* est en même temps équilibré, tempéré et poli par les expériences de la décade précédant sa publication, en 1840. Esthétiquement, c'est à mon avis le chef-d'œuvre de Töpffer, bien que cette histoire ne soit pas devenue la plus populaire. La première version a été exécutée entre mars et juillet 1831 et trahit la désillusion de celui qui partageait les idéaux pour lesquels on s'était battu l'année précédente. On y perçoit une sympathie évidente pour les ouvriers qui avaient monté les barricades et qui par la suite ont subi une forte répression (fig. 1), une antipathie pour la confusion et le désordre des débats parlementaires, et pour toute la procédure soi-disant démocratique sous Louis-Philippe (fig. 2). La crainte également d'une guerre européenne (fig. 3), si répandue

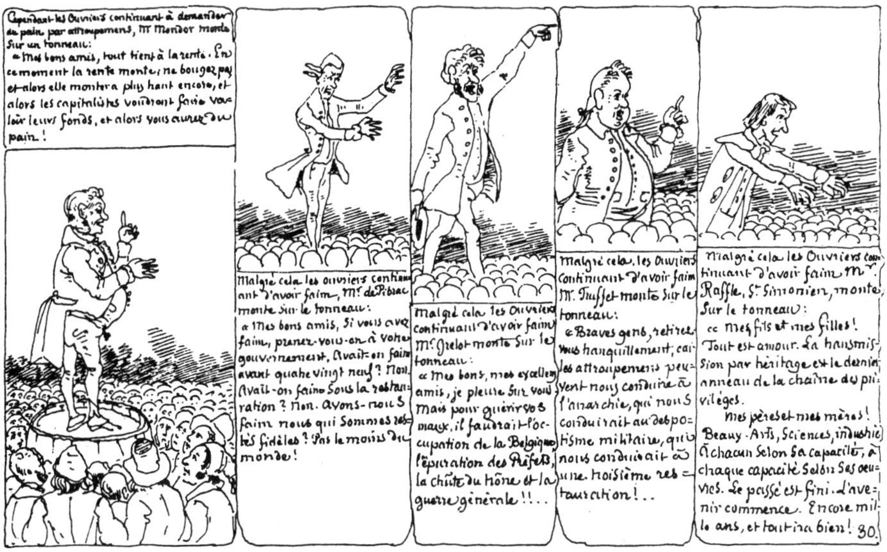

2. *Histoire de Monsieur Pencil,* 1840

au cours de ces mois où non seulement la France, mais aussi la Belgique, la Pologne et l'Italie connaissent des révoltes nationalistes.

La Suisse est elle-même touchée; non loin de Genève, à Neuchâtel, il y a eu des manifestations fin 1830 - début 1831, que Töpffer craignait de voir se propager jusqu'à Genève. Pour l'heure, Genève semble un havre de paix et, en tant que tel, propice à la production d'histoires en images. Dans une lettre à un pasteur neuchâtelois de ses amis, Töpffer assure que: «Je suis libéral *comme tout,* mais je suis gorgé, bourré, *indijectionné* de politique». Il poursuit en faisant l'inventaire de toutes les histoires en estampes qu'il a exécutées récemment, puis revient au fait que Genève a eu la chance de se préserver de la crise. Pour l'instant, le canton de Genève est «tout tranquille encore, et non embrelificoqué de constituantes et autres drogueries de mode»[1]. Il se plaît à simuler un dépit envers ces «lourdauds!» de Français pour ne pas avoir attendu quelques années avant de faire leur révolution, afin qu'il puisse acheter sa maison en paix.

C'est là le langage de l'ambivalence extrême. Les histoires en images ont toujours été, pour Töpffer, le moyen d'échapper à la réalité proche ou éloignée. Cependant, ces histoires portent les traces de ce qu'il fuit, et qui est en même temps ce qui l'attire. *Pencil* a été créé à une époque fructueuse pour la caricature en France, une époque de «mouvement et de résistance, de stress révolutionnaire, de *statu quo-isme,* d'un enchaînement de crises de cabinet, de désordre dans la rue, d'assemblées bruyantes, de lois de la presse, et de procès publics où le tribunal est devenu [la scène d']un théâtre»[2] – théâtre de l'absurde, théâtre de

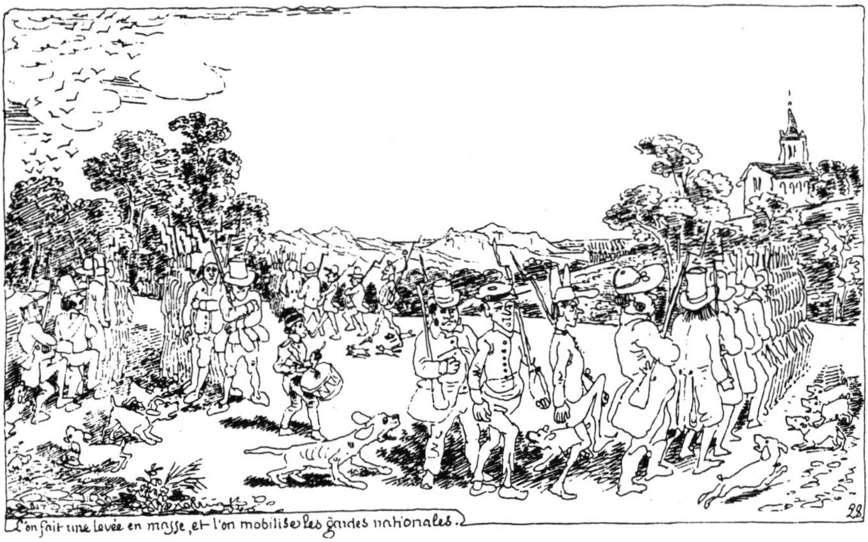

3. *Histoire de Monsieur Pencil,* 1840

4. *Histoire de Monsieur Pencil,* 1840

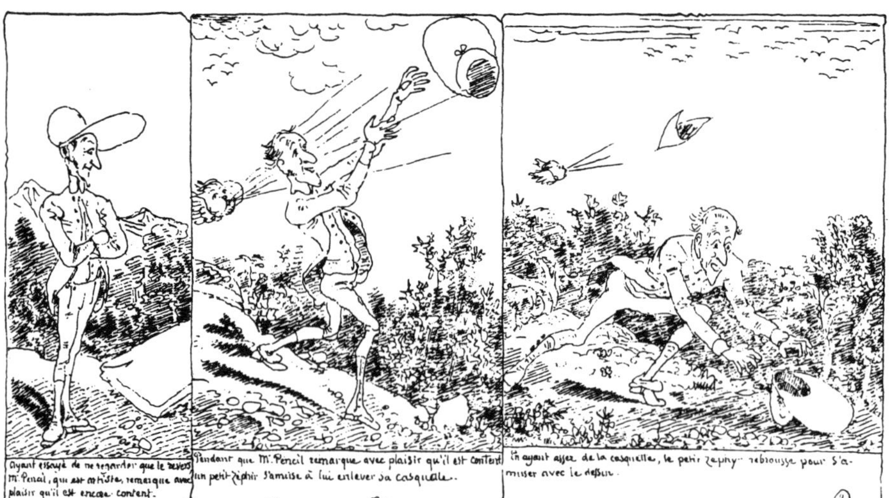

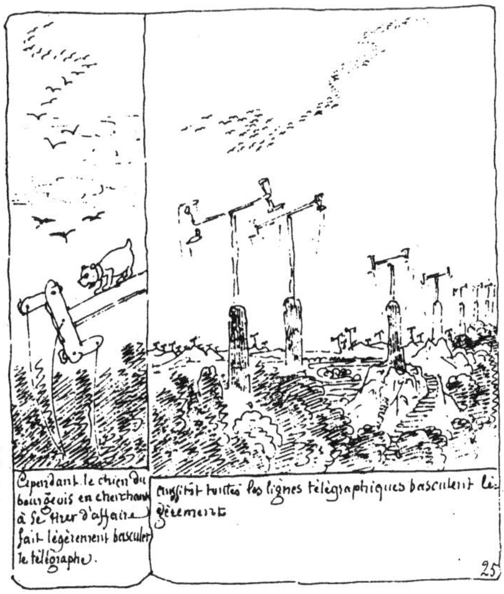

5. *Histoire de Monsieur Pencil,* 1840

la caricature. Une grande part du désordre, particulièrement dans les tribunaux, provient de ce que le gouvernement a manqué à sa parole concernant la liberté de la presse, à laquelle il doit justement d'avoir accédé au pouvoir.

La revendication de la Liberté par les Romantiques est traduite par les artistes français en un militantisme politique et critique conçu par rapport au modèle de la caricature anglaise de l'Age d'or. Bien qu'exécutée dans des conditions très différentes, la première ébauche de *Pencil* est sans aucun doute une revendication de cette Liberté et fut certainement inspirée par l'exemple de *La Caricature* de Philipon, le premier hebdomadaire à publier régulièrement des dessins humoristiques, fondé en novembre 1830. Avec cette revue, l'histoire de la caricature connaît une mutation, le genre pénétrant le courant socio-politique dominant, et ce par l'intermédiaire du journalisme qui exerce sans doute désormais l'influence la plus forte qui soit sur la formation de l'opinion publique. Un caricaturiste peut difficilement éviter la politique dans les années 30.

Pencil balance entre les deux déterminants de la condition humaine: le destin et l'actualité politique. C'est un instrument du destin, de la Nature hors du temps et de l'espace, un vent folâtre chassant le dessin de Pencil (artiste comme son nom le suggère) (fig. 4) et projetant un chien sur un poteau télégraphique (fig. 5), qui menace tout d'abord l'équilibre social; mais c'est l'égoïsme névrotique des gens de bien à un moment historique particulier, dévorés par leurs soucis matériels immédiats et paniquant face aux nouvelles embrouillées et tronquées par le télégraphe, qui représente le véritable danger. C'est à cause des rumeurs de guerre que la bourse chute, que l'on fait faillite, que les ateliers ferment et que des groupes menaçants d'ouvriers commencent à se réunir. Devant ces développements, le gouvernement appelle un débat sur le code forestier. Les députés ne veulent rien savoir, cependant, quoiqu'ils aient très justement placé la crise nationale au premier plan, leur façon sectaire de la gérer ne fait qu'aggraver les choses. Un tohu-bohu d'interruptions et d'éruptions, correspondant à un éventail politique typiquement français, s'ensuit. Cela se termine par une bagarre à coups de poing. Le président suspend la séance, mais sans grand effet. A sa réouverture, les mêmes plaintes, exigences et insultes se renouvellent. Cette série de dessins a été développée ainsi dans la version manuscrite de 1830 et retranchée de la version imprimée de 1840.

Töpffer, qui considérait l'oligarchie de sa propre petite république comme supérieure à tout effort français de démocratie, pouvait se permettre, se trouvant en sûreté à Genève, de mépriser la procédure même de la lutte parlementaire. Et c'est la révélation d'un *processus* en développement, plutôt qu'une *situation* fixe, qui fait le génie de la bande dessinée par opposition au dessin humoristique isolé. En même temps, les légendes de Töpffer révèlent une conscience pénétrante des méthodes démagogiques et de la manipulation financière, avec des allusions et des observations aussi piquantes que celles de Philipon dans les légendes qui accompagnent la célèbre série dessinée plus tard par Daumier, *Robert Macaire* (publié de 1836 à 1838).

«Malgré cela les ouvriers continuant d'avoir faim», cette phrase cependant revient, lancinante, au milieu des bêtises oratoires et témoigne de la compassion persistante de Töpffer en 1840, au moment de la publication de *Pencil,* pour la classe ouvrière française (sinon genevoise), même dans la mobilisation où elle s'est engagée. «Les ouvriers continuant d'avoir faim» malgré les panacées des politiciens, le gouvernement propose sa solution: la dispersion par la force (la «persuasion»), sous la menace des baïonnettes dégainées de la garde nationale, laquelle est symbolisée par une corpulente silhouette à lunettes (c'est-à-dire socialement myope) (fig. 1). C'est un petit-bourgeois, un épicier, peut-être du type célébré de manière ironique par Daumier et Grandville à la fin des années 30.

De la satire de la milice volontaire, appelée soi-disant pour s'opposer aux menaces (inexistantes) de trois cent mille ennemis amassés à la frontière, *Pencil* passe à l'armée régulière, reprenant un thème familier des *Misères et malheurs de la guerre* de Jacques Callot: la cruauté des soldats de carrière envers les paysans sans défense. La vingt-et-unième brigade de cavalerie légère est à la recherche des trois chevaux dont Pencil, le Bourgeois et Madame Jolibois se sont emparés pour s'évader, et auxquels ils ont failli servir de fourrage avec le foin dans lequel ils s'étaient cachés. Dans la tradition militaire la plus raffinée, la cavalerie détruit gratuitement un champ de blé, réquisitionne les chevaux des paysans, ouvre les écluses pour inonder les terres qui se trouvent en dessous, et met le feu aux forêts (fig. 6). De la même manière qu'il avait sympathisé avec les ouvriers des villes, Töpffer s'allie maintenant avec les paysans dans leur guerre séculaire contre les soldats mercenaires.

L'artiste qu'est Monsieur Pencil représente Töpffer lui-même, l'auteur-artiste dont l'imagination capricieuse (symbolisée par le zéphyr) et le produit de cette imagination (symbolisé par le croquis) donnent la première secousse à une aventure kaléidoscopique. Bien que Pencil intervienne à la fin en tant qu'auteur pour dénouer l'intrigue, il est en fait l'initiateur, plutôt que le chroniqueur et encore moins l'éditeur, d'une fantaisie autopropulsée qui absorbe le papier à dessin aussi bien que les corps humains, mettant en suspens gravité et incrédulité avant de tout faire retomber sur terre. Le retour à un monde social réel et élargi ne figure que dans la version finale, qui s'achève sur les poteaux télégraphiques, agents de troubles sociaux devenus à présent emblèmes de paix sociale (fig. 7).

En même temps, Töpffer fait une transition habile de la réconciliation des protagonistes à la réconciliation de l'Europe. Pencil intervient dans les deux cas simplement pour éliminer des obstacles: d'une part, les malentendus ridicules qui avaient suscité d'aveugles passions personnelles et, d'autre part, la charge physique infligée au télégraphe qui avait déclenché une fièvre politique extrême. On se retrouve à la

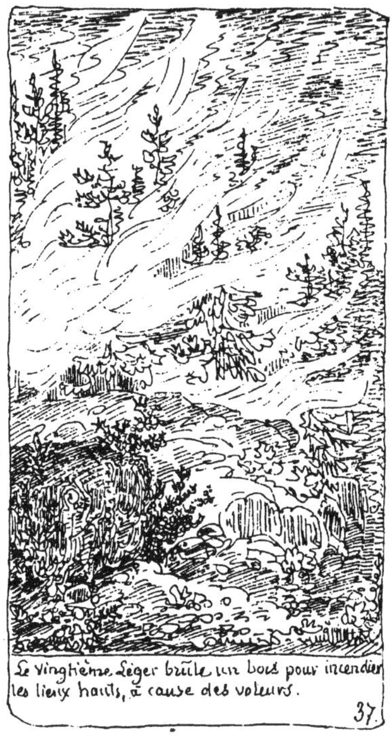

6. *Histoire de Monsieur Pencil,* 1840

7. *Histoire de Monsieur Pencil,* 1840

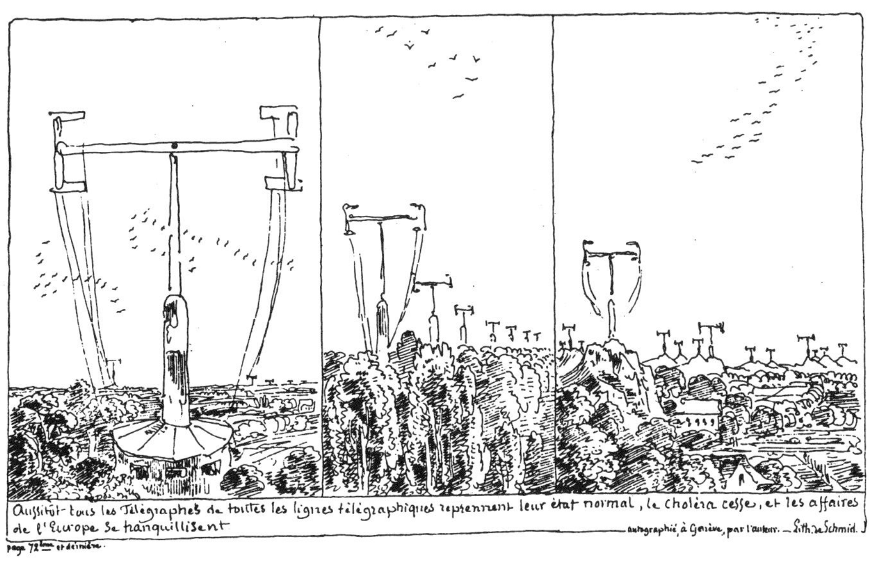

fin avec une page symbolisant la tranquillité universelle et permanente – une garantie peut-être, contre les signes de l'agitation naissante à Genève, qui allait éclater l'année suivante.

Est-ce que Pencil, c'est-à-dire Töpffer, rétablit l'ordre pour reprendre en main un destin socio-politique qui a été brutalement arraché à son contrôle – comme celui de Genève allait l'être sous peu, après 1840, dans la petite oligarchie pleine de suffisance qui gouvernait la ville au mépris des exigences démocratiques?

Pour combattre les radicaux, Töpffer est devenu un «englué» (expression genevoise pour conservateur) et a participé à la fondation du journal *Le Courrier de Genève,* qui paraîtra seulement de 1841 à 1843. Il n'a pas réussi à freiner l'élan des radicaux, et, début 1845, souffrant déjà de leucémie et craignant de perdre la vue, il publie, après un long silence dans ce genre, une nouvelle histoire en images, l'*Histoire d'Albert.* D'un ton didactique, polémique et généralement sérieux, l'*Histoire d'Albert* est demeurée la moins populaire des bandes dessinées que Töpffer ait publiées; elle a été d'ailleurs exclue d'une récente et importante édition «complète» allemande (celle de Herbig), tout comme de l'édition procurée en 1996 par le Seuil. Dans ce récit, Töpffer vise le leader radical genevois James Fazy; à l'origine, il avait d'ailleurs appelé son héros Jacques, la traduction française de James.

Fils d'un important fabricant, conservateur et très cultivé, et d'une mère fouriériste, James Fazy a reçu son éducation à Paris où il milita en tant que journaliste pour la révolution de 1830, puis contre Louis-Philippe, ce pour quoi il fut mis en prison. Il fut brièvement associé à Mazzini (le «Mangini» de Töpffer) et aux

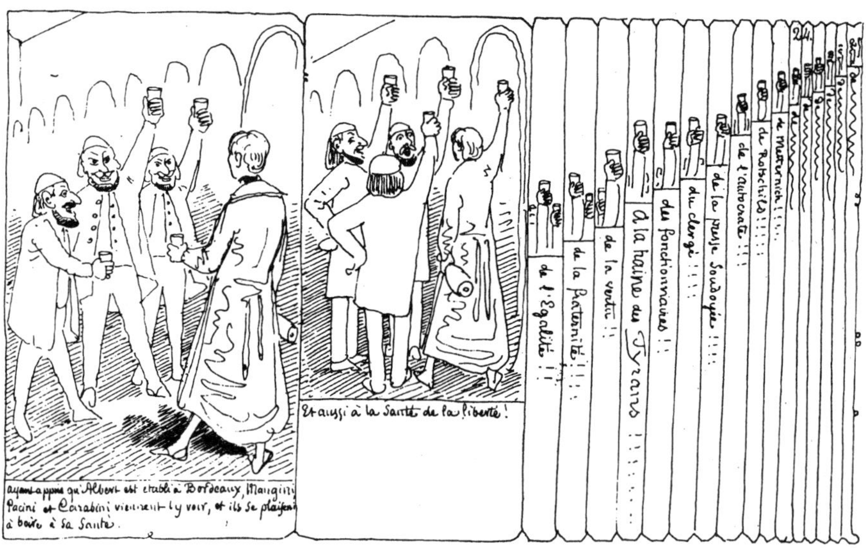

8. *Histoire d'Albert,* 1845

Carbonari («Carabini»). De retour à Genève en 1833, Fazy fonde plusieurs journaux, dont *Le Représentant* qui s'empoigne avec *Le Courrier de Genève* de Töpffer. Celui-ci accuse Fazy, par le biais du *Courrier*, ainsi qu'il le fera plus tard sous les traits d'Albert le journaliste, d'inciter sans scrupules à l'agitation, au nom d'intérêts mercenaires et sectaires. Töpffer prend naturellement la parole en faveur d'un régime oligarchique de tradition clérico-académique, alors que Fazy et son parti, l'Association du Trois Mars, représentent les intérêts des principales entreprises genevoises auxquelles s'identifie la classe nombreuse des artisans qualifiés, principalement les horlogers, depuis longtemps privés de leurs droits.

Cependant, Albert ne prend que partiellement modèle sur Fazy l'individu. Il représente aussi un *type* politique, le révolutionnaire caricaturé par les conservateurs, à l'époque comme de nos jours, afin de cacher la véritable nature des révolutions et des révolutionnaires. Car, en effet, qu'il s'agite sous terre ou à la surface, le révolutionnaire ou carbonaro typique n'est pas un lâche paresseux, égoïste, ivrogne, qui révèle des secrets aux étrangers dans les cafés, qui, en guise de rhétorique, brandit des poignards dans les réunions, assure la mort à tous les tyrans ainsi que la liberté à tous les peuples, le tout scellé par une interminable série de toasts (fig. 8). Mazzini, le nationaliste italien, et Fazy sont tous deux tenaces, résolus, et d'une grande probité morale. Tandis qu'Albert est un fantaisiste, flottant à la fois dans le domaine des idées et parmi les hommes, Fazy représente le pragmatisme par excellence. Ayant dépassé le stade du socialisme utopique, il s'évertue à développer une position libérale modérée, s'inscrivant dans une économie de marché libre et compétitive, et recourant à des procédés démocratiques basés sur le suffrage universel et les parlements (que d'autres villes suisses possèdent déjà depuis 1830) qu'il considère comme le seul moyen d'atteindre un état de stabilité et de progrès matériel.

Alors que l'*Histoire d'Albert* visait à noircir le caractère du révolutionnaire, à banaliser ses complots et l'idée même de la révolution, les tactiques «révolutionnaires» qui sont présentées comme étant les plus dangereuses, parce que les plus efficaces, sont en fin de compte de nature journalistique. Les «exigences révolutionnaires» d'Albert, comme celles de Fazy, sont libérales: des réformes économiques et politiques dirigées d'en haut. Elles ressemblent à celles des révolutions de 1830 et de 1848, provoquées par et pour la presse. Les journalistes ont joué un rôle prépondérant dans ces deux révolutions, tout particulièrement dans la dernière, où la secousse genevoise a anticipé le tremblement de terre européen. *Albert* est la raillerie d'une cause politique qui allait bientôt remporter la victoire et prouver la pérennité de sa valeur.

Töpffer a perdu sa bataille politique. En revanche, la révolution graphique pour laquelle il s'est battu, et que son œuvre caricaturale incarne, allait être victorieuse au XXe siècle. Je ne suis pas sûr d'ailleurs que l'on puisse véritablement parler de révolution esthétique, plutôt de transformations progressives de la pensée et de la pratique. D'un point de vue politique, la «révolution» esthétique de Töpffer contenait un appel démocratique en revendiquant un art pour les gens simples. Comme quoi Töpffer était après tout un démocrate.

POST-SCRIPTUM

J'avais fini ma communication à Genève par un résumé sur la «révolution» esthétique de Töpffer, conscient d'avoir focalisé mon propos sur la politique au détriment d'autres aspects plus importants de son œuvre. J'y renonce ici, bien que la logique exigerait, comme le fit d'ailleurs un auditeur du colloque, une explication des relations entre les philosophies politique et esthétique de Töpffer. Mais il s'agit là d'un sujet qui ne saurait se contenter d'une appréciation rapide et superficielle.

En lieu et place, je propose de prolonger l'analyse sur les opinions politiques de Töpffer. L'idée m'en est venue au spectacle de sa pièce *Les Aventures de Monsieur Coquemolle,* adaptée et présentée dans une mise en scène intelligente par le Théâtre Rodolphe Töpffer de Genève, et que j'ai pu voir à l'occasion du colloque. Comme d'autres «aficionados» de Töpffer, je n'avais jamais lu la pièce, ni aucun autre de ses écrits pour le théâtre, qui étaient, à l'origine, joués par les élèves de son école devant un public tout à fait restreint. L'auteur ne se serait jamais permis de les publier, et la critique les a le plus souvent ignorés[3].

La version de *M. Coquemolle* jouée par le Théâtre Rodolphe Töpffer, une «folie en trois actes» située en Algérie, s'est avérée très divertissante et pleine d'analogies avec l'histoire bien connue de *Monsieur Cryptogame.* Le rapport entre les deux œuvres m'a rappelé que *Cryptogame* avait eu aussi son heure politique. Il est impossible qu'un tel scénario – dont un épisode important, situé à Alger, ridiculise la culture musulmane –, publié à Paris en 1845 dans *L'Illustration,* journal populaire et familial, rempli de nouvelles et d'images venant d'Algérie lors de la première conquête française, n'ait pas eu d'écho politique auprès des Français et plus généralement du public francophone.

L'épisode de Cryptogame prisonnier à Alger de pirates algériens s'accordait, bien sûr, avec la longue tradition quasi mythique des captures, et son évasion avec «l'enlèvement au sérail». En voyant M. Coquemolle et son serviteur réduits à l'esclavage, le premier par ailleurs doté d'une épouse qui ressemble à Elvire et qu'il déteste, et de vrais acteurs noirs, des Afro-Genevois, tenant le rôle des Africains, je me suis demandé si ce petit traité impérialiste – qui aurait fait l'effet d'une bombe à Los Angeles, ma ville natale – ne révélait pas de manière éloquente, bien plus que je ne l'avais réalisé auparavant (malgré une longue étude consacrée aux différentes versions de l'histoire de *M. Cryptogame*[4]), les fantasmes colonialistes ainsi que le sexisme de l'auteur. Ces questions auraient été abordées de manière formelle si ce colloque s'était tenu aux Etats-Unis (bien sûr, ils furent évoqués à Genève de façon informelle, entre deux exposés; j'ai même entendu le redoutable mot «misogynie»).

Voici M. Cryptogame (et M. Coquemolle) fuyant une alliance conventionnelle dans un harem musulman qui n'a, par ailleurs, rien en commun avec les «paradis sexuels» de Delacroix, d'Ingres, de Chassériau ou de John Lewis. Le Théâtre Rodolphe Töpffer nous a également présenté un intermède séduisant de danse du ventre (absolument tabou pour les élèves de Töpffer, j'imagine), ainsi qu'une favorite du sultan extrêmement «sexy» que Coquemolle convoite au péril de sa vie, bien entendu. Fantasmes impérialistes, courage impérialiste. La dimension coloniale a été amplifiée dans *Coquemolle* (mais pas dans *Cryptogame*) par la présence de deux intrus, un Allemand et un Anglais, s'adressant à l'absurde aristocrate français Coquemolle. Trio très rusé, ils parviendront à duper le pacha avec l'aide de ses esclaves qui les accueillent comme des libérateurs – diviser pour régner! Le pacha perd tout.

Cryptogame, qui réussit à fuir Alger entièrement détruite par un feu de forêt provoqué involontairement par son confrère l'abbé, et Coquemolle, qui fuit le pacha berné par des filous européens en connivence avec ses propres esclaves, sont pris dans un sauve-qui-peut impérialiste qui s'achèvera, sur un plan historique, par la sanglante guerre de libération algérienne au milieu de notre siècle. Les deux héros se trouvent ainsi impliqués dans des aventures menaçant leur vie plutôt par hasard qu'intentionnellement. De même, l'expansion impérialiste du XIXe siècle trouvait sa justification à la fois dans le devoir missionnaire et dans la fatalité.

Töpffer dessina deux versions de *Monsieur Cryptogame:* l'une, inachevée, en 1830, l'autre publiée en 1845. Entre-temps, l'avancée des Français en Algérie avait été ralentie par la résistance héroïque d'Abd el-Kader. L'Algérie était devenue à la mode, pittoresque et comique. Le magazine hebdomadaire *L'Illustration,* où *Cryptogame* parut en feuilleton, était rempli de «Scènes d'Algérie», illustrant ses coutumes et ses barbaries. C'est une coïncidence tout à faire extraordinaire que le premier épisode algérien de *Cryptogame* soit paru dans le même numéro qu'une

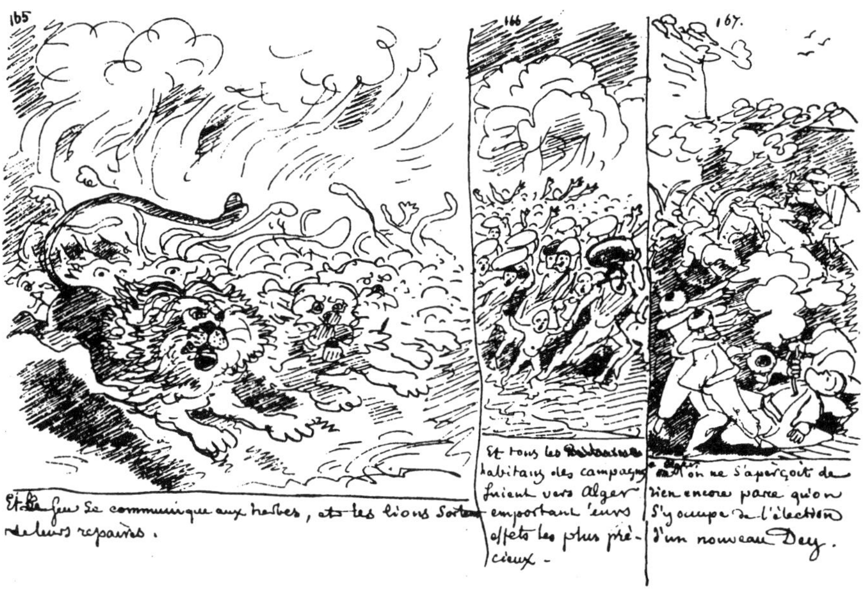

9. *Monsieur Cryptogame,* 1845

spectaculaire double page consacrée à *La Capture de la Smala d'Abd el-Kader* d'Horace Vernet qui faisait alors sensation au Salon de Paris.

Mais Cryptogame n'est pas seulement, pour ainsi dire, une victime innocente de la conquête française de l'Algérie. Il reflète également les conflits qui ébranlèrent Genève vers la fin de 1844, lorsque le récit fut réécrit et complété par Töpffer. L'auteur projetait sur Alger les désordres civils de sa patrie en ajoutant à son histoire la scène du terrible chaos (fig. 9) provoqué par l'élection à la janissaire du nouveau dey d'Alger, ce qui permettait à Töpffer d'évoquer l'anarchie qu'il blâmait dans l'agitation électorale des radicaux genevois menés par James Fazy. Trop occupés à se battre entre eux pour remarquer le feu qui est en train de détruire leur ville, les Algériens perdent toute chance d'en réchapper et sont poussés dans l'océan (vign. 170). Ainsi firent les Genevois aveuglés par leurs querelles intestines.

De la même manière que la conquête de l'Algérie par les Français a pu passer pour une vengeance justifiée de l'Europe après des siècles de piraterie, d'esclavage et d'autres crimes envers les chrétiens, l'épisode des Algériens qui se noient est la revanche de Cryptogame et de ses compagnons pour la capture et l'asservissement qu'ils ont dû subir. Leur fuite comporte un élément romantique, sinon héroïque. Cryptogame n'est héroïque que par la vertu de ce qui lui arrive; il collabore avec son ravisseur en s'affublant d'un turban qu'il gardera jusqu'à la fin rempli de papillons. Elvire, par contre, fait preuve d'un héroïsme proprement biblique lorsque son honneur est en jeu: elle attrape son ravisseur et prétendant

10. *Monsieur Cryptogame,* 1845

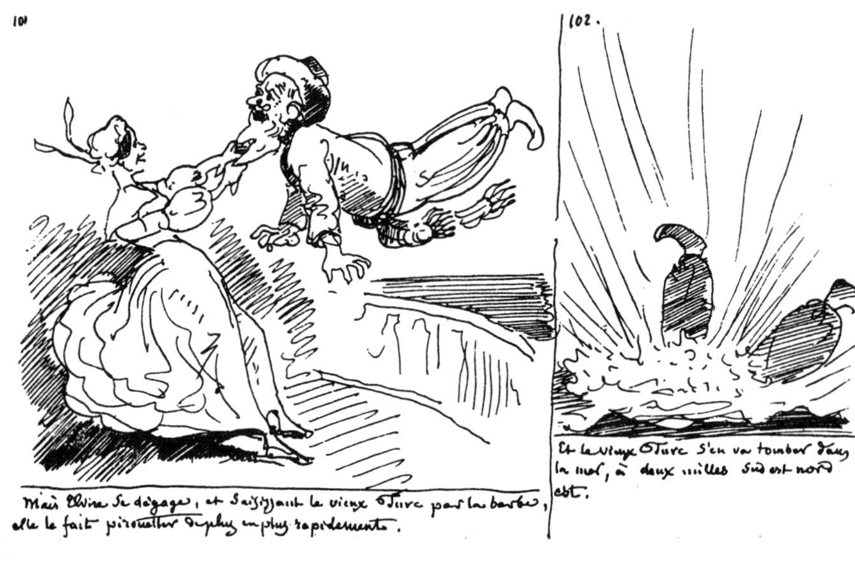

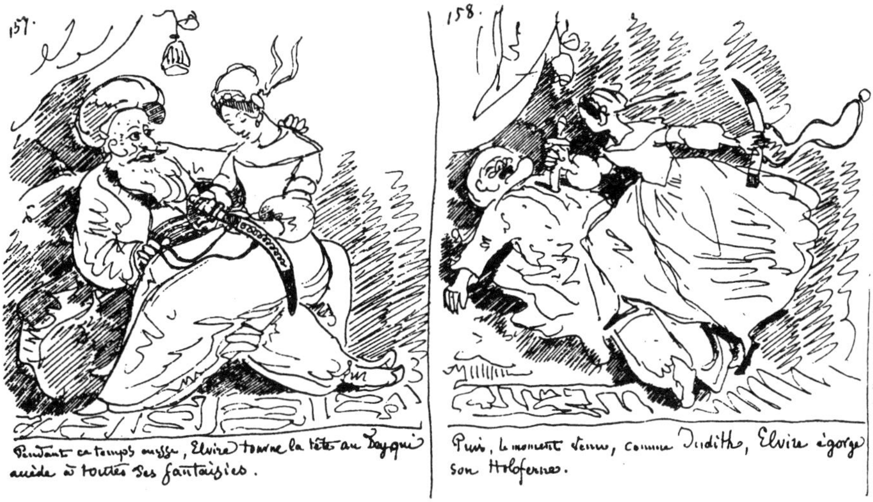

11 et 12. *Monsieur Cryptogame,* 1845

turc par la barbe en le faisant tournoyer et finit par planter une dague dans la poitrine du dey après avoir simulé la soumission, en véritable Judith exécutant Holopherne (fig. 10 et 11). (Dans la version de 1830, elle se contente de jeter une pierre dans l'œil du gouverneur.)

Si la figure d'Elvire emblématise l'anti-féminisme de Töpffer, alors son acte doit être interprété comme celui d'une virago qui mérite son autodestruction finale. Mais une autre perspective féministe la regardera exploser de désespoir et de jalousie exactement comme elle explose d'une rage meurtrière envers le Turc, dans un auto-sacrifice héroïque, une fin tout à fait conforme à sa quête effrénée (fig. 12). La fin de Cryptogame n'a rien d'héroïque, puisqu'il accède d'un air maussade au rôle de beau-père de huit jeunes enfants. Celle d'Elvire est mythique.

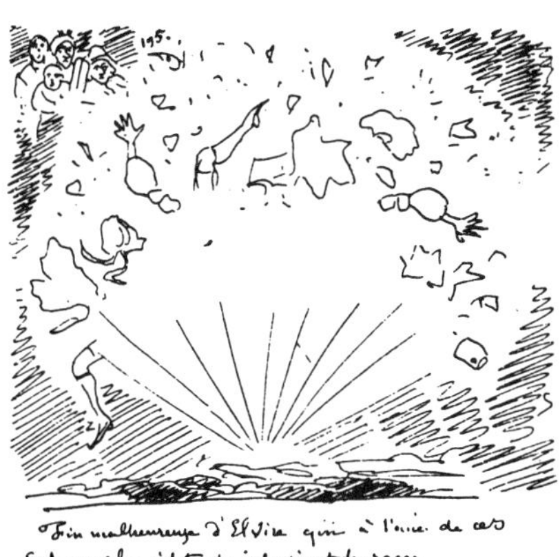

NOTES

1 Léopold GAUTIER, *Un Bouquet de lettres de Rodolphe Töpffer,* Lausanne, Payot, 1974, p. 154

2 Wolfgang BALZER, *Der junge Daumier und seine Kampfgefährten,* Dresden, 1965, p. 11

3 Cf. Paul CHAPONNIÈRE, *Töpffer et son petit théâtre,* Skira, Genève, 1943, p. 30 et R. TÖPFFER, *Théâtre,* Genève, Société d'études töpffériennes, 1981

4 D. KUNZLE, «Histoire de Monsieur Cryptogame...», *Genava,* n.s., t. XXXII, 1984, pp. 139-169

Mr CRÉPIN: PHRÉNOLOGIE ET PÉDAGOGIE

par Philippe Kaenel

Toutes les histoires en estampes de Töpffer sont particulières, mais *Mr Crépin* l'est particulièrement. D'abord parce qu'il est surtout question de pédagogie dans cet album de 1837, et l'on sait que Töpffer se considérait avant tout comme un instituteur. Ensuite parce que cette histoire en estampes est étroitement liée à la double question de la phrénologie et de la physiognomonie, par la figure du docteur Craniose et à travers la personnalité de Crépin qui sera le sujet d'une page capitale de l'*Essai de physiognomonie,* paru en 1845.

Crépin, comme Jabot ou Festus, fait partie des quelques créatures de papier que Töpffer affectionne tout particulièrement, comme l'indiquent plusieurs dessins conservés dans les collections publiques et surtout privées[1]. Dans le récit du *Voyage à Milan* de 1839, lorsqu'il s'agit de dénoncer les systèmes, Töpffer fait aussitôt allusion à son album lithographié deux ans plus tôt. Il rappelle les noms des grotesques pédagogues auxquels Crépin se trouve confronté:

> Il y a des gens qui ne conçoivent rien que sous la forme de système, en éducation surtout. Si on mange de la main droite, si l'on part du pied gauche, système. Ce n'est pas la faute de ces gens, c'est plutôt celle des Gribouille, des Farcet, des Parpalozzi, qui ont préconisé les méthodes et inventé les systèmes [...].[2]

Une illustration du *Voyage à Milan* montre en effet Crépin visitant «l'institution Farcet, où la méthode est d'instruire en amusant. Dans ce moment c'est la leçon d'histoire, où le maître fait danser la pyrrique à deux petits Macédoniens en carton»[3].

Plus tard, dans l'*Essai d'autographie* de 1842, Töpffer décline le faciès contrasté du «type Crépin», sous l'emprise de sentiments divers: prélude à la fameuse page de l'*Essai de physiognomonie* sur laquelle nous reviendrons. Enfin, Crépin, l'air maussade comme de coutume, émerge sur le dos de la couverture des *Souvenirs de Lavey,* en 1843. Töpffer le place dans une baignoire. Il l'assimile de fait aux clients de l'établissement de cure que son état de santé délabré le force à fréquenter. Une vignette dessinée en guise d'en-tête sur l'une des nombreuses lettres adressées à son cousin, l'éditeur parisien Jacques-Julien Dubochet, établit par ailleurs le rapprochement entre l'auteur et son personnage[4]. Töpffer se dessine à son tour immergé dans une baignoire tandis que le profil de Crépin semble le regarder: vraisemblable clin d'œil à l'éditeur qui venait de suggérer au

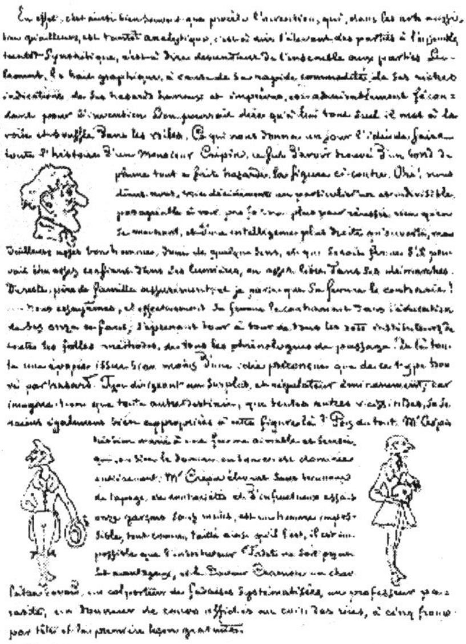

1. *Essai de physiognomonie,* autographié chez Schmidt, Genève, 1845

Genevois un nouvel album consacré aux «*aventures et mésaventures de touristes à la saison de bain de Vichy* ou ailleurs»[5].

A plusieurs reprises, le créateur a témoigné de son intérêt, et même de sa sympathie envers sa créature. En novembre 1843, Töpffer informe Dubochet que *Mr Crépin,* tiré six ans plus tôt à cinq cents exemplaires, est presque épuisé: «Pour simple information, dites moi ce que reviendrait en gros un *Crépin* par ex[emple]: gravé en bois sur décalque [...]»[6], écrit l'auteur qui souhaite assurer la diffusion de son œuvre. Töpffer avoue encore son affection pour ce personnage dans une missive adressée à son mentor littéraire, le comte Xavier de Maistre: «Au fond, j'honore Mr Crépin, et M^de Crépin, je ne peux la souffrir»[7]. «Crépin offre un type de caricature philosophique», résume-t-il dans une lettre à Edouard Charton, le directeur parisien du *Magasin pittoresque,* en 1842[8]. Il n'est d'ailleurs pas le seul à valoriser cette histoire en estampes. Selon le *Bulletin bibliographique et littéraire* publié par la librairie d'Ab. Cherbuliez (l'un des éditeurs de Töpffer), «il y a dans cette histoire bouffonne une critique profonde de quelques travers de notre époque: c'est la meilleure satire des systèmes d'éducation qui pleuvent journellement sur nos têtes»[9]. La sympathie de Töpffer va-t-elle jusqu'à l'identification? Il faut être prudent car Crépin demeure avant tout un type caricatural, comme Jabot, Festus ou Cryptogame. Mais à la différence de ses homologues, Crépin paraît moins bouffon. Si son caractère, lisible dans les traits de son visage, prête à sourire, il ne manque toutefois pas de sérieux. Pour s'en persuader, lisons l'*Essai de physiognomonie.* Töpffer y présente ce personnage exemplaire, qu'il affirme avoir trouvé «d'un bond de plume tout à fait hasardé»:

> Ohé! nous dîmes-nous, voici décidement un particulier un et indivisible, pas agréable à voir, pas fait non plus pour réussir rien qu'en se montrant, et d'une intelligence plus droite qu'ouverte, mais d'ailleurs assez bon homme, doué de quelque sens, et qui serait ferme s'il pouvait être assez confiant dans ses lumières, ou assez libre dans ses démarches. Du reste, père de famille assurément, et je parie que sa femme le contrarie!... nous essayâmes, et effectivement sa femme le contrariait dans l'éducation de ses onze enfans; s'éprenant tour à tour de tous les sots instituteurs, de toutes les folles méthodes, de tous les phrénologues de passage.[10]

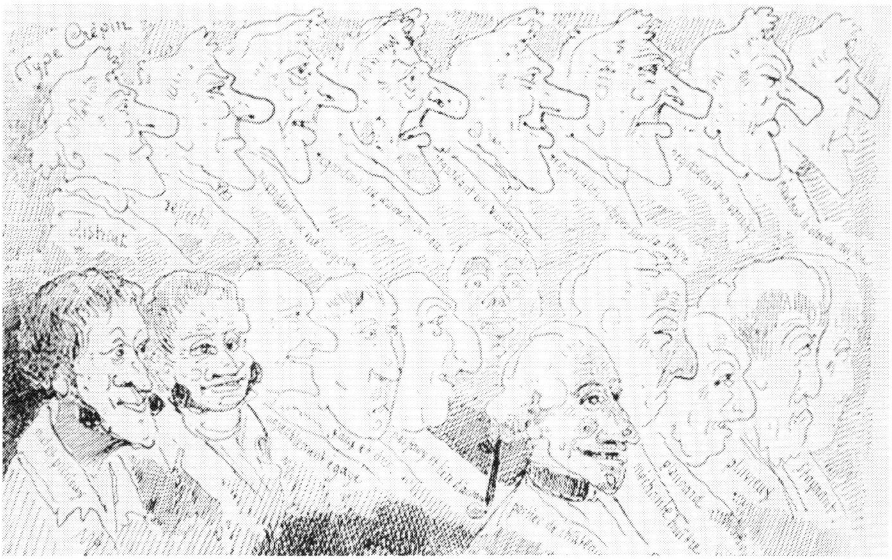

2. *Essais d'autographie,* autographié chez Schmidt, Genève, 1842

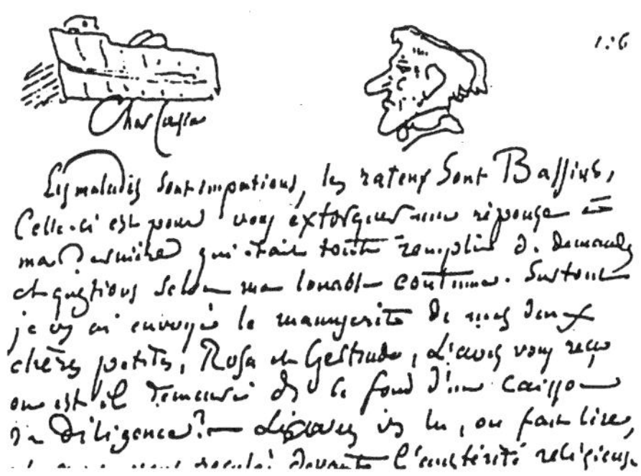

3. Autoportait au bain et profil de M. Crépin croqués sur une lettre à J.-J. Dubochet, le 22 juin 1845. Genève, Bibliothèque publique et universitaire, Ms. suppl. 1644

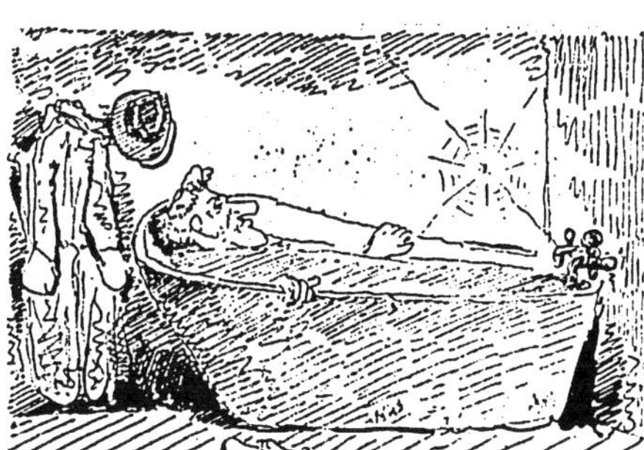

4. Crépin dans sa baignoire, dos des *Essais d'autographie,* Genève, 1842

Plus loin, Töpffer revient sur cette figure très complexe – très humaine, en fait, dans ses apparentes contradictions. Suivant le mode de pensée scolastique qui donne une vision ternaire du paysage alpestre, il découpe le profil de Crépin en trois zones. Töpffer note ainsi que «le haut a de l'humeur, le bas de la bêtise et la lèvre du jugement, et c'est pour cela apparemment que Mr Crépin est un homme incomplet qui, sensé dans ses intentions, incertain dans ses moyens, chagrin dans ses procédés, n'éleva pas sans beaucoup de peine ses onze enfants»[11]. Crépin apparaît ainsi comme un personnage entièrement déterminé par ses traits graphiques et physiognomoniques, à l'instar des autres figures l'environnant. Or, parmi cette galerie d'individus ridicules (au physique et au moral), notre héros se distingue par un certain bon sens, par une certaine normalité. En fait, son épouse est à l'origine de tous ses maux: cette bourgeoise inculte, crédule, irascible, prompte à s'évanouir et qui se donne des airs mondains avec ses mines flagorneuses et ses plumes plantées dans ses cheveux tirés en chignon. Indiscutablement, madame Crépin est un spécimen caractéristique de la misogynie qui règne dans la plupart des histoires en estampes...

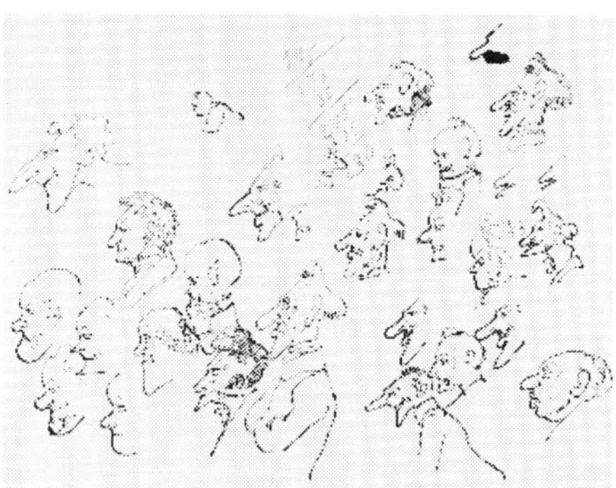

5. Profils divers (Crépin), vers 1837? Plume, bistre et mine de plomb, 22,5 x 28,4 cm. Genève, Bibliothèque publique et universitaire, coll. Suzannet

A défaut de me lancer dans une étude (qui nous manque encore) de l'image de la femme chez Töpffer, je souhaite revenir sur les mots de l'auteur à Edouard Charton: «Crépin offre un type de caricature philosophique», lui déclare-t-il. En effet, j'aimerais montrer qu'une certaine «philosophie» se dégage de cette histoire en estampes. «Philosophie», non pas dans l'acception spécialisée de cette discipline des sciences humaines, mais au sens général de «vision du monde et de la vie». La philosophie töpfférienne, telle qu'elle se manifeste dans *Mr Crépin* en 1837, réunit des préoccupations d'ordre moral, esthétique, pédagogique mais aussi politique. Surtout, cette vision du monde repose sur un double rejet: du matérialisme illustré par la phrénologie d'une part, et des systèmes ou des dogmes dont souffre avant tout l'univers de la pédagogie d'autre part.

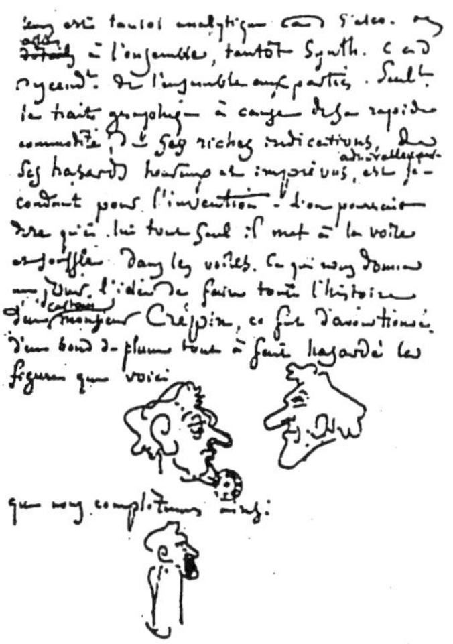

6. M. Crépin sur le manuscrit de l'*Essai de physiognomonie*, vers 1844/1845. Genève, Bibliothèque publique et universitaire, Ms. suppl. 1187

7. «L'instituteur des jeunes Crépin est présenté à Monsieur leur père», page de *Mr Crépin*, autographié chez Frutiger, Genève, 1837

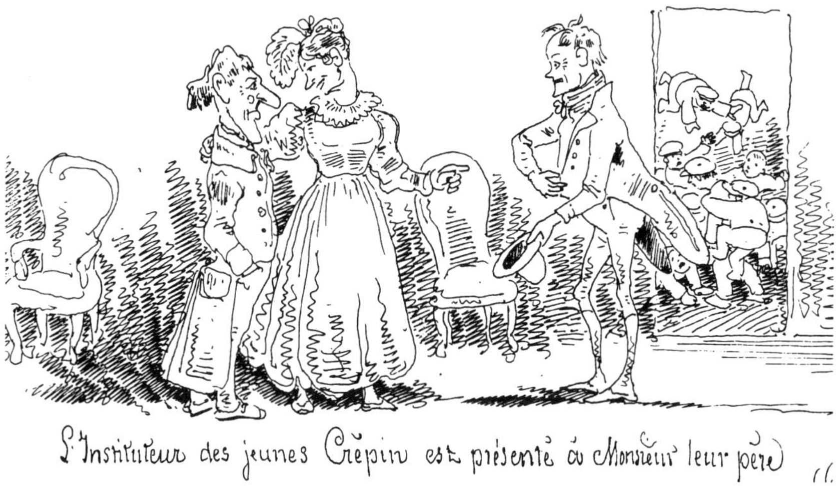

CRITIQUE DU MATÉRIALISME: LA PHRÉNOLOGIE

Le phrénologue Craniose, vers le milieu de l'histoire, offre ses services au père de famille et à ses onze enfants. Grand, maigre, élégant, le front fuyant et la mine enjôleuse, il séduit évidemment la maîtresse de maison qui «meurt d'envie d'être tâtée»[12]. Crépin malgré de furieuses résistances, lui qui juge cette science «immorale et matérialiste»[13], subit le même sort. L'analyse que Craniose donne de Crépin recoupe d'ailleurs celle de Töpffer dans son *Essai de physiognomonie:* «Il [Craniose] y trouve en troisième lieu une légère bosse d'entêtement qui combat une bosse de faiblesse, et, entre deux une bosse de jugement qui combat l'une et l'autre»[14].

Quelles sont les sources de Töpffer? Souvent associée à la physiognomonie de Johann Caspar Lavater, la phrénologie, on le sait, localise les facultés morales de l'individu dans la configuration de son crâne. Pseudo-science inventée par Franz Josef Gall (1758-1828) à la fin du XVIIIe siècle, puis diffusée avec l'aide de Johann Georg Spurzheim (1776-1832), elle connaît une fortune européenne attestée par des sociétés phrénologiques[15], des publications spécialisées, périodiques ou monographiques. Tout le monde en parle dans les années où Töpffer compose *Mr Crépin*. Nombreux sont d'ailleurs les érudits et surtout les caricaturistes qui s'en moquent depuis le début du XIXe siècle, tel le Suisse David Hess, Thomas Rowlandson, George Cruikshank ou Honoré Daumier. Mais comme l'ont montré les études littéraires de Baldensperger et surtout de Tytler dans son ouvrage *Physiognomy and the European Novel* (1982)[16], ce savoir, même critiqué, reste très largement utilisé dans le monde littéraire et artistique.

C'est peut-être un événement local qui a retenu l'attention de Töpffer sur cette pseudo-science. Le 9 janvier 1835, un dénommé Pierre-Marie-Alexandre Dumoutier, ex-répétiteur à la Faculté de Médecine de Paris, professeur d'anatomie et de phrénologie, conservateur des collections phrénologiques et membre titulaire de plusieurs sociétés savantes, publie à Genève, chez l'imprimeur Charles Gruaz, un prospectus annonçant un cours de phrénologie en vingt leçons pour vingt-cinq francs, cours qui se tiendra dans l'amphithéâtre du musée Rath[17]. Le contenu de cette annonce ne manque pas d'intérêt car, deux ans plus tard, l'histoire en estampes de Töpffer semble y répondre par la parodie. Plusieurs pages de *Mr Crépin* mettent en scène de telles conférences, annoncées à grand renfort de publicité et qui attirent les foules[18]. Dumoutier cherche justement à laver sa science du soupçon de matérialisme et d'immoralisme qui pèse sur elle, à l'instar de Craniose qui lance à un Crépin quelque peu sceptique: «La phrénologie, monsieur, la phrénologie est au contraire une science éminemment spiritualiste»[19]. De même, l'un et l'autre phrénologues s'efforcent d'étendre la validité de leur système, Dumoutier à la philanthropie, au rêve, à l'art ou

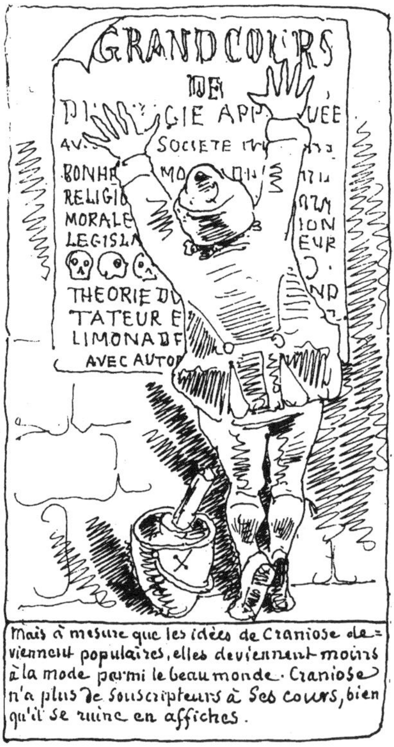

8. Annonce de la conférence de M. Craniose, détail d'une page de *Mr Crépin*, Genève, 1837

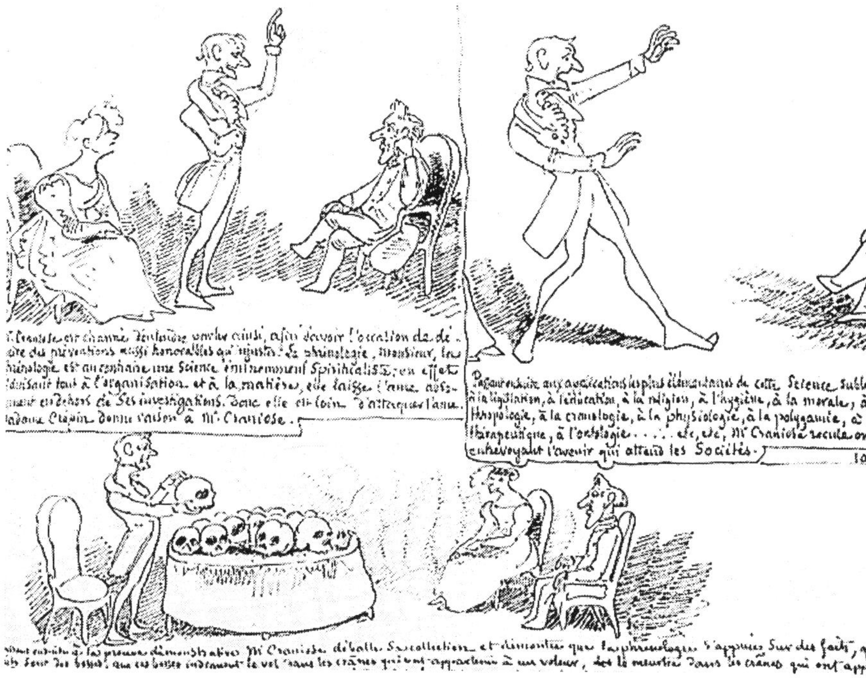

9. Démonstrations phrénologiques de M. Craniose, page de l'album original de *Mr Crépin,* 1837. Plume et encre brune. Genève, Musée d'art et d'histoire, Cabinet des dessins

à l'histoire naturelle, Craniose «à la législation, à l'éducation, à la religion, à la morale, à l'hygiène, à l'anthropologie, à la polygamie, à l'ontologie, ... etc., etc.»[20]

Dans l'histoire en estampes de 1837, Töpffer s'en prend avant tout au déterminisme moral et social qui découle de la phrénologie. Ainsi, à peine Craniose a-t-il reconnu la «bosse d'un sot moineau» sur la tête du jeune Gustave que l'enfant se conduit comme tel avec son père; et lorsque le petit Samuel, qui déteste le latin, pleure en apprenant qu'il a la bosse des langues, sa maman «demande pour lui une autre bosse»[21].

La critique du matérialisme phrénologique gagne en violence au fur et à mesure que les positions idéologiques de Töpffer s'affirment. Après la révolution radicale de novembre 1841, il annonce la parution de son recueil lithographique, intitulé *Essais d'autographie,* avec une ironie des plus cinglante à ce sujet:

> C'est donc ici de la physiognomonie transcendantale, une sorte de phrénologie supérieure, tendant à démontrer que la vertu tient à la forme du nez, et la bêtise à la courbure du menton: un de ces utiles systèmes comme on en invente aujourd'hui tous les six mois, dans le but exprès d'expliquer pourquoi les scélérats tuent leur prochain sans qu'il y ait de leur faute, et pourquoi les gens de bien les font pendre

> sans en avoir le droit; pourquoi, avec tel galbe de visage, on se ruine pour des causes populaires, et pourquoi, avec tel autre galbe on gagne de l'argent juste de quoi s'en faire un petit veau d'or.[22]

Puis il ajoute: «Si nous nous sommes laissé emporter un peu loin, à propos du matérialisme, c'est que le sujet est palpitant d'actualité, comme disent les gazettes, en leur style matérialiste aussi». Trois ans plus tard, en 1845, Töpffer vitupère la phrénologie au profit de la physiognomonie, qu'il juge plus idéale, et surtout à l'avantage de la pathognomonie, plus empirique – cet aspect de la science des expressions qui trouve également grâce aux yeux du principal détracteur de Lavater, Georg Christoph Lichtenberg (1742-1799)[23]. La proscription du matérialisme phrénologique résulte en définitive d'une philosophie, ou plutôt d'une idéologie politique et pédagogique. Töpffer craint en effet tout ce qui pourrait corrompre les masses populaires, ainsi qu'il l'écrit à Xavier de Maistre à propos du procédé photographique que Daguerre vient d'inventer:

> [...] j'en veux à l'idée admise aussitôt par le vulgaire que ce procédé enfonce l'art, idée matérialiste, et que, à ce titre, j'ai légèrement en abomination, comme tout ce qui contient implicitement le principe du matérialisme. C'est comme en phrénologie. Je n'en veux pas à tel savant qui étudie les bosses d'un pendu, quand même, en le voyant faire, je l'observe avec quelque défiance; mais j'en veux, eh bien à un Craniose, qui, avant de rien savoir, se hâte de systématiser la doctrine la plus matérialiste du monde, et de jeter dans les masses des idées qui, en raison même de leur clarté matérielle y font des ravages que cet animal là n'arrêtera pas.[24]

Puis il ajoute ces mots lourds de sens: «Au fond, j'honore Mr Crépin, et M^de^ Crépin, je ne peux la souffrir».

LE MÉPRIS DES SYSTÈMES: LA PÉDAGOGIE

L'enseignement est la véritable profession de Töpffer qui se qualifie avant tout de maître d'école et d'instituteur. Au moment où il publie *Mr Crépin,* l'auteur est connu à Genève en tant que directeur de pensionnat et professeur à l'Académie. Voici donc l'instituteur dressant une satire des instituteurs... Le procédé ne peut que sembler tendancieux, d'autant plus que le maître choisi par Crépin après tant de malheureuses expériences, ce maître qui s'appelle M. Bonnefoi, présente quelques ressemblances avec Töpffer lui-même. Le *Journal de Genève,* organe libéral opposé à la coterie académique dont Töpffer fait partie, ne rate pas l'occasion de relever cette collusion gênante:

> Jamais nous n'avons eu le courage de rire en ouvrant le portefeuille intitulé *M. Crépin.* [...] il est impossible en effet de voir autre chose dans ce portefeuille qu'une *réclame* industrielle, un véritable *puff* en faveur de M. Bonnefoi [...] il était facile de nous faire comprendre tout cela, disons-nous, sans traîner dans la boue des noms illustres qui valent bien celui de M. Bonnefoi et sans faire considérer comme de

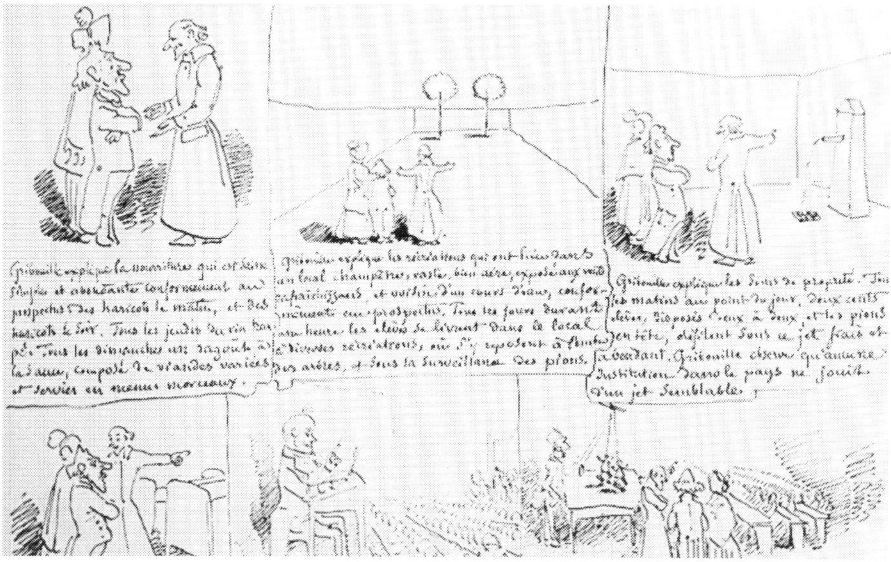

10. Les époux Crépin visitent l'institution de M. Gribouille, page de l'album original de *Mr Crépin,* 1837. Genève, Musée d'art et d'histoire, Cabinet des dessins

> vils charlatans tous ceux qui ont voué leur existence à une idée qu'ils croyaient juste et généreuse: le perfectionnement de la belle science de l'éducation.[25]

Depuis la Révolution française, tout ce qui touche à la question de l'instruction prend une tournure éminemment politique, comme le prouvent les polémiques qui accompagnent à Genève l'instauration de la *Loi sur les Ecoles primaires* du 8 mai 1835[26]. En apparence, *Mr Crépin* ne tient pas un discours d'ordre politique. L'album se présente plutôt comme un pamphlet des systèmes pédagogiques en général. La critique du dogmatisme des méthodes d'enseignement n'est d'ailleurs pas chose nouvelle. En 1828, Albertine Necker-de Saussure vient de dresser un tableau très négatif de ces théories exclusives et contradictoires dans un ouvrage que l'Académie française couronnera en 1839: *L'Education progressive, ou étude du cours de la vie.* Dans les années trente, Töpffer a lui-même lancé dans l'arène plusieurs articles parmi lesquels «Des adolescents de notre époque envisagés comme gros d'avenir» (1834) et «Du progrès dans ses rapports avec les petits bourgeois et les maîtres d'école», paru l'année suivante: des textes qui permettent de suivre le durcissement de la vision sociale et politique du professeur.

Mr Crépin est-il un album à clefs, comme le prétend le critique du *Journal de Genève* en évoquant des «noms illustres» traînés dans la boue? Qui donc reconnaître sous les traits de l'Instituteur dont le système est de procéder du général au particulier, de M. Bonichon qui étudie la physique dans les *Aventures de*

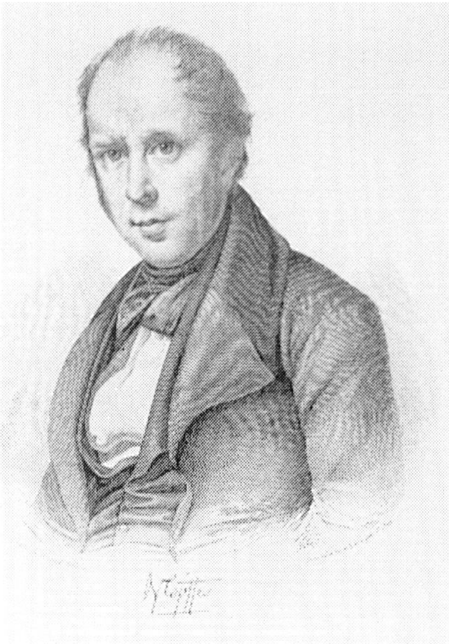

11. Portrait de Rodolphe Töpffer, dessin de C. Roth, lithographie de Schmid 21 x 17,2 cm. Extrait de l'*Almanach de Genève et de la Suisse française pour 1849*

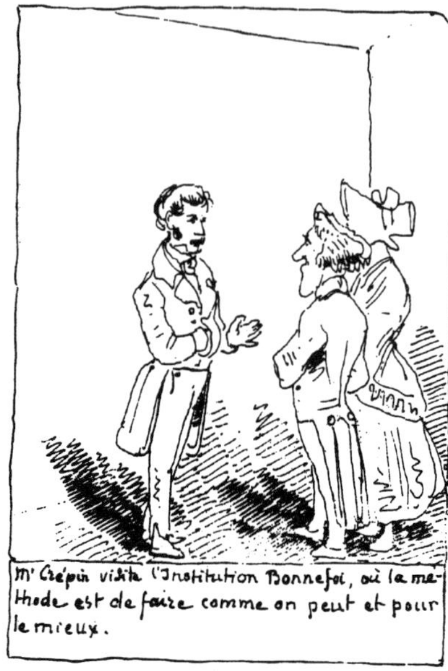

12. «Mr Crépin visite l'institution Bonnefoi...», détail d'une page de *Mr Crépin,* Genève, 1837

Télémaque, de M. Fadet qui s'emploie à réduire tous les chiffres en nombres fractionnaires, de M. Gribouille dont la méthode est fondée sur l'émulation, de l'institution Farcet dont le système est d'instruire en amusant, de l'institution Parpaillozzi, «où la méthode est de faire autrement qu'ailleurs», et enfin de M. Bonnefoi qui se donne pour tâche «de faire comme on peut et pour le mieux»?

Le nom de Parpaillozzi fait probablement allusion à Johann Heinrich Pestalozzi (1746-1826), le célèbre pédagogue d'Yverdon. Bonichon, quant à lui, est un adepte du système de Jean-Joseph Jacotot (1770-1840), qui repose sur un principe d'une redoutable logique, à savoir que «Tout est dans tout», avec comme corollaire «Rien n'est dans rien» – ce qui explique pourquoi Bonichon enseigne la physique à partir des *Aventures de Télémaque* de Fénelon. Comme l'indique Gisela Corleis[27], MM. Farcet et Gribouille sont les parodies de philanthropes qui utilisent l'émulation et le jeu à des fins pédagogiques. Dans une série de notes personnelles, inédites de son vivant, Töpffer n'avoue aucune animosité envers ces pédagogues:

> Méthode Hamilton, méthode Pestalozzi, méthode Jacotot et tant d'autres venues ou à venir, célèbres ou obscures, dont chacune tombe, meurt sans laisser de traces [...] sans avoir tenu une seule de ses promesses. Charlatans? Je ne le crois pas pour ma part. Il est dans la nature de l'instituteur de chercher des méthodes [...].[28]

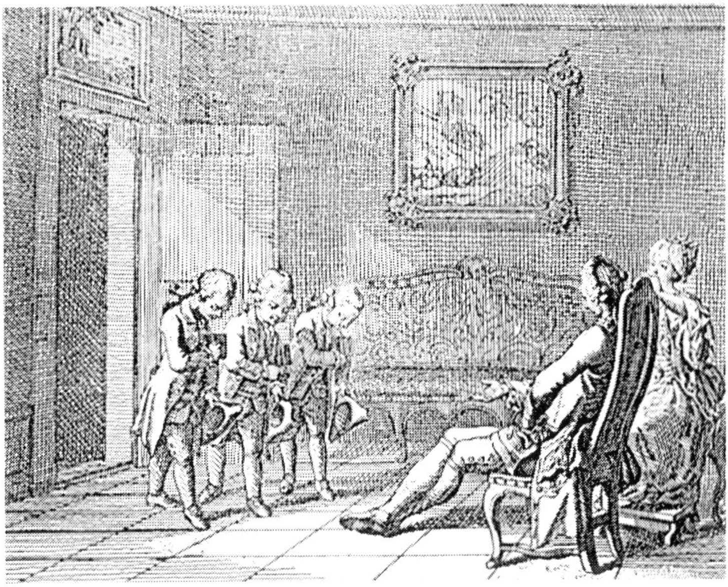

13. Daniel-Nicolas Chodowiecki, eau-forte extraite du *Manuel élémentaire d'éducation,* Berlin, Dessau, 1774

14. Fadet enseigne les règles de l'urbanité française aux jeunes Crépin, détail d'une page de l'album original de *Mr Crépin,* 1837. Plume et encre brune. Genève, Musée d'art et d'histoire, Cabinet des dessins

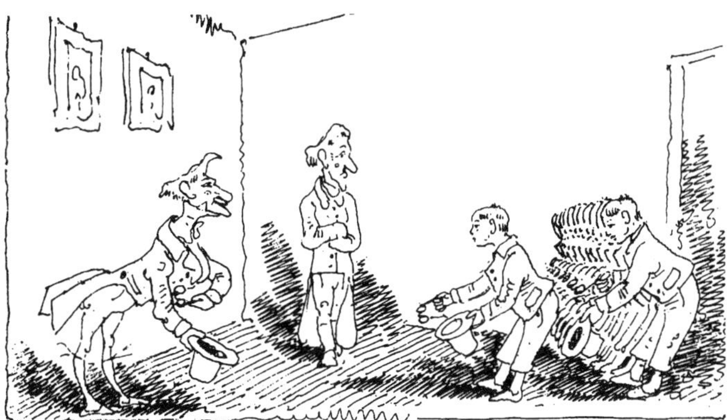

Le professeur genevois connaît donc parfaitement cette littérature pédagogique qui abonde depuis le début du XIXe siècle. Il la connaît, s'en inspire peut-être, mais refuse de se soumettre à une méthode particulière, au nom d'un empirisme fondamental, d'un pragmatisme viscéral. Voilà pourquoi, en 1845, lorsqu'il remet les clefs de sa pension à Jacques Adert, il adresse à son successeur les recommandations suivantes: «En fait de surveillance, confier peu à d'autres, vivre avec les élèves, voir, flairer, palper par soi-même. [...] En fait d'instruction, se défier des méthodes trop spéciales; se mesurer toujours à l'instruction publique»[29]. En cela Töpffer ressemble à s'y méprendre à l'instituteur Bonnefoi qui ne cherche qu'à faire pour le mieux.

Les méthodes de Pestalozzi, Fellenberg, Jacotot, et de tant d'autres comme le père Girard de Fribourg, ont un point commun, qui n'est pas pour plaire à un Genevois conservateur. Dans leur principe, ces systèmes sont libéraux ou républicains, au sens où, en s'attachant à l'éducation des classes populaires, en leur donnant une conscience et une culture supérieures à leur état, ils présentent une menace pour la stabilité de l'ordre social. Pestalozzi, lui qui, lors de l'invasion de la Suisse par les troupes françaises, en 1798, plante un arbre de la liberté à Brugg, est le partisan avoué de réformes sociales. Et l'on imagine les réactions mitigées de Töpffer à la lecture de l'ouvrage de Jacotot intitulé *L'Enseignement universel*, ouvrage qui préconise l'émancipation des enfants par leur père pour combattre «le préjugé de l'inégalité des intelligences»[30]. Tous ces pédagogues se donnent comme objectif plus ou moins avoué de compenser l'injustice sociale en démocratisant l'accès au savoir. Pour Töpffer, chef d'un institut qui, en fait, ne s'adresse qu'aux enfants des élites, pour un professeur convaincu de la réalité des «inégalités naturelles», ces divers systèmes d'éducation sont les ferments du progrès: ce progrès qu'il déteste tant depuis la seconde moitié des années 1830, car il met en péril la stabilité des institutions dont il compare les rouages à la perfection des mouvements d'horlogerie.

On aurait toutefois tort de voir en Töpffer un aristocrate nostalgique des privilèges de l'Ancien Régime. Tout en défendant les hiérarchies politiques existantes, il ne refuse pas l'idée de mobilité sociale. A ce propos, il faudrait d'ailleurs introduire de subtils distinguos entre position politique et conceptions idéologiques. En tant que petit-fils d'immigré, en tant que jeune homme issu de la petite bourgeoisie, Töpffer serait en effet fort mal venu de nier la possibilité de gravir les échelons de la société, lui qui a pu rejoindre les élites de la Cité. C'est pourquoi l'idée de la mobilité à l'intérieur du système se met en place dans les écrits du Genevois dès 1835, notamment dans sa philippique en faveur du maintien du latin dans l'enseignement. Car selon le professeur d'Académie, cette langue classique «favorise l'émancipation intellectuelle du plus grand nombre» en donnant accès «aux carrières élevées où aboutit le latin»[31]. Et Töpffer de poursuivre en vouant aux gémonies

> tous les radicaux qui veulent l'émancipation des peuples par la diffusion des lumières, tous les ultrà qui veulent l'asservissement du peuple par l'ignorance; tous ceux qui vivent de méthodes abréviatives, expéditives, universelles, pittoresques, d'encre en poudre, de plumes de fer, de mnémotechnie, de sténographie, de manuels, de prospectus, de clysoirs, de bouillie ou d'autre chose...[32]

POLITIQUE ET ESTHÉTIQUE: LES INÉGALITÉS ET LE PITTORESQUE

Rappelons l'affirmation de l'auteur, à l'origine de cette étude: «Crépin offre un type de caricature philosophique». La satire du matérialisme phrénologique et du dogmatisme pédagogique dans cette histoire en estampes de 1837 traduit, nous l'avons vu, une philosophie morale et politique. Or, à mon sens, chez Töpffer, la pédagogie, l'éthique et la politique sont fondées sur l'esthétique – un fait que l'on peut illustrer à l'aide de *Mr Crépin*. Dans toute une série de scènes très significatives, l'instituteur Farcet enseigne les règles de l'urbanité française aux enfants dudit Crépin. L'application simultanée et mécanique de la règle démontre les artifices et l'absurdité de ce type de comportements convenus. Pour accentuer la démonstration, Töpffer utilise deux principes de rhétorique visuelle exposés dans son *Essai de physiognomonie*, soit l'ellipse et l'hyperbole. A un deuxième niveau, cette critique apparemment générale des règles pourrait également viser l'œuvre du philanthrope allemand Johann Bernhard Basedow (1723-1790), traduit en français dans les années 1770. L'alignement des rejetons Crépin semble parodier certaines illustrations de Chodowiecki pour le *Manuel élémentaire d'éducation* de Basedow, illustrations qui présentent des enfants se pliant aux exigences de l'urbanité.

Enfin, à un troisième niveau, ne pourrait-on voir dans les scènes de *Mr Crépin* une satire indirecte de l'esthétique néo-classique tant abhorrée par Töpffer, car elle est justement le fait d'une école obéissant aveuglément à des règles et à des procédés? L'on songe ici à la diffusion de l'œuvre de John Flaxman, que Töpffer

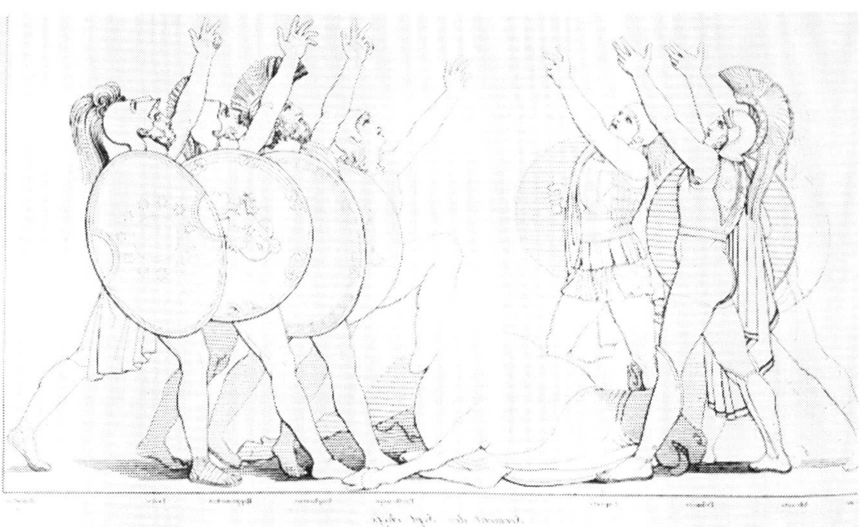

15. *Les sept chefs devant Thèbes,* taille-douce de Reveil d'après John Flaxman, extrait des *Tragédies d'Eschyle,* Paris, 1836

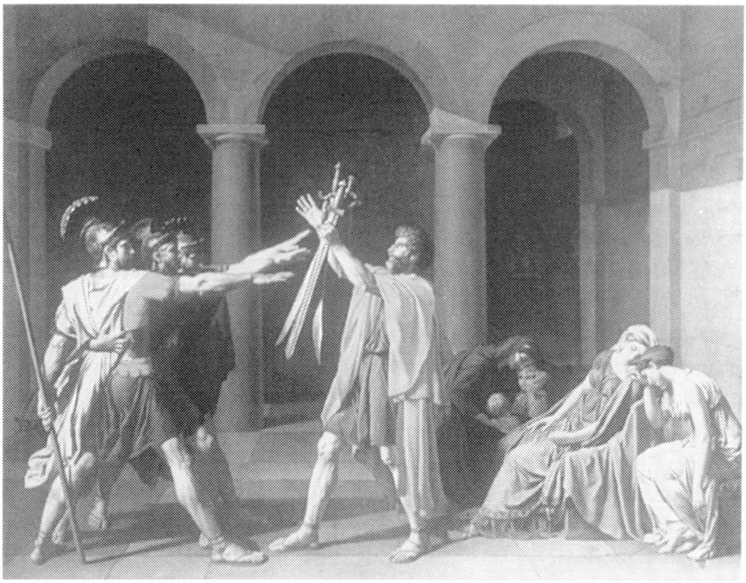

16. Jacques-Louis David, *Le serment des Horaces,* 1784, huile sur toile, 330 x 425 cm. Paris, Musée du Louvre

connaissait à coup sûr, ou mieux encore, à la peinture d'histoire de Jacques-Louis David, et notamment au fameux tableau des Horaces, que le jeune Rodolphe avait vu au palais du Luxembourg, lors de son séjour parisien. En effet, le premier pamphlet, le premier texte de critique d'art de Töpffer, intitulé l'*Idée de Pierre Gétroz marguillier de l'église paroissiale de Mont-Bovon sur l'exposition de tableaux de Genève en l'an de grâce 1826,* se moquait de ces «héros du grand opéra», de leur «affectation», avant de lancer: «c'est au peintre à sçavoir son affaire; mais il ne peut m'aligner les trois Horaces au cordeau sans que ça me paroisse ridicule, en dépit et aussi à cause de ceux qui me crient que c'est là une belle simplicité [un coup d'épée dirigé contre Winckelmann, l'artisan du renouveau néo-classique]. Par tous les saints, ne seroit-ce pas plus simple de ne pas commencer par se mettre en ligne pour jurer, ou bien les trois fils d'Horace se tenoient-ils toujours ainsi alignés?»[33] La critique du néo-classicisme resurgit en 1835, dans un opuscule qui deviendra le livre troisième des *Réflexions et menus propos,* où Töpffer s'en prend à l'école de David dont l'art est trop «uniforme»[34].

En fait, la réflexion töpffliérienne sur la pédagogie se fonde sur la question de l'instruction artistique. C'est dans le livre premier des *Réflexions et menus propos d'un peintre genevois,* publié sous forme d'opuscule dès 1833, qu'il accuse pour la première fois les méfaits du progrès, de l'industrialisation, de la mécanisation, autant de termes qui renvoient, dans le domaine de l'esthétique, à la notion clef de *procédé*[35]. C'est dans ce même texte de 1833 que Töpffer dénonce les maîtres et les méthodes, «la manière et l'uniformité, classées, enrégimentées au grand détriment de l'art»[36]. Il est un autre indice qui révèle combien le pédagogique se modèle sur l'esthétique. En 1826, Töpffer répond de manière anonyme à son propre pamphlet. L'article intitulé «Sur l'idée de Pierre Gétroz» décrit en effet les déboires d'un père qui donne à ses enfants divers maîtres de dessin pratiquant des méthodes exclusives. Le père exaspéré renvoie ces pédagogues et conclut sa lettre ouverte au *Journal de Genève* en ces termes: «détestant également tous les systèmes absolus, je ne vise qu'à prendre mon plaisir où je le trouve»[37]. Une dizaine d'années plus tard, Crépin devient son homologue en répétant la même expérience pédagogique.

Marie Alamir-Paillard a clairement montré l'amalgame entre critique d'art et engagement politique[38]. S'il est juste de parler d'amalgame à propos de la critique d'art, la notion d'*homologie* entre discours artistique et politique me semble plus adéquate dans le domaine de l'esthétique töpfférienne. A mon sens, un réseau d'homologies, d'équivalences lexicales et sémantiques traverse les réflexions pédagogiques, politiques et esthétiques de Töpffer. Ainsi, en pédagogie le rejet des méthodes est équivalent, en esthétique, au mépris des procédés, des recettes d'atelier. De même, le dégoût des systèmes et la critique de l'uniformité sont les dénominateurs communs, des isotopies[39] des discours pédagogique, politique et esthétique.

D'un point de vue historique et biographique, la priorité et le primat de l'esthétique sont une constante dans l'œuvre de Töpffer qui a véritablement modelé sa pensée pédagogique et politique sur la base de catégories artistiques.

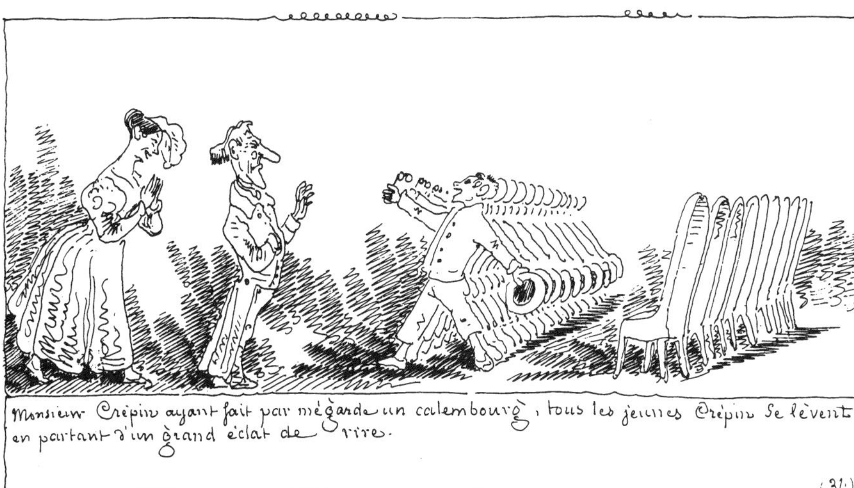

17. «...tous les jeunes Crépin se lèvent en partant d'un grand éclat de rire», page de *Mr Crépin,* Genève, 1837

Rodolphe voulait être peintre: il l'est resté dans l'âme. En pédagogie, le rejet de l'application mécanique des préceptes, et, en politique, la valorisation des inégalités naturelles, qui sont dans la *nature* de la société, semblent autant de variations et d'extensions de son goût pour le pittoresque, ennemi de l'égalité et de l'uniformité visuelle. Töpffer est pour un certain pittoresque pédagogique, un certain pittoresque social et un certain pittoresque politique.

Voilà pourquoi, triste ironie du sort, l'on serait tenté de vérifier sur l'œuvre et la vie du professeur genevois la redoutable maxime de la méthode Jacotot, à savoir que «Tout est dans tout»...

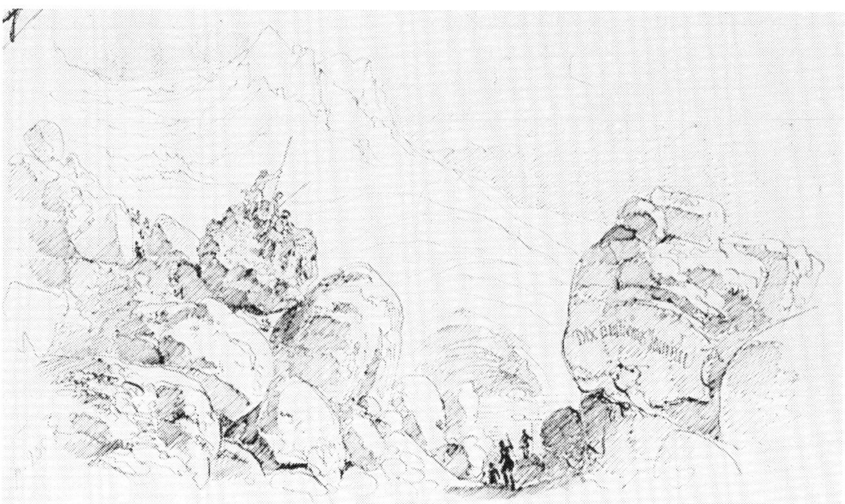

18. Croquis pour le frontispice de la dix-huitième journée du *Voyage autour du Mont-Blanc*. Plume et encre brune, 11 x 18 cm. Genève, Musée d'art et d'histoire, Cabinet des dessins

NOTES

1 Manuela MASCHIETTO, «Catalogue raisonné des œuvres originales de Rodolphe Töpffer dans les collections privées genevoises«, *Genava*, n.s., t. IX, 1961, nos 55, 329, 332-352
2 Repris dans les *Voyages en zigzag*, Paris, Dubochet, 1844, p. 236
3 *Ibid.*
4 Lettre du 22. 6. 1845, Genève, BPU, Ms. suppl. 1644, fol. 126
5 Lettre du 16. 11. 1846, Genève, BPU, Ms. suppl. 1644, fol. 212
6 Lettre du 17. 11. 1843, Genève, BPU, Ms. suppl. 1644, fol. 76
7 Lettre du 21. 11. 1839, dans *Un bouquet de lettres de Rodolphe Töpffer*, éd. par Léopold GAUTIER, Lausanne, Payot, 1974, p. 94
8 Lettre du 3. 3. 1842, Genève, coll. particulière
9 *Bulletin bibliographique et littéraire publié par la librairie d'Ab. Cherbuliez*, Paris, Genève, Cherbuliez, 1839, p. 138
10 *Essai de physiognomonie*, 1845, p. 14 (retranscrit dans: *Töpffer. L'invention de la bande dessinée*, textes réunis et présentés par Thierry GROENSTEEN et Benoît PEETERS, Paris, Hermann, 1994, p. 201)
11 *Essai de physiognomonie*, 1845, pp. 25-26 (*ibid.*, p. 214)
12 *Mr Crépin*, autographié chez Frutiger, Genève, 1837, p. 50
13 *Ibid.*, p. 51
14 *Ibid.*, p. 57
15 En 1832, la Grande-Bretagne ne compte pas moins de 29 sociétés de ce types (selon Alexander MACLISTER, «Phrenology», *The Encyclopedia Britannica*, vol. XXI, Londres, New York, 1911, p. 536)
16 Fernand BALDENSPERGER, «Les théories de Lavater dans la littérature française», *Etudes d'histoire littéraire*, Paris, Hachette, 1910, pp. 51-91; Graeme TYTLER, *Physiognomy and the European Novel: Faces and Fortunes*, Princeton, Princeton University Press, 1982
17 Etienne BURGY, *Les sources imprimées de la Restauration genevoise*, Société d'histoire et d'archéologie de Genève, 1998, n° 2708
18 *Mr Crépin, op. cit.*, pp. 69, 70, 80, 86
19 *Ibid.*, p. 52
20 *Ibid.*
21 *Ibid.*, p. 62
22 *Essais d'autographie, par R.T.*, autographié chez Schmidt, Genève, 1842
23 Il est très probable que Töpffer s'est inspiré des écrits de Lichtenberg dirigés contre la physiognomonie lavatérienne, au nom de l'empirisme. *L'art de connaître les hommes par la physionomie* (1806-1809), l'édition française augmentée de l'ouvrage du pasteur zurichois réalisée par Moreau de la Sarthe, contenait les textes du professeur allemand.
24 Lettre du 21. 11. 1839, dans *Un bouquet de lettres, op. cit.*, p. 94
25 «Feuilleton. Publications nouvelles. Trad. En prose des aventures du docteur *Festus* par l'auteur de M. *Vieux Bois*, M. *Jabot*, M. *Crépin*, M. *Pencil*, etc.», article non signé, *Journal de Genève*, 17. 9. 1840
26 Voir le riche travail de Gabriel MÜTZENBERG, *Education et instruction à Genève autour de 1830*, Lausanne, Editions du Grand-Pont, 1974
27 Gisela CORLEIS, *Die Bildergeschichten des genfers Zeichners Rodolphe Töpffer (1799-1846). Ein Beitrag zur Entstehung der Bildergeschichte im 19. Jahrhundert*, Francfort, Suhrkamp, 1979
28 «[Histoire de Sébastien Brodbec] Brouillons et plans», Genève, BPU, Ms. suppl. 1256
29 «Notes pour M. Adert», 1845, Genève, BPU, Ms. suppl. 1223

30 Jean-Joseph JACOTOT, *Enseignement universel. Langue maternelle,* Paris, Au bureau de l'émancipation intellectuelle, 1829, p. XLI
31 «Du progrès dans ses rapports avec le petit bourgeois» (1835), dans: *Mélanges,* Paris, Cherbuliez, 1852, p. 163
32 *Ibid.*, p. 165
33 «Idée de Pierre Gétroz marguillier de l'église paroissiale de Mont-Bovon sur l'exposition de tableaux de Genève en l'an de grâce 1826», dans: *Œuvres complètes de Rodolphe Töpffer. Mélanges sur les beaux-arts,* t. I, Genève, Cailler, 1953, p. 11
34 Repris dans: *Réflexions et menus propos d'un peintre genevois ou Essai sur le Beau dans les arts,* Paris, Dubochet, 1848, Livre III, chap. IX
35 *Ibid.,* Livre I, chap. VII
36 *Ibid.,* Livre I, chap. XV
37 «Sur l'idée de Pierre Gétroz», *Œuvres complètes..., op. cit.,* pp. 24-26
38 «Rodolphe Töpffer critique d'art, 1826-1846. De la subversion à la réaction», *Töpffer,* sous la direction de Daniel MAGGETTI, Genève, Skira, 1996, pp. 67-132
39 Algirdas Julien GREIMAS, *Sémantique structurale: recherche de méthode,* Paris, Larousse, 1966, p. 69 sq.

CRÉDIT PHOTOGRAPHIQUE

Prises de vues de l'auteur

L'*HISTOIRE D'ALBERT* DE 1845 RÉFLEXIONS SÉMIOTIQUES ET IDÉOLOGIQUES

par Walter Lindner

Der Kunstgegenstand [...] schafft ein kunstsinniges und schönheitsgenussfähiges Publikum. Die Produktion produziert daher nicht nur einen Gegenstand für das Subjekt, sondern auch ein Subjekt für den Gegenstand.

Karl Marx, *Grundrisse der Kritik der politischen Ökonomie,* 1858

Alle Versuche, die Literatur in Bildern von Rodolphe Töpffer gattungsspezifisch einzuordnen, unterlagen bislang dem Problem, sie ausschliesslich aus der gegenwärtigen Wahrnehmung (Töpffer als «Vater der Comics») zu betrachten oder sie in festgefügte Kategorien (Töpffer als Biedermeier oder Rokoko-Künstler) einzuordnen.

Die *Histoire d'Albert* (1845) nimmt zweifellos innerhalb der gesamten Reihe der gezeichneten Alben Töpffers eine Sonderstellung ein. Das Zusammentreffen mit der theoretischen Reflexion des Erzählens in Bildern im *Essai de physiognomonie* (ebenfalls 1845) fordert geradezu heraus, die Aktualität und Dimension töpfferischer Bildsprache als Wechselbeziehung zwischen einer veränderten Wahrnehmung in der ersten Hälfte des XIX. Jahrhunderts und der Einflussnahme Töpffers auf die Veränderung von Wahrnehmung in der Folgezeit zu verstehen. Dazu sollen vier Thesen dienen, ausgehend und konkretisiert an der *Histoire d'Albert* von 1845.

ERSTE THESE

Mit dem erzählerischen Zickzack und der Fortführung Sterne-schen Literaturmethode in den bisherigen Alben stiess Rodolphe Töpffer auf eine gewisse Grenze, die sich als Gefahr aufkommender Banalität charakterisieren lässt. Neue Methoden gegenüber den bisherigen finden gerade in der Histoire d'Albert *ihren Niederschlag.*

Geläufig ist uns die Methode Töpffers, durch eine scheinbare Willkür der Handlung, durch Burleske, durch Wiederholungen eine lineare Erzählstruktur zu vermeiden, die als Grundlage einer Banalität in Kunst und Literatur zu beobachten ist. Aber die von ihm praktizierten Strukturen bargen wiederum die Gefahr der Gewöhnung an das Ungewöhnliche. Sternes Zickzackmodell (fig. 1) bildete

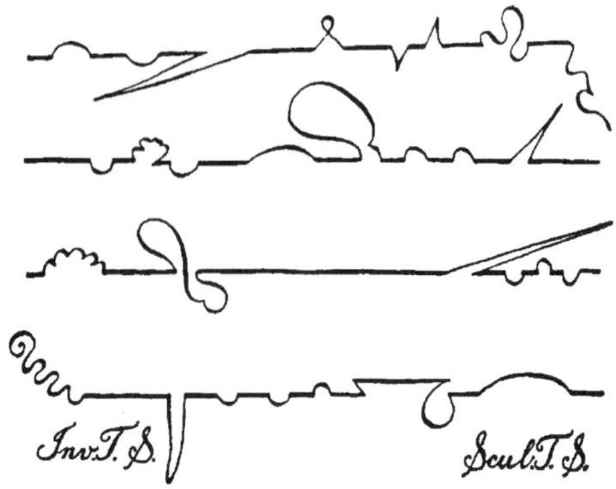

Das waren die vier Linien, auf denen ich mich durch meinen ersten, zweiten, dritten und vierten Band bewegte. Im fünften Band habe ich mich sehr gut aufgeführt. Die genaue Linie, die ich in demselben beschrieben habe, sieht so aus:

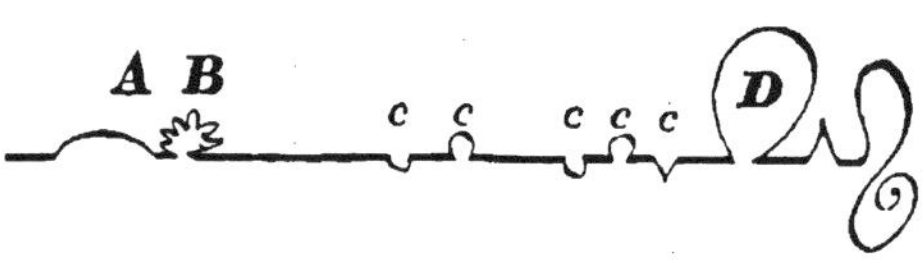

1. L. Sterne, *Das Leben und die Meinungen des Tristram Shandy* (1760), München 1963, p. 475

für Töpffer gewissermassen die Leitlinie. War er sich doch des ausserordentlichen Reizes bewusst, den John Locke schon 1690 in seinem *Essay concerning Human Understanding* über die Ideen-Assoziation entdeckte: «Ideas, that in themselves are not all of kind, come to be so united in some men's minds that it is very hard to separate them, they always keep in company»[1].

Die Szene aus der *Histoire de Jacques* von 1844 mit ihren versetzten und sich steigernden Wiederholungen markiert Übergänge zu «filmischen» Methoden und manifestiert gegenüber den bisherigen Alben eine *erste neue Erscheinungs-* und Organisationsform des Erzählens in Bildern. Das Spannungsfeld zwischen Interessantheit und Banalität, heute schlichtweg mit Redundanz umschrieben, wird in der ersten Hälfte des XIX. Jahrhunderts in besonderer Weise durch die Einführung von Bewegung und Geschwindigkeit in die Wahrnehmung und Darstellung beeinflusst (fig. 2). Die aufkommende Kurzlebigkeit seiner Zeit kritisierend, in der die in seiner Heimatstadt hergestellte Taschenuhr nicht unbedeutend war, geisselt Töpffer in seiner Schrift «Du progrès» (1835) die aufkommende Einförmigkeit der Bewegung, als hätte er die heutigen Schnellbahn-Trassen vor Augen gehabt und umschreibt sie als «le pittoresque industriel». Die Gewöhnung an den schnellen Ortswechsel und die daraus resultierende notwendig selektive Sichtweise stellte neue Anforderungen an die Wahrnehmung. War töpfferisches Reisen im Zickzack noch mit einer individuellen Sichtweise verknüpft, so forderten die mechanisierten Bewegungsformen eine auf Wesentliches konzentrierte Wahrnehmung heraus. Da beides bei ihm zugleich auftritt, ist Töpffer wohl eher «ein Produkt des Übergangs». Ich halte diese Charakterisierung für zutreffender als die von David Kunzle, der die töpfferische Methode als «preindustrial concept of narrative»[2] bezeichnet. Obgleich Töpffer der Technik mit äusserster Skepsis begegnete, konnte er, der Zeichner der schnellen Feder, sich der Faszination dieser neuen Elemente nicht entziehen. Verschämt schreibt er im Mai 1838 an Monvert: «Vous me parlez de mes feuilles sur le progrès: croiriez-vous qu'ils m'ont fait acheter des chemins de fer!! Ne le dites à personne qu'aux échos»[3].

Der gemässigten Form des 1823 in Genf eingeführten Dampfschiffes durchaus angenehme Seiten abgewinnend, war Töpffer mit seinen Pensionatszöglingen kein seltener Gast auf diesen Dampfungetümen (fig. 3). Und der Radkasten dieses Dampfschiffes übte durchaus den Reiz des Ästhetischen auf den sonst technikverschmähenden Zeichner aus. Dass der Technik zuweilen Grenzen gesetzt sind, bereitet ihm sichtliches Vergnügen, die explodierende Form der Bewegung als dramatisches Element in die *Geschichte des Docteur Festus* einzubauen. Eine grössere Bewusstheit im Umgang mit Bewegung ist nicht nur das Ergebnis technischer Veränderungen. Die sich verändernde Wahrnehmung wirkt auf eine neu strukturierte Gestaltung. In einer Karikatur «London leaves the City» von George Cruikshank aus dem Jahre 1829 kommt das Fliegen der Steine noch

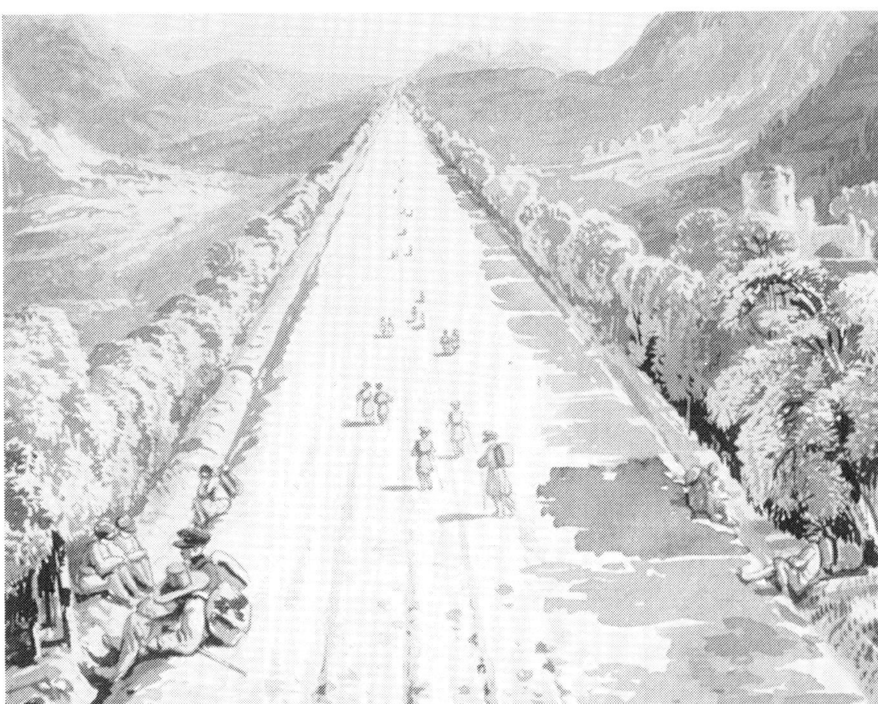

2. Rodolphe Töpffer, album de l'*Excursion dans les Alpes,* 1832. Genève, Cabinet des dessins du Musée d'art et d'histoire

durch Reihung der Gegenstände zum Ausdruck (fig. 4). Hingegen ist der sich bewegende Windmühlenflügel in der ebenfalls 1829 entstandenen Zeichnung aus der *Geschichte des Docteur Festus* in seiner neuen Form auf die wiederholt erfolgte Beobachtung sich verwischender Speichen eines rotierenden Wagenrads zurückzuführen. Das Bemerkenswerte dabei ist, dass Töpffer eine Alltagserfahrung in eine Darstellung verwandelt, die in dieser Form wenige Vorgänger findet (vergleiche: Velasquez, Hilanderas, 1660).

Ein wichtiger Aspekt, der für die Überwindung bestimmter erzählerischer Banalitäten nicht unbedeutend war, ist wohl auch im Absatz der Bilderalben zu suchen. Wie aus Rodolphes buchhalterisch penibel geführten Notizen aus den Jahren 1842-1844 hervorgeht, gestalteten sich Absatz und Verkaufserlös der Alben relativ einträglich. Damit markiert sich auch bei ihm ein Übergang von der individuellen Produktion privater Alben hin zu einer schon fast industriellen Edition, sichtbar in der Holzschnittfassung des *Monsieur Cryptogame* (1845) von Cham.

ZWEITE THESE

Die in der Histoire d'Albert *spürbare Verunsicherung Rodolphe Töpffers begründet sich in der Notwendigkeit einer gezielteren Erzählstruktur für die Vermittlung des ideologischen Gehalts dieser Geschichte.*

Im Gegensatz zu den bisherigen Helden seiner Bilderalben wählt Töpffer für die Figur des Albert ein real existierendes Vorbild: James Fazy. Aus dem schon 1841-1842 in Genf mit Fazy ausgetragenen Konflikt geht der konservative Töpffer als eindeutiger Verlierer hervor. Die nun herausgeforderte Revanche wird in fiktiver Form im Album der *Histoire d'Albert* nachgeholt. Rodolphe vermeidet die unmittelbare Anspielung auf die Person Fazys (1794-1878). Allerdings signalisert er in den Pointen gegen wen die spitze Feder gezückt wird. Vor allem der Text unter den Bildern erschliesst die Vielfalt seiner Kritik. Dass Rodolphe noch 1844 die Mazzini-Geschichte von 1832 in die *Histoire d'Albert* einflechtet, zeigt, dass ihm eine vorbehaltslose Verarbeitung seiner Epoche äusserst schwer fällt. Ist diese Zeit doch selbst raschen Veränderungen unterworfen und noch ohne Profil. Die Kœxistenz konservativer und liberaler Strömungen, dazu noch im ständigen wechselseitigen Übergang, entspricht wohl mehr einem Gährungsprozess als dem oft skizzierten Bild zweier starrer und kontroverser Formen. Und in Töpffers ideologischer Einstellung selbst manifestiert sich ein gegenläufiger Übergang von der Verurteilung der Restauration. Dafür spricht diese Karikatur, zudem die getilgten Kritiken in seiner «Petite adresse à mes concitoyens» von 1834 (er schreibt: «Je déteste Charles-Albert, Metternich et Nicolas»), über die Verunsicherung in seiner Haltung zu den in Genf lebenden politischen Emigranten («L'affaire des Polonais», 1834), bis hin zur offenen Verurteilung des Liberalismus (1841-1842).

Friedrich Engels hat diese Situation treffend als die «Krise der Ideale der Aufklärung» bezeichnet. So bemerkt er in seiner Schrift *Anti-Dühring* von 1883:

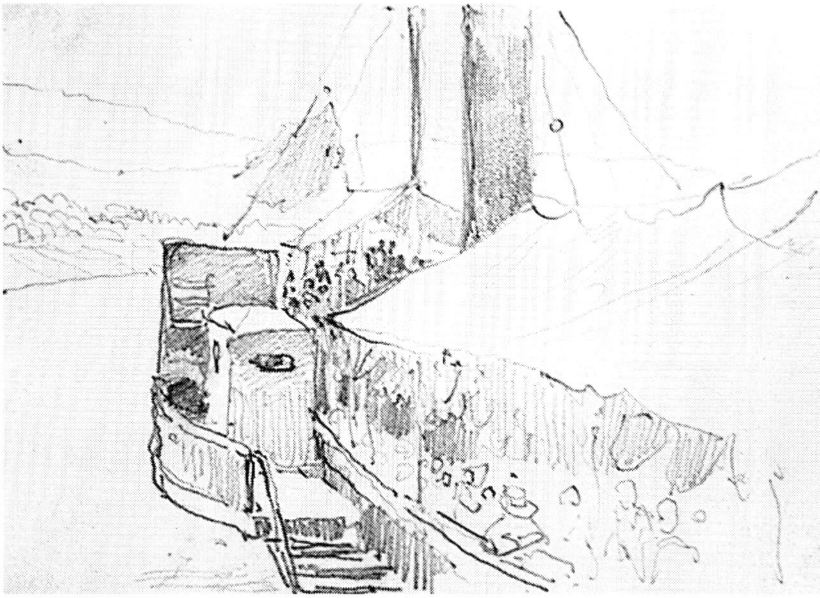

3. Rodolphe Töpffer, carnet du *Voyage de 1838*. Genève, Cabinet des dessins du Musée d'art et d'histoire

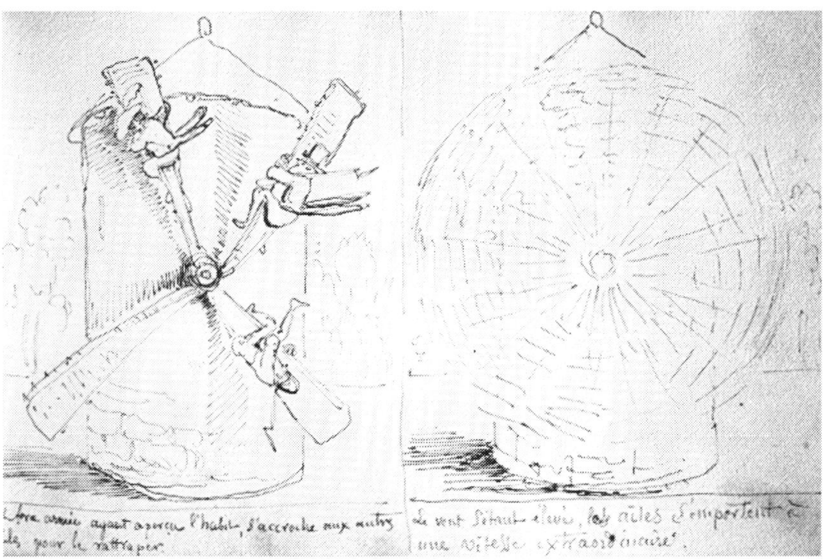

4. Rodolphe Töpffer, album manuscrit du *Docteur Festus,* 1829, p. 121. Genève, Cabinet des dessins du Musée d'art et d'histoire

«Der Vernunftstaat war vollständig in die Brüche gegangen... Verglichen mit den prunkhaften Verheissungen der Aufklärer, erwiesen sich die durch den "Sieg der Vernunft" hergestellten gesellschaftlichen und politischen Einrichtungen als bitter enttäuschende Zerrbilder»[4].

Rodolphe blieb es bei aller Lebendigkeit seiner Beobachtungsgabe versagt, neue und für ihn fremd anmutende Entwicklungen auf ihre Ursachen zurückzuführen. In der Unterstadt, vor allem im Saint-Gervais-Viertel wuchs eine neue Schicht von Menschen heran. 1828 waren in Genf 5000 Beschäftige bei 114 Fabrikanten und Händlern registriert[5]. In der Uhrenindustrie, «la Fabrique», erwarben sie nicht nur spezielle handwerkliche Fähigkeiten, sondern erhoben zugleich auch intellektuell politische Ansprüche, die in ihrer Infragestellung bisheriger Traditionen Rodolphe eher befremdeten. Er, der Oberstädter, mit dem Blick nach oben, hielt immer noch an den Idealen eines Rousseau und calvinistischer Grundfesten fest, ohne zu merken, dass die neue Schicht der Industriellen eben diese Fundamente in ihrer Gewinnsucht untergruben. Dass die Massen zunehmend in den Prozess der Geschichte einzugreifen begannen, empfand Rodolphe regelrecht als unheimlich und bedrohlich, wobei er den am 7. Oktober 1846 in Genf erfolgreich stattfinden Aufstand und die Veränderung der Stadtverfassung nicht mehr miterleben konnte.

DRITTE THESE

Der scheinbare Verlust an Spontaneität gegenüber den vorigen Alben in der Histoire d'Albert geht einher mit dem ersten Versuch einer bewussten Regie-Tätigkeit bei der Gestaltung der Histoire de Jacques (1844).

(fig. 5) Erst eine unmittelbare Inanscheinnahme der *Histoire de Jacques,* des Skizzenalbums für die *Histoire d'Albert,* legt Methoden offen, die sonst in den töpfferischen Skizzenalben nur äusserst selten anzutreffen sind. Laufende Korrekturen auf bis zu zwei übereinanderliegenden, häufig aufgeklebten, Papierschichten durchziehen das Album. Mitunter entspricht selbst die oberste Schicht nicht der autografierten Fassung von 1845. Macht man sich die Mühe, die Überklebungen etwas anzuheben, worüber die Konservatoren nicht gerade erfreut sind, treten folgende Erzählformen Töpffers zutage.

Die Darstellung unterschiedlicher Erziehungsmethoden von Vater und Mutter ist in ihrer Simultanität nicht nur schwer zu erfassen, sie erzeugt auch nicht die gewünschte Spannung. In der Notiz über dem Entwurf empfiehlt er, daraus zwei Szenen zu machen und den Gesichtsausdruck der Mutter dem Inhalt anzupassen. Er schreibt dazu im *Essai de physiognomonie:* «On trouve la scène qui a précédé celle-là, on invente ce qui doit suivre, et l'on est sur la voie de composer une histoire en estampes»[6]. In Anlehnung an die Ideenassoziation von Locke könnte man diese *zweite Neuerung* als Experiment mit der induktiven Methoden und montierenden Bildsprache bezeichnen. Ein in der Genfer Bibliothek befindlicher Kupferstich von Argaud aus dem Jahre 1779 enthält im Sockel des

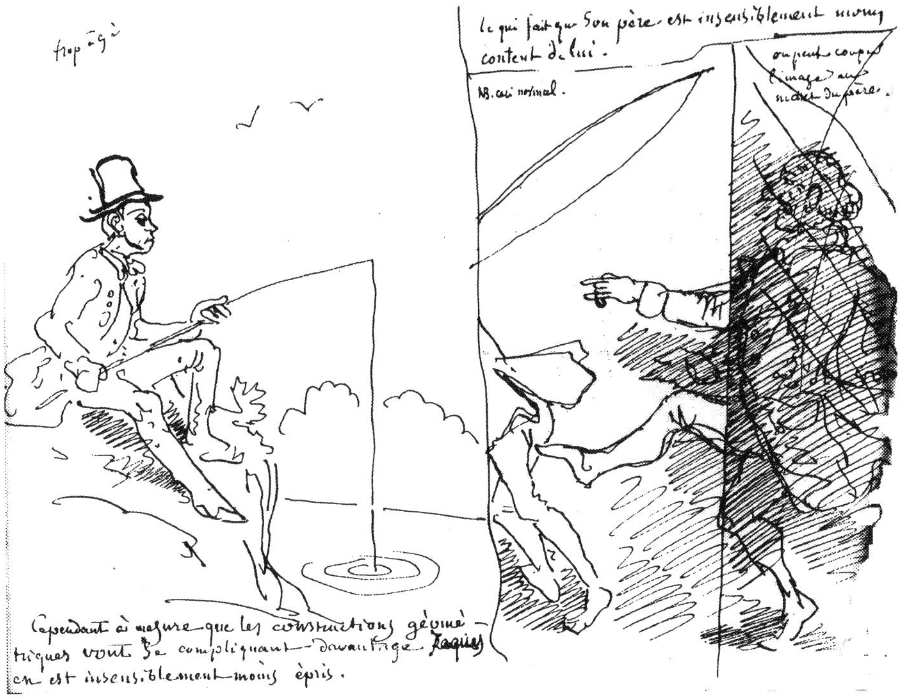

4. Rodolphe Töpffer, album manuscrit de l'*Histoire de Jacques,* 1844, p. 7. Genève, Cabinet des dessins du Musée d'art et d'histoire

dargestellten Rousseau-Denkmals ein interessantes Motiv. Für die zwei unterschiedlichen Methoden der Erziehung wurde eine Form gewählt, in der die Nähe bzw. die Lücke der beiden Elemente nicht zu gross, aber auch nicht zu klein ist.

(fig. 6) Eine grundlegende Weiterentwicklung der sequentarischen Bildsprache stellt das folgende Beispiel dar. In dieser Sequenz befördert der, über den missratenen Albert in Wut geratene, Vater den Sohn mit einem Fusstritt aus dem Bild. Dass es sich mit dem tretenden Bein um den Vater handelt, entnimmt der Betrachter der bisherigen Handlung. Die Idee, zusätzlich den Sohn lediglich durch sein Hinterteil zu präsentieren, geht offensichtlich auf experimentelle Überlegungen zurück. Sie treten allerdings erst zutage, entfernt man vorsichtig die darüberliegende Papierfläche. Das dramatische Geschehen verlangt geradezu nach einer ebenso dramatischen Form. Und das Experiment des radikalen Anschnittes, Töpffer notiert über der Skizze: «on peut couper l'image aux mollets du père», vermittels Abdeckung der rechten Bildhälfte, führt schliesslich zu einer *dritten Neuerung,* des bewussten Einsatzes des Phänomens der modalen Ergänzung. Die Rekonstruktion des Weges von der ersten Idee hin zur endgültigen Bildlösung lässt auf eine ganz bewusste Regietätigkeit Töpffers schliessen.

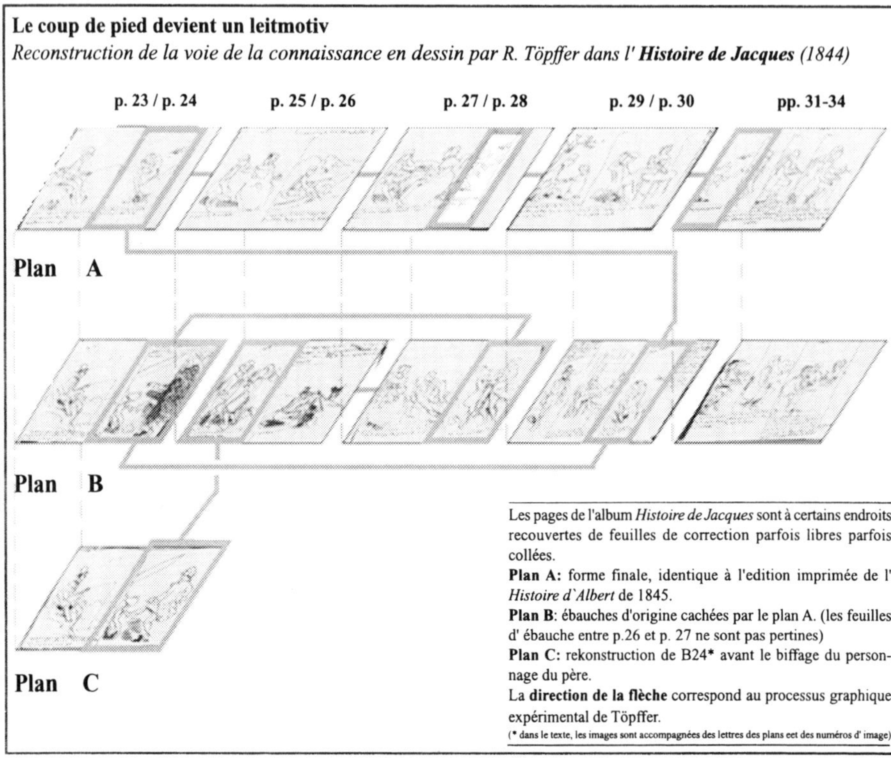

6. Le coup de pied devient un leitmotiv, reconstitution par Walter Lindner, 1996.

David Kunzles Untersuchungen in seinem 2. Band der *History of Comic Strip* erfassen zwar die ganze Vielfalt filmischer Methoden bei Rodolphe Töpffer, lassen aber gerade diesen Aspekt der Regietätigkeit noch unberücksichtigt. Erwin Panosfsky hat in seinem Aufsatz «Stil und Stoff im Film»[7] schon 1934, ausgehend von der Grafik Dürers, den Aspekt der Ideen-Projektion herausgehoben, der in der Anlage der töpfferischen Alben durchaus mit der Tätigkeit eines Film-Regisseurs gleichgesetzt werden kann.

Dabei ist es nicht so sehr der radikale Bildschnitt, der angesichts des karikaturistischen und erotischen Kupferstichblattes «Fashionable Contrast» von James Gillray aus dem Jahre 1792 keineswegs als ungewöhnlich erscheint. Vielmehr wird, eingebettet in die Handlung von Bildern, die neue Dimension dieser auf wesentlichste Bestandteile reduzierten Bildsequenzen für die simultane Wahrnehmung deutlich. Zieht der linke Anschnitt des Sohnes den Betrachter in das Bild hinein, wird er zugleich durch den Anschnitt des tretenden Beines rechts aus dem Bild in die nächste Sequenz befördert. Dass es sich hier um neue sequentarische Bausteine handelt, wird im Vergleich mit dem vom Sukzessiven geprägten englischen Kupferstich von Newton «Progress of Player» von 1793

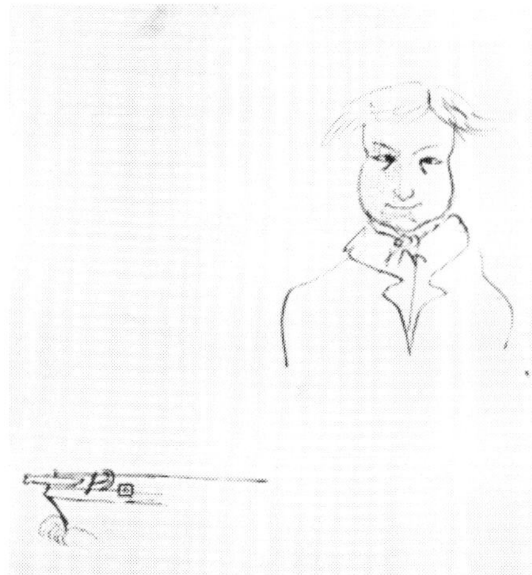

7. Rodolphe Töpffer, *Autoportrait à l'âge de 12 ans* (n.d.l.r. attribution et identification par W. Lindner), carnet de croquis, Cronay, 1843. Genève, Cabinet des dessins du Musée d'art et d'histoire

ersichtlich, in dem der Fusstritt ebenso auftaucht, wie das Fluchtsymbol aus der *Histoire d'Albert* von Töpffer. Die ständige Wiederkehr dieser Symbole in ihrer Schnittform offenbart eine *vierte Neuerung* töpfferischer Literatur in Bildern.

VIERTE THESE

Das zeichnerisch-praktische Experiment in Verbindung mit theoretischen Reflexionen (vor allem im Essai de physiognomonie*) führte bei Töpffer zu einer bewussten Überwindung der sukzessiven Bildsprache hin zu einer simultanmontierenden Erzählweise. Diese Besonderheit verändert nicht nur die Wahrnehmung, sie ist zugleich auch die Grundlage für eine kinematografische Bildsprache und Bildproduktion.*

Der Eintrag in dem schon erwähnten Notizbuch Töpffers ist als Hinweis für das wachsende Bedürfnis zu verstehen, die im Experiment gewonnenen Erfahrungen mit der Karikatur und dem Zeichnen in eine theoretische Reflexion überzuführen. Dabei sind es vor allem zwei grundlegende Beobachtungen, die Lebendigkeit der Nachahmung durch die Lücke zwischen den Elementen und das Erzielen grösstmöglichster Beweglichkeit durch das Aufspüren und den Einsatz der kleinsten Bestandteile und Bauteile in der grafischen Darstellung. Letztlich ist der *Essai de physiognomonie,* ebenso wie die *Histoire d'Albert* im Jahre 1845 veröffentlicht, eine Quintessenz töpfferischer Semiotik, ausgehend vom beweglichsten Element des Menschen, der Physiognomie in Form der Karikatur (fig. 6). Als Acht- bis Zehnjähriger füllt Rodolphe die Hefte seines Vaters mit karikaturistischen Zeichnungen, über deren Bedeutung er sich in den *Menus propos* dahingehend äussert:

> Prenez-moi un de ces gamins de collège qui griffonnent sur la marge de leurs cahiers des petits bonshommes déjà très vivants et expressifs, et obligez-les d'aller à l'école de dessin pour y perfectionner son talent [...] bientôt, et ceci à mesure qu'il fera des progrès dans l'art du dessin, les nouveaux petits bonshommes qu'il tracera [...] auront perdu, comparativement à ceux qu'il griffonnait au hasard sur la marge de ses cahiers.[8]

Ein Zeichenlehrwerk aus der ersten Hälfte des XIX. Jahrhunderts, das einzige übrigens in der Bibliothèque publique et universitaire in Genf, stellt zugleich eine Kontrastierung zu Töpffers eigenem Weg zum Zeichnen und zu seiner Auffassung einer lebendigen Zeichnung dar. Interessanter war ihm mehr die analytische Methode des Engländers Francis Grose von 1788 in den *Rules of Drawing Caricatures,* weil er spürte, dass erst die Reduzierung der grafischen Zeichen auf ihre Grundelemente, auf ihre Bausteine, die Garantie grösstmöglichster Lebendigkeit verschaffte, bei gleichzeitiger Wahrung syntaktischer Grundstrukturen. Dabei mass er der grafischen Linie, in Form der unterbrochenden Kontur für die zu erzielende Lebendigkeit die grösste Bedeutung zu, wenn er im *Essai de physiognomonie* betont: «En effet, bien qu'il soit un moyen d'imitation entièrement conventionnel, en ce sens qu'il n'existe pas dans la nature et qu'il disparaît dans l'imitation complète d'un objet, le trait graphique n'en est pas moins un procédé qui suffit, et au-delà, à toutes les exigences de l'expression, comme à toutes celles de la clarté»[9]. Spürbar wird in der grafischen Methode Töpffers: Montieren und

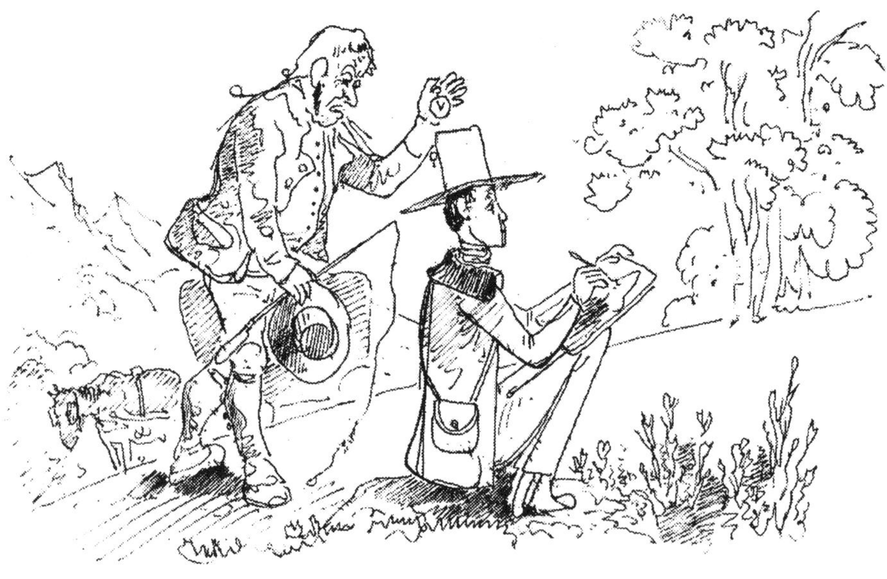

8. Rodolphe Töpffer, *L'Anglais et le cocher tirant sa montre,* 1843, illustration pour les *Nouveaux voyages en zigzag*

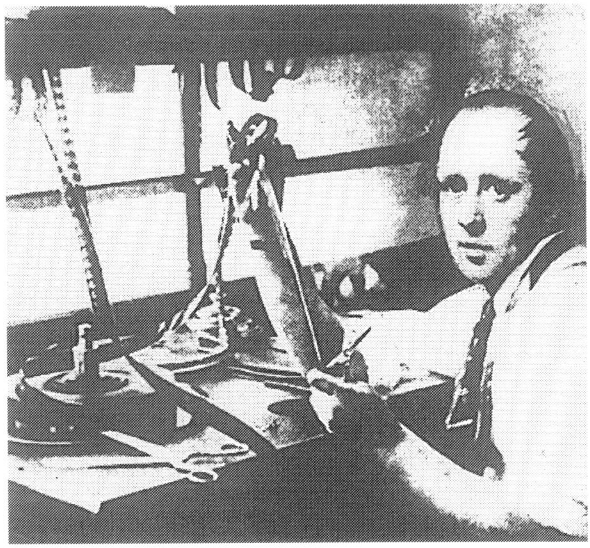

9. *Monsieur Töpffer en Sergej Eisenstein*, photomontage à l'ordinateur par Walter Lindner, 1996

Zerlegen bilden für die Erzeugung von Beweglichkeit eine unzertrennbare Einheit. Warum sich diese lebendige Art gerade bei ihm manifestierte, muss in Besonderheiten seiner Zeit, aber auch bestimmter Produktions- und Denkmethoden begründet sein. Wie kein anderer Berufszweig, beherrschte die Uhrenindustrie nicht nur die ökonomische Struktur von Genf. Die meisten Menschen waren in einer für die damalige Zeit beispiellosen Arbeitsteilung (fast 72 unterschiedliche Menschen waren an der Herstellung einer Taschenuhr (fig. 8) beteiligt, was den hohen Grad der gesellschaftlichen Produktion gegenüber der individuellen kennzeichnet) auf eine zerlegende und montierende Denk- und Arbeitsweise geradezu angewiesen. Eine fertig montierte Uhr ist in ihrer Funktionsweise ab-hängig von der Präzision ihrer Einzelteile; nur die Vielfalt der einzelnen Bestandteile garantiert die Qualität der benötigten Zeitmessung. Und jede Willkür des Zerlegens und Montierens würde die gewünschte Wirkung schmälern oder unmöglich machen. Wie auch hier in der Form der eingangs gezeigten Hyperbel und Parabel, können die Gesetzmässigkeiten der Wahrnehmung nicht ausser Kraft gesetzt werden. Ihr tieferes Verständnis und ihre Erweiterung allerdings wirken verändernd auf die Wahrnehmung und Darstellung ein, wie eine Sequenz aus der *Geschichte des Monsieur Vertpré* von 1845 unter Beweis stellt.

Von der montierenden Erzählweise, über die bewusste Montage hin zur dialektischen Film-Montage des bekannten sowjetischen Regisseurs Sergej Eisenstein spannt sich ein Bogen, der von zwei töpfferischen Phänomenen geprägt ist: zum einen der Umgang mit der Lücke zur Steigerung der Beweglichkeit der Darstellung, zum anderen der Aufbau einer Bildfolge nach dem Prinzip, das Töpffer «als Teil eines Ganzen» bezeichnet und das Eisenstein als Prinzip der Einheit im Mannigfaltigen gilt. Dass beide Prinzipien noch heute einen nicht unerheblichen Einfluss auf unsere Wahrnehmung ausüben, soll dieses Schlussbild vor Augen führen.

Sie sehen eine Darstellung (fig. 9), die Ihnen weder bekannt, noch schlüssig erscheint. Als digitale Montage wird das Unmögliche möglich. Der Monteur Töpffer wird mittels Computer an den Montage-Tisch Eisensteins gesetzt. Natürlich sind mit der digitalen Montage neue Fragen im bewussten Umgang mit dem Bild aufgebrochen, die hier nicht geklärt werden können. Für ihre Lösung aber, können die töpfferische Methoden der Reflexion und praktischen Beherrschung einer beweglichen Bilderwelt durchaus behilflich sein.

Zum Schluss soll deshalb noch einmal Töpffer zu Wort kommen mit einer Bemerkung, die ich als «modernste» Ansicht in seinem *Essai de physiognomonie* charakteriseren möchte: «Et notez bien, le regard le moins exercé supplée les lacunes d'imitation, avec une facilité et une vérité surtout qui tournent entièrement à l'avantage du dessinateur»[10].

NOTES

1 John LOCKE, *Essay Concerning Human Understanding*, Vol. 1, London, 1961, p. 336
2 David KUNZLE, *The Comic Strip. The Nineteenth Century*, Berkeley/Los Angeles /Oxford, 1990, p. 378
3 In Léopold GAUTIER, *Un bouquet de lettres de Rodolphe Töpffer*, Lausanne, 1974, p. 86
4 *Marx-Engels-Werke*, Band 20, Berlin, 1972, p. 239
5 David HILER et Bernard LESCAZE, *Révolution inachevée, révolution oubliée. 1842: Les promesses de la Genève moderne*, Genève, 1992, p. 33 sq.
6 Rodolphe TÖPFFER, *Essai de physiognomonie*, Genève, 1845, p. 13
7 Erwin PANOFSKY, «Stil und Stoff im Film», in *Filmkritik 6/67*, Frankfurt a.M., 1967, p. 343 sq.
8 Rodolphe TÖPFFER, *Réflexions et menus propos d'un peintre genevois*, Paris, 1853, p. 255
9 Rodolphe TÖPFFER, *Essai de physiognomonie, op. cit.*, p. 5
10 *Ibid.*, p. 7

CRÉDIT PHOTOGRAPHIQUE

Musée d'art et d'histoire, photo B. Jacot-Descombes: fig. 4
Les autres prises de vue sont de l'auteur.

DE *FESTUS* À *FESTUS*

par Yves Bridel

Il existe cinq versions connues du *Docteur Festus*. La première version du «roman en estampes» date de 1829. Il s'agit d'un manuscrit qui ne sera jamais répandu dans le public, mais sera envoyé en Allemagne à un ami de Töpffer, Soret, qui le montrera à Goethe[1]. Nous la désignerons sous le sigle A. La seconde version date de 1840. Elle est publiée à Paris chez Cherbuliez. Nous la désignerons ici par B. La fameuse édition, la plus connue et la plus répandue peut-être, sous la forme d'un grand album rouge, réalisée en 1860 par Garnier à Paris est presque identique à la précédente, nous n'en tiendrons pas compte: ce que nous dirons de B est valable pour elle. De plus, il existe une version romanesque des aventures de Festus qui date de 1833. Elle n'a été réalisée qu'à un très petit nombre d'exemplaires[2], car les amis de Töpffer lui ont alors vivement déconseillé de diffuser ce texte. Nous n'en tiendrons pas compte. Enfin, Töpffer reprendra «l'édition avortée» de 1833, remaniera le volume et complétera l'illustration. Il publie ce nouveau texte en parallèle avec l'album en 1840, à Genève chez Ledouble et Cherbuliez, et à Paris chez Cherbuliez[3]. Il porte ici le sigle R. Ajoutons que Ph. Kaenel a édité en 1996 le fac-similé d'un exemplaire de cette édition, que Töpffer a donné à son beau-frère Duval après l'avoir enrichi de plus de cent dessins: une petite merveille[4].

Ce matériel présente un double intérêt. D'abord celui de pouvoir comparer deux versions de l'histoire en estampes, distantes de plus de dix ans: celle non publiée de 1829 (A) et celle publiée et autographiée par Töpffer en 1840 (B). Ensuite nous pouvons examiner une version «romanesque» (R) sous deux aspects: en premier lieu celui de sa spécificité par rapport aux albums, puis celui du rôle de ce texte romanesque dans les modifications apportées au «roman en estampes» en 1840, par rapport à sa version antérieure.

Si l'on examine les trois versions (A, B et R), on constate tout de suite qu'on a bien affaire au même scénario, qui met en scène les mêmes personnages. En effet, Töpffer conte les aventures de cinq personnages ou groupes de personnages: *Festus – Milord et Milady – Le Maire – La Force armée – Les Savants,* en particulier Apogée. Ces personnages sont reliés entre eux parce que tout ce qui leur arrive survient toujours à cause de la décision première de Festus de faire «un voyage d'instruction». Une fois les personnages mis en action, leurs aventures se déroulent selon leur propre «logique». Ainsi, Festus décide de faire un voyage. Il part et, dès lors, il continue imperturbablement son périple, dont les épisodes, jusque dans leur plus grande fantaisie (pensons à celui des ailes du moulin et du

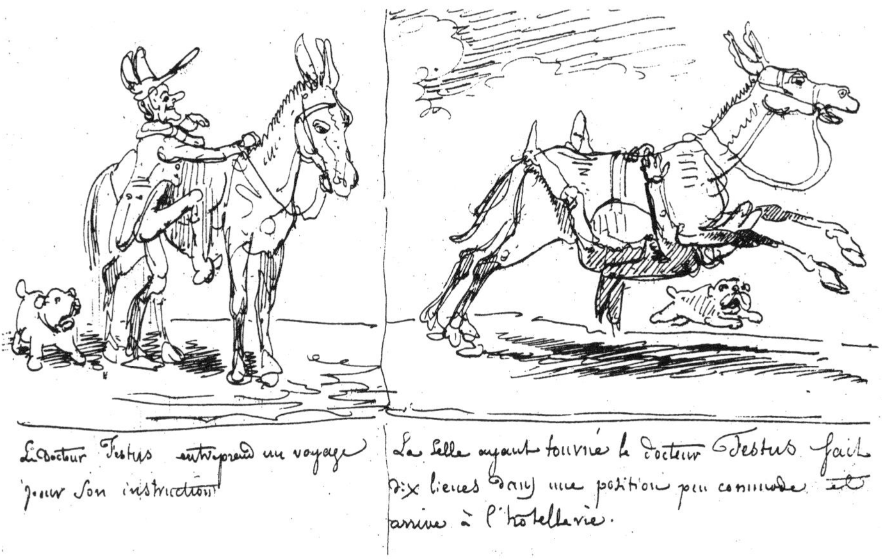

1. Album manuscrit, 1829 (A 1-2). Genève, Cabinet des dessins du Musée d'art et d'histoire

voyage dans les airs), s'enchaînent selon une logique implacable de poursuite d'un voyage «si heureusement commencé». Toutes les actions et les aventures du Maire sont commandées par son idée fixe d'exercer sa fonction. C'est elle qui le mène jusqu'à la folie finale, fruit de son désespoir. Cependant, c'est le seul personnage des versions «roman en estampes» que l'on connaisse partiellement de l'intérieur par son «grand rêve normal». Réduit à sa fonction, il ne porte pas de nom propre et n'est jamais désigné que comme le maire. La même remarque s'applique à la Force armée, dressée à suivre aveuglément et partout «l'habit». Milord et Milady sont animés par deux obsessions: se retrouver puis rentrer chez eux, en bons insulaires qu'ils sont. Si Milord est capable de quelque initiative, Milady est totalement passive et jouet des événements. Enfin les savants, Apogée tout particulièrement, n'ont qu'un souci, celui d'imposer leur découverte et leur théorie, quitte à en mourir.

Le récit et les personnages fonctionnent selon ces mêmes schémas dans les trois versions et à travers les mêmes épisodes essentiels. Il y a bien, à la base, une même histoire. Et cependant l'examen détaillé des formes que prend le récit permet de cerner quelques différences intéressantes. Pour ce faire, nous avons choisi de centrer notre attention sur la seule première partie des aventures de Festus, soit les quatre épisodes qui ouvrent le récit: 1. *Le départ et sa préparation* – 2. *L'arrivée et la nuit à l'auberge* – 3. *Les premières aventures de Milord* – 4. *Milady dépouillée de ses habits par le Maire.* Ce premier ensemble, qui introduit tous les acteurs de l'histoire, à l'exception des savants et d'Apogée, présente

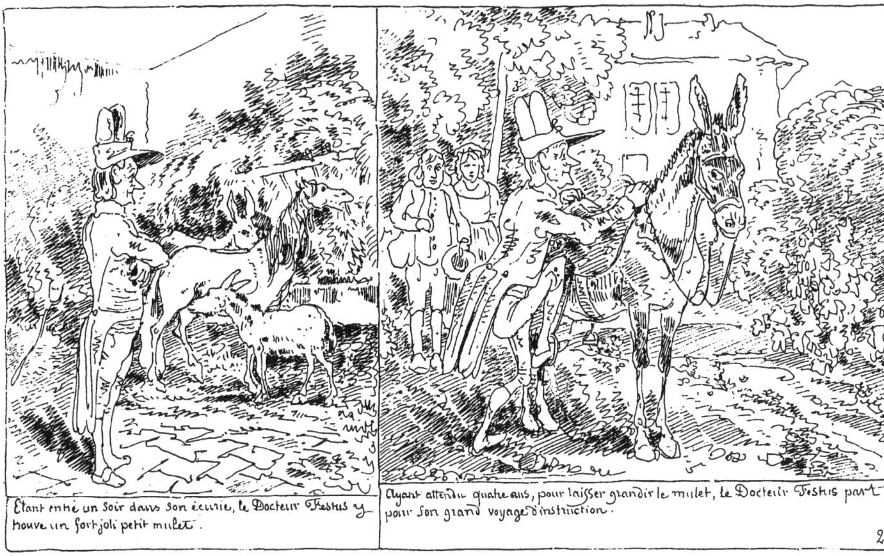

2. Album autographié, 1840 (B 1-2)

presque toutes les formes caractérisant les trois états de l'œuvre et permet ainsi l'examen succinct de pratiquement toutes les variations introduites par Töpffer d'une version à l'autre. Nous commencerons par l'examen des deux versions «histoires en estampes».

Si l'on examine la première planche des deux versions A et B et en particulier A1 et B2 qui présentent le même sujet, on est frappé par quelques différences. A1 est d'un dessin plus spontané, plus esquissé que B2 et seul l'essentiel est représenté, alors que B2, dessiné d'un trait très sûr, d'une facture plus soignée, plus achevée, comporte un décor et la présence de deux personnages supplémentaires. Ailleurs, deux images correspondent au même moment du récit, à la même situation, comme par exemple A10 et B11 où l'on voit le maire partir avec la Force armée à la poursuite du voleur de la malle de Milady. A part les différences déjà relevées et que nous retrouvons ici, c'est aux personnages que nous devons nous attarder un moment. Dans la première version, ils sont bien plantés sur terre comme le Maire, par exemple, véritable chef militaire, comique par son aplomb inébranlable, par le pas de l'oie caractérisant sa démarche, par sa physionomie décidée. L'allure générale des deux soldats, leur tenue différente (où est l'*uni*forme?), leur molle enjambée, presque discrète par rapport à celle du maire, renforcent le côté comique de l'image. Dans la seconde version, l'image B11 présente les mêmes personnages, mais dans des attitudes fort différentes: ils semblent danser, sans marquer d'appui sur la terre, en particulier le Maire qui, au lieu d'ouvrir le chemin à sa troupe, la regarde en progressant à reculons, alors que la

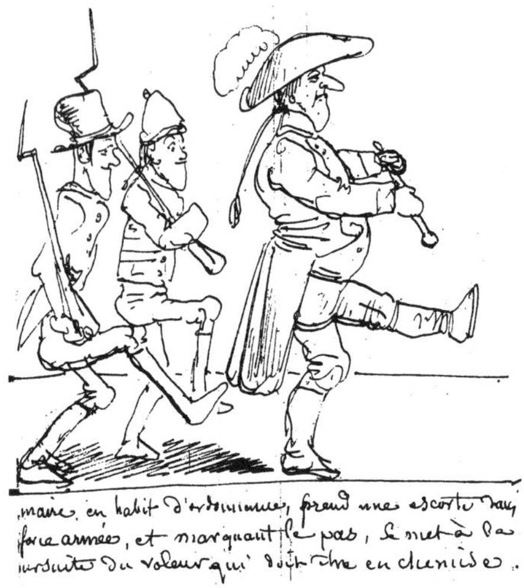

3. Album manuscrit, 1829 (A 10)

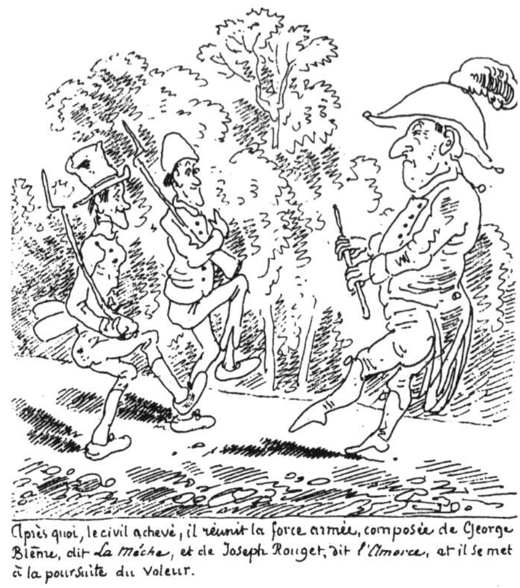

4. Album autographié, 1840 (B 11)

Force armée incline le corps en arrière, tourne bizarrement ses pieds et esquisse un léger sourire. Ainsi le comique des deux versions surgit-il de sources diverses: dans la première du sérieux des personnages, de leur application un peu exagérée et quelque peu ridicule par rapport à l'événement; dans la seconde c'est au contraire le contraste entre l'attitude légère et ludique des personnages et leur fonction de gardiens de la loi qui fait rire.

Un autre aspect de ces différences est le rapport qui s'établit entre le texte et l'image. Prenons pour exemple les vignettes A2 et B3 et les textes qui s'y rapportent. Admettons que l'image est la même dans les deux cas, les légères différences n'important pas à notre présent propos (cf. par exemple la suppression du chien, présent en A absent en B). Dans la première version (A2), le texte («La selle ayant tourné le docteur Festus fait dix lieues dans une position peu commode et arrive à l'hôtellerie») explique («la selle ayant tourné le docteur Festus» est «dans une position peu commode»), complète («dix lieues» et «arrive à l'hôtellerie») et même commente («peu commode») l'image, qui elle-même, en retour, fait voir ce qu'une partie du texte dit: la position incommode de Festus. Elle illustre. Le texte et l'image font sens séparément: la saisie des deux est ici redondante (en tout cas pour la première partie de la phrase du texte). Töpffer dit deux fois la même chose.

Dans la version de 1840 le texte est le suivant: «Le mulet se trouve être parfait, mais la selle mal sanglée». Par rapport au texte de A2, le texte de B est beaucoup plus court, trait qui peut être généralisé à l'ensemble de la version. Il donne un jugement sur le mulet qui n'apporte rien au déroulement du récit et qui a peu de rapport direct avec l'image, sauf peut-être avec la rapidité de la course du mulet. Il donne enfin, et c'est là le plus important pour nous, un renseignement, «la selle est mal sanglée», qui indique la cause de la situation donnée par l'image, sans que ce renseignement soit figuré dans l'image. Celle-ci présente la situation dans laquelle Festus est mis par le fait indiqué par le texte. Il n'y a donc ici ni commentaire, ni véritable explication du texte par l'image ou l'inverse, mais bien un sens global bâti par la prise en considération simultanée des deux composantes, texte et image, image et texte. Si l'image fait sens toute seule, le texte, à part la première proposition si l'on veut, fait difficilement sens tout seul et, de toute façon, les deux *ensemble* font un autre sens. Les deux composantes sont complémentaires, même s'il existe une tension entre elles qui contribue à l'effet comique de l'ensemble, qui jaillit d'abord de la conjonction de l'image (situation de Festus, en elle-même comique) et de la première proposition du texte. «Le mulet se trouve être parfait»! Nous saisissons bien ici tout ce qui distingue un livre illustré d'une «histoire en estampes» telle que la conçoit et la crée R. Töpffer[5].

Les deux versions comportent aussi quelques différences au niveau du récit et de sa conduite, visibles dès la première partie que nous examinons. Le début diffère (cf. A1 et B1), ailleurs (A2) le texte annonce la suite, alors que dans la vignette correspondante (B3) rien ne fait la transition avec ce qui suit. Tout l'épisode de Festus dans l'auberge avant qu'il ne s'assoupisse dans la malle de Milady est différent, même si le ressort de l'action est le même (la lumière qui s'éteint). Ou encore l'épisode avec Milord. De la comparaison de ces différences ne peut sortir aucune conclusion significative, on ne peut que les constater et à travers elles apparaissent certains procédés narratifs de Töpffer: ellipses, redondances, complémentarités texte et image, etc., qu'il n'est pas dans notre propos d'examiner ici. Nous désirons bien plutôt nous pencher maintenant sur la version «romanesque», dans ses rapports avec les deux versions «histoires en estampes».

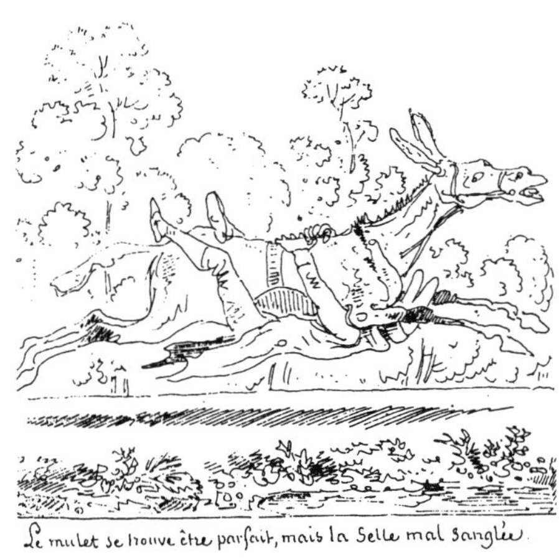

5. Album autographié, 1840 (B 3)

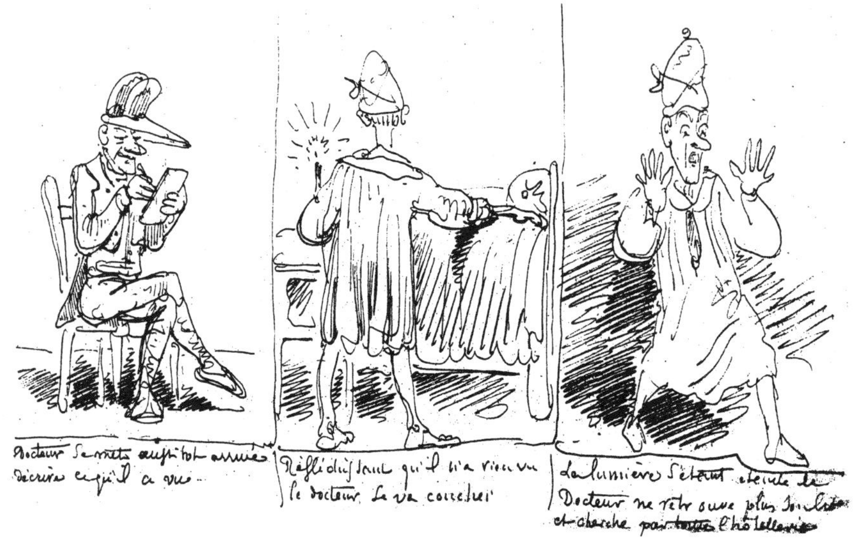

6. Album manuscrit, 1829 (A 3-5)

C'est donc en 1833 que Töpffer va «traduire» en texte romanesque l'album de 1829. Ainsi ce texte se place-t-il entre les deux versions que nous venons d'examiner. Et il en diffère passablement. Töpffer l'a bien senti qui écrit dans la préface de l'édition de 1840 des *Voyages et aventures du docteur Festus* (R): «C'est donc la même histoire sous une double forme, mais, comme l'observe finement l'Abbé de Saint-Réal, dans deux choses d'ailleurs semblables, ce qu'elles ont de différent change beaucoup ce qu'elles ont de semblable», et il ajoute, dans une lettre à Saint-Beuve: «En traduisant en prose le Docteur Festus, je fus tout surpris et amusé de voir par quoi les deux langues différaient, que, pour faire comprendre la même chose, il fallait les prendre par un autre bout et les montrer par une autre face»[6]. Les *Voyages et aventures du docteur Festus* s'inscrivent dans un autre genre qui a ses lois et qui obligera Töpffer à traiter la même matière de façon différente. Le livre peut être rangé, comme une bonne partie de la production littéraire de notre auteur, dans la littérature «excentrique»[7], où le rêve joue un rôle considérable: Festus «rêve qu'il voyage ou voyage en rêvant»[8] et la part onirique est beaucoup plus importante ici que dans les albums.

Parmi les différences que l'on peut trouver entre les deux versions «histoires en estampes» d'un côté et le «roman» de l'autre, il y en a une qui mériterait réflexion: c'est le fait que le roman est écrit au passé, ce qui n'est pas étonnant pour un récit, alors que les albums sont au présent[9]. Une autre est capitale. Dans le roman, Festus prend une importance beaucoup plus grande que dans les

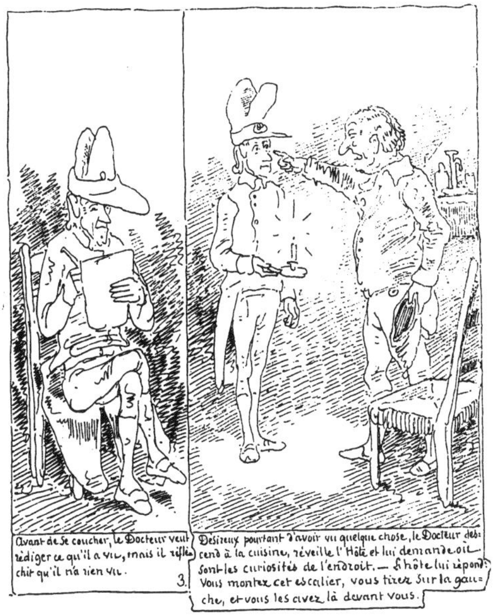

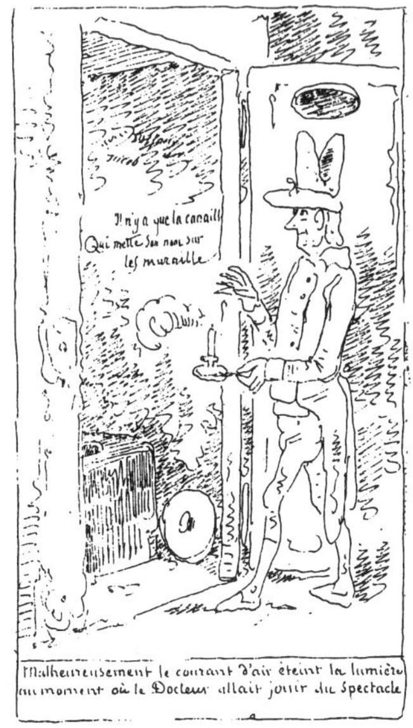

7 et 8. Album autographié, 1840 (B 4-6)

albums dans la mesure où Töpffer y rapporte les rêves du personnage, ses réflexions, ses raisonnements (toujours apparemment impeccables en logique pure et toujours totalement faux par rapport à la réalité à laquelle ils devraient s'appliquer), etc. Dans le roman, Töpffer exploite sa verve langagière qui disparaît presque totalement dans les albums au profit de sa verve imagière. Tout à fait caractéristique à cet égard est le procès de Milord, de Milady et du Maire: il ne figure pas dans les albums mais est longuement rapporté dans le roman. Tout cela contribue (surtout les récits de rêves et les réflexions de Festus) à donner aux personnages du roman une profondeur, une existence infiniment plus grandes que dans les albums où, à part peut-être le Maire, dont nous avons le «grand rêve normal», les personnages ne sont que des marionnettes, des silhouettes réduites à un ou deux traits de caractère, visibles dans leurs seules actions et dans leur apparence corporelle.

Peut-être cependant que, plus intéressante que l'analyse de ces différences, serait féconde celle de l'influence du roman sur l'album. On peut peut-être saisir ainsi comment et pourquoi tel ou tel épisode a changé de la version (A) de 1829 à celle (B) de 1840. Examinons la chose sur deux exemples. Et commençons par le début.

Lisons le chapitre I et le début du chapitre II du roman qui correspondent aux images A1 et B1 et 2:

> Ce fut par un temps radieux que le docteur Festus mit ses gants de peau de daim pour commencer son grand voyage d'instruction. Le gant de la main gauche peta au moment où le pouce en forçait les parois; aussitôt le docteur Festus en tira un présage, selon la pratique des anciens dans laquelle il était très versé.
> En effet, le docteur Festus savait tout ce qui s'apprend au moyen des livres, qu'il lisait dans vingt-deux langues, à l'instar de Pic de la Mirandole. Il ne lui manquait donc plus, pour mourir parfaitement savant, que d'avoir vu le monde, et c'est ce qui le porta à entreprendre son grand voyage d'instruction.
> Ce projet datait de treize mois, et le docteur serait parti immédiatement après l'avoir formé, sans un doute qui le prit au sujet de l'âne et du cheval, à savoir lequel lui était préférable à enfourcher pour courir le monde: car il craignait la voiture, en ce qu'elle est sans emploi pour passer les rivières; et le bateau, en ce qu'il est le plus mauvais véhicule connu, en terre ferme.
> Le cheval le tentait, soit parce qu'il avait lu l'article de Pline, soit parce qu'il possédait dans son écurie une haute jument poulinière; d'autre part, l'âne l'attirait, soit que cet animal lui parût plus philosophique, soit encore parce qu'il avait dans son écurie un magnifique âne de Provence. Toutefois, dans l'un et dans l'autre il redoutait la fougue des passions, le manque d'usage et le dérangement des mœurs. Il resta donc en état de doute pendant treize mois, au bout desquels, étant entré un soir dans son écurie, il y trouva un fort joli petit mulet.
> Ce phénomène le frappa. Il y vit une invitation surnaturelle à enfourcher un mulet pour son grand voyage d'instruction, et, sortant de l'état de doute, il se décida à attendre quatre ans encore, pour laisser grandir le mulet jusqu'au jour radieux où nous voici arrivés.
> Les gants mis, le docteur enfourcha, tout en pensant en lui-même qu'il penchait en faveur des Réalistes contre les Nominaux; après quoi, sur de nouvelles réflexions, il pencha en faveur des Nominaux contre les Réalistes, et s'en allait en oscillant de l'esprit et de l'échine, sur son mulet, lequel avait le trot dur, défaut qu'il tenait de son père.[10]

Le roman commence *in medias res* comme l'album (A1), mais il explique aussi le pourquoi du voyage d'instruction, présente rapidement le personnage et explique longuement le choix du moyen de locomotion. La version «histoire en estampes» de 1829 nous montre en A1 Festus montant sur… un âne? un mulet? on ne sait trop. Par contre la version de 1840 comporte une image supplémentaire, B1, qui représente Festus découvrant le petit mulet et le départ n'est montré qu'à la deuxième image. On peut alors supposer les raisons qui ont amené Töpffer à transformer le début de son «histoire en estampes». Le genre romanesque le contraint à expliquer le départ et le moyen de locomotion choisi. Il ne peut se contenter de décrire l'image A1, le lecteur de romans ayant l'habitude de recevoir des explications détaillées, et, lorsqu'il prépare la parution simultanée des deux versions en 1840, Töpffer sent le besoin de suivre de plus près dans l'album le texte du roman, d'où l'idée de B1, dont la présence ne s'explique vraiment que si l'on passe par la version romanesque. Ainsi, le roman introduit des explications, parfois de nouveaux épisodes par rapport à A qui sont transposés, ou non, dans B. Il y a toute une variété de ces ajouts et de ces transpositions. Ces faits sont liés au langage: le roman a ses lois, il communique par le seul langage alors que «l'histoire en estampes» peut le faire par le texte, par l'image ou encore par les deux ensemble.

Un second exemple sera peut-être plus parlant encore. Il est question de l'épisode où, arrivé à l'auberge, Festus veut noter ce qu'il a vu durant le premier jour de son voyage, qu'il a accompli accroché sous le ventre de son mulet. Se rendant compte qu'il n'avait évidemment rien vu dans cette position que ce ventre, il va se coucher lorsque sa bougie s'éteint. Comme il ne retrouve plus son lit, il le cherche dans toute la maison. Ce sont les images A 3-5. Voici maintenant le texte du roman, c'est la fin du chapitre III et le chapitre IV[11]:

> Après que l'hôte du Lion-d'Or eut rentré la bête, le docteur Festus entra dans l'hôtellerie, où, ayant pris chambre, il se disposa à tenir note de ce qu'il avait vu et observé durant cette première journée.
> Le docteur ayant tiré son carnet et taillé son crayon, resta immobile pendant deux heures d'horloge. Il faisait un travail d'esprit, récapitulant tout ce qu'il avait vu; ce qui le conduisit à réfléchir qu'au fait il n'avait rien vu que le poitrail de son mulet. Sur quoi, désireux pourtant d'avoir vu quelque chose dans un voyage de pure instruction, il prit sa bougie (il était 11 heures), et s'étant rendu auprès de l'hôte qui était assis dans la cuisine, il lui dit: Indiquez-moi, je vous prie, où sont les curiosités?
> L'hôte n'avait ni une intelligence supérieure, ni une ouïe très fine, et de plus il sommeillait à moitié lorsque cette question parvint à son entendement, extrêmement altérée, à ce qu'il paraît; car s'étant levé en sursaut: Vous montez, dit-il, cet escalier; après quoi vous tournez sur la gauche, jusqu'au fond du corridor, et vous les avez là devant vous. Et il se remit à dormir au coin du feu.
> Le docteur suivit l'indication prescrite, et arriva auprès d'une petite porte suspecte. Là, des miasmes alcalins, en frappant son odorat, irritèrent sa curiosité; par malheur, à peine entr'ouvrait-il la porte, qu'un violent courant atmosphérique, tout chargé de particules odorantes, éteignit sa bougie, et le laissa dans une obscurité profonde. Il n'avait eu que le temps d'entrevoir trois illusions circulaires d'inégale grandeur, et ces deux vers charbonnés sur la muraille du fond:
>
> Il n'y a que la canaille
> Qui mette son nom sur les murailles.

Töpffer a senti le besoin d'expliquer, dans le roman, l'extinction brutale de la bougie qui va entraîner la suite. Et son imagination l'amène à la version du roman qu'il transposera ensuite dans la version B en deux images, B5 et 6, dont la seconde est particulièrement saisissante d'efficacité par rapport à la version purement écrite; elle résume huit lignes de texte, n'en conservant que quatre (y compris les deux vers). La complexité du texte, qui comprend vingt-cinq lignes, est rendue entièrement par trois images et par dix lignes, nettement plus courtes que celles du roman. Cette efficacité de l'album, obtenue par la concentration du récit, si évidente ici, se retrouve dans la suite où, en deux vignettes avec leur texte, est contée l'aventure de Festus entrant dans la malle de Milady où il se retrouve enfermé, alors que, dans le roman, Töpffer, gagné par sa verve de conteur, écrira six chapitres, soit trois pages et demi pour la même aventure qu'il amplifie à l'envi par des épisodes burlesques qui s'enchaînent longuement.

Ces quelques exemples donnent une assez juste idée des divergences, des accords et des influences mis en œuvre dans ces deux albums dessinés et légendés à dix ans de distance, et la version romanesque de cette même histoire. On pourrait certes aller beaucoup plus loin dans l'analyse, la compléter aussi: cela ne modifierait pas, nous semble-t-il, les conclusions que l'on peut tirer de ce bref coup de sonde. Une chose paraît certaine, c'est que les albums inaugurent bel et bien un genre nouveau, où le texte et l'image sont dans une relation de complémentarité. Il n'y a pas ici un récit illustré, comme l'exemplaire Duval dont nous parlions au début en donne un exemple merveilleux. Les albums sont autre chose: une totalité qui porte sens en elle-même et que l'on ne saisit que dans son ensemble, texte et image, perçus non pas l'un par rapport à l'autre, mais l'un avec l'autre.

NOTES

1 Cette version a été publiée en 1962 par le Club des Libraires de France.

2 Un exemplaire se trouve à la Bibliothèque publique et universitaire de Genève.

3 Nous citerons d'après l'édition des *Voyages et aventures du docteur Festus* dans *Nouvelles*, t. II, Lausanne, L'Age d'Homme, coll. «Poche suisse», 1986.

4 Exemplaire conservé à la Fondation Martin Bodmer, à Cologny-Genève, qui l'a publié en 1996. Sur tout cet historique on peut consulter l'essai de Philippe KAENEL accompagnant cette publication. Il serait difficile de faire une bibliographie complète des articles ou des ouvrages qui ont plus ou moins touché notre sujet, mais nous ne pouvons passer sous silence les noms de ceux qui, depuis plusieurs années, ont traité des «romans en estampes» ou du Töpffer dessinateur: nous leur sommes redevable à de nombreux titres. Nous pensons en particulier à Marie ALAMIR-PAILLARD, Thierry GROENSTEEN et Benoît PEETERS, Philippe KAENEL, Annie RENONCIAT. Nous ne pouvons que renvoyer à leurs travaux dans: *Töpffer. L'invention de la bande dessinée*, textes réunis et présentés par Thierry GROENSTEEN et Benoît PEETERS, Paris, 1994, et *Töpffer*, sous la direction de Daniel MAGGETTI, Genève, 1996.

5 Précisons que le fait que nous mettions en évidence ces caractéristiques de l'«histoire en estampes» sur un exemple de la version de 1840 ne signifie pas que ce n'est qu'alors que Töpffer aurait découvert et mis en pratique ces éléments. On les trouve déjà dans la première version (cf. par exemple A1, où le jeu texte-image est très semblable à ce que nous voyons en B3).

6 29. 12. 1840, citée d'après l'essai de Ph. KAENEL, «Töpffer, le *Docteur Festus* et l'illustration marginale» qui accompagne l'édition du roman citée dans la note 1. Cet article est capital pour notre propos.

7 Cf. Daniel SANGSUE, *Le Récit excentrique,* Paris, Corti, 1987. Cf. aussi notre chapitre sur Töpffer in *Histoire de la littérature en Suisse romande,* tome II, Lausanne, Payot, 1997

8 Cf. l'essai de Ph. KAENEL cité à la note 3, p. 14

9 Un autre aspect formel mériterait peut-être qu'on s'y arrête, mais il sort aussi de notre propos: c'est le fait que pratiquement toute l'œuvre littéraire de Töpffer (nouvelles et romans) est écrite à la première personne alors qu'ici nous avons, plus traditionnellement, la troisième personne.

10 Edition citée dans la note 3, pp. 194-195

11 *Ibid.* pp. 195-196

LE DIALOGISME CHEZ TÖPFFER

par Roger Francillon

Dans son acception bakhtinienne, le principe dialogique appliqué au roman fait de ce genre mal défini et hybride «un système de langages qui s'éclairent mutuellement en dialoguant»[1]. Pour Bakhtine, auteur également d'une remarquable étude sur Rabelais et le motif de la carnavalisation, le roman européen a ses origines dans la parodisation, dans le comique populaire qui remet en question tous les grands genres par la dégradation burlesque et le travestissement. Le roman qui échappe à toute définition générique fixiste est le lieu par excellence d'une confrontation des discours pluriels qui permettent de donner de la réalité une image en perpétuel changement.

Or Töpffer, ce Protée des lettres, est l'image même du romancier moderne. Certes comme le montrent très bien Daniel Maggetti et Jérôme Meizoz dans leur étude sur «Un Montaigne né près du Léman»[2], Töpffer est avant tout moderne dans sa correspondance et ses essais inclassables où se révèlent «son goût de la forme pour elle-même, son attention au langage, son habileté à le manier et à en tirer les effets les plus divers»[3]. Mais l'on est en droit de se demander si, dans ses nombreuses nouvelles et dans ses deux romans, Töpffer n'a pas également exploité les ressources multiples de ce genre, même si souvent il y est resté tributaire d'un moralisme qui nous semble aujourd'hui étouffant. J'aimerais prendre trois exemples dans ce corpus pour tenter de voir comment y fonctionne le dialogisme, comment Töpffer joue avec la pluralité des discours dont parle Bakhtine et comment il cherche ainsi, dans ses fictions, à rendre compte d'une réalité contemporaine.

«LE GRAND SAINT-BERNARD»

Voyons tout d'abord «Le Grand Saint-Bernard»[4], nouvelle qui peut être lue comme une machine de guerre contre le récit de voyage romantique des grands écrivains français à la Dumas[5]. Ce qui y est remarquable, c'est non seulement la pluralité des voix qui s'y font entendre, mais la manière habile dont le metteur en scène qu'est le nouvelliste distribue les divers points de vue et l'usage satirique et idéologique qu'il en fait. Dès la première page du récit, trois perspectives s'affrontent: celle du prieur du couvent qui émet une constatation générale donnant à la nouvelle son orientation, puisqu'il oppose deux termes en apparence similaires – célèbre et bien connu – et que ce paradoxe va être explicité par l'histoire elle-même; ensuite celle du gros Monsieur, qui se révélera plus tard être un touriste français incriminant les récits de voyage, aussi faux que les épitaphes sur les tombes du Père-Lachaise, et dont l'algarade provocatrice contre les épitaphes sera reprise en conclusion, mais cette fois dans le discours du narrateur; enfin celle du narrateur, qu'il ne faut pas confondre naturellement avec l'auteur – il apparaît comme un «homme fort jeune», c'est-à-dire naïf et facilement enflammable, qui ne connaît rien de la vie et de ses dessous et se fait des illusions sur les vertus des hommes, mais qui est «bon public», donc prêt à apprendre.

Cela posé, toute la nouvelle, contrairement à ce que son titre semble annoncer – une description du Grand Saint-Bernard dans le moule traditionnel des récits de voyage romantiques –, sera l'histoire d'une désillusion, d'une transformation de ce narrateur naïf en un moraliste lucide qui, lui, pourra dire à son tour, à la fin du récit: «Epitaphe, tout est épitaphe».

La péripétie narrative qui est à l'origine de cette transformation, c'est l'arrivée d'un touriste français, bruyant, hâbleur et stupide, qui, en plein été, prétend avoir sauvé de l'avalanche un couple de voyageurs suisses accompagné de leur père. Il n'y a naturellement pas eu d'avalanche, les touristes suisses sont en réalité des Savoyards de Chambéry, les jeunes sont non des fiancés d'une froideur helvétique, mais un frère et une sœur. Quant au matamore français, qui se trouve de surcroît être un écrivain, il tire de cette aventure une histoire palpitante qui permet à Töpffer de faire la parodie des récits de voyage à la romantique. Dans cette nouvelle, outre celle du narrateur, s'entrechoquent non moins de huit voix: le prieur, le gros Monsieur, l'écrivain-touriste, l'aubergiste de Chambéry, sa fille et son fils, à quoi s'ajoutent encore celles de la tante institutrice et du cousin Ernest. Cette multiplicité des voix n'a pas seulement une fonction réaliste; la distribution des discours est loin d'être innocente, idéologiquement parlant. Le porte-parole de Töpffer, le gros Monsieur moraliste, dont la leçon est illustrée par le récit, est un voyageur français. C'est lui qui condamne ses compatriotes, et non le narrateur genevois:

> Un sot, dit-il, et un de mes compatriotes, vous pouvez y compter. Il n'y a qu'un de mes compatriotes, qui réussisse à cet heureux degré l'étourderie et l'aplomb, la présomption et l'ignorance, et qui, plutôt que de douter de lui-même, vous jettera dans ce qu'il appelle une avalanche, une fraîche demoiselle qu'il prend pour une poitrinaire [...]. (II, 123)

Si Töpffer parvient ainsi habilement à faire condamner la présomption française par un Français lucide, il se moque également, à travers la tante institutrice et ses amies, des lectrices de roman qui se laissent prendre aux récits ampoulés des auteurs à la mode. «Le Grand Saint-Bernard» n'est donc pas seulement une parodie du récit de voyage romantique; la nouvelle met en question plus fondamentalement, dans la ligne de l'helvétisme du XVIIIe siècle, le caractère français, et également la contagion des modes parisiennes sur les braves Genevoises qui se piquent de culture.

«L'HÉRITAGE»

Je prendrai comme deuxième exemple la nouvelle intitulée «L'Héritage», dont la genèse est intéressante et qui corrobore la thèse de Maggetti et Meizoz d'une autocastration de l'auteur. Dans ce curieux récit on assiste, comme dans «Le Grand Saint-Bernard», à une transformation de la personnalité du narrateur, on pourrait même dire à une conversion: de personnage qui s'ennuie, oisif, hypocondriaque, persifleur, qui attend dans le désœuvrement le plus total l'héritage de son oncle dont il supporte avec complaisance la tutelle, il devient un être passionné qui découvre dans l'amour d'une jeune fille pauvre une raison de vivre et de se libérer de l'emprise de cet oncle qui, furieux, le déshérite. C'est ce changement de discours et de ton dans l'instance narrative qui me semble particulièrement frappant. Ici le dialogisme repose sur une sorte de dédoublement de la personnalité du protagoniste, reflet peut-être du caractère protéiforme de l'auteur même.

La forme narrative doit retenir notre attention: dans le premier chapitre, le narrateur autodiégétique parle au présent comme dans un journal intime, mais le narrataire du récit est explicitement nommé sous les traits du lecteur, avec lequel s'instaure un dialogue à une voix: «L'ennui est mon mal, Lecteur» (I, 197), et la nouvelle s'achève sur le même mode: «Je finis lecteur; m'aurez-vous suivi jusqu'au bout? Pour moi, je me le suis figuré, et c'est pourquoi j'éprouve tant de regret à vous quitter» (I, 251).

Cette mise en évidence de la fonction de communication souligne le caractère arbitraire du récit et se fait au détriment de la fonction émotive, très présente dans la deuxième partie, qu'elle vient en quelque sorte miner. Ce dialogue avec le lecteur est repris au début du IIe chapitre, dans lequel la narration devient ultérieure: «S'il vous en souvient lecteur, nous nous ennuyâmes fort ensemble, lors de notre dernière entrevue. Je vous laissai bâillant, vous me laissâtes allant dîner en ville» (I, 204). Et après le récit de la rencontre avec la jeune fille au cours de la nuit de l'incendie, Töpffer insère une longue digression (supprimée par la suite) qui semble à première vue une attaque en règle contre «cette face vulgaire et blafarde, cet être sans sexe et sans âge qu'on nomme le public» (I, 217), mais qui est aussi une *captatio benevolentiae*. Dans les rapports avec le public, l'auteur se crée des sophismes pour justifier d'avance son échec: le premier, c'est qu'il écrit pour son plaisir et qu'il n'a cure de ce qu'en pense le lecteur; le deuxième, c'est qu'il n'est pas auteur professionnel; le troisième, c'est que le goût est corrompu et que son style ne correspond pas aux modes du jour; le quatrième, c'est qu'il n'appartient pas au milieu parisien; le dernier enfin, c'est qu'il écrit vite et que s'il avait voulu, il aurait pu mieux faire. Or ces arguments, qui mettent en lumière la manière dont Töpffer travaille effectivement et qui éclairent sa position dans le champ de la littérature, l'écrivain les présente comme des leurres, comme des moyens de se tromper. La figure de la dénégation, dans un registre volontairement comique ayant pour fonction d'en atténuer la portée, permet en fait de définir de manière oblique une esthétique et une écriture tout à fait personnelles. Dans cette optique, le passage qui suit, au cours duquel l'auteur fait raconter par son valet Jacques la nuit de l'incendie, apparaît comme particulièrement audacieux d'un point de vue stylistique, puisque Töpffer y accumule les traits expressifs d'une oralité populaire:

> Ma fréquentée, celle qu'on s'est promis ensemble de s'épouser. – Qu'as-tu là? qu'elle me fait. – J'ai une pleine brandée d'eau sur le corps. – Hé, Seigneur! est-il permis! qu'elle s'écrie; monte voir, qu'on te sèche [...]. (I, 221)

Ce jeu avec le lecteur rappelle le Diderot de *Jacques le Fataliste* et le Sterne de *Tristam Shandy*. La métalepse qui nous fait passer du niveau du narrateur à celui de l'auteur et vice-versa met en évidence la littérarité du texte et dans cette poétique, le dialogisme, dans son acception bakhtinienne comme dans son sens rhétorique, joue un rôle prédominant.

Dans «L'Héritage», cette variété de ton et cette autodérision disparaissent à la fin du récit, fortement marquée par le roman sentimental à la Richardson, tel qu'on en trouvait alors abondamment sous la forme de traductions dans la *Bibliothèque universelle* de Genève. Töpffer dut avoir conscience du problème proprement littéraire que posait la conversion de son personnage et, partant, du changement de tonalité stylistique. La manière dont il rend compte de la naissance de l'amour est significative à cet égard. Touché par la beauté de la jeune fille rencontrée dans la nuit d'incendie, le protagoniste rentre chez lui où tous les objets lui rappellent sa vie oisive et luxueuse en contraste avec la pauvreté de l'humble demeure de son amie; ce contraste diminue sa passion. A son réveil le lendemain, il considère sa rêverie amoureuse et ses idées romanesques d'un éventuel mariage comme «parfaitement extravagantes». Il faut l'intervention du parrain, qui veut le contraindre à épouser une demoiselle de la bonne société, pour qu'il réaffirme avec force son amour pour la jeune fille pauvre. L'amour est ainsi un moyen d'affirmer son autonomie et son identité face à ce substitut tyrannique du père: «C'est ainsi que provoqué par l'outrage, l'amour renaissait dans mon cœur, s'y confondant avec la pure flamme du désintéressement, avec l'énergie des sentiments vrais et honnêtes» (I, 234). Le caractère hyperbolique du ton prête à sourire et le récit reste encore enjoué et humoristique: en témoigne une nouvelle apostrophe au lecteur dans laquelle l'auteur ironise sur sa nouvelle situation. Le dénouement sentimental est précipité par les circonstances: accusé d'être un libertin qui a voulu profiter de la situation pour séduire une jeune vierge innocente, il veut autant par amour-propre (I, 238) que par passion effacer tout soupçon de libertinage en demandant la main de la jeune fille. Dans son étude[6] sur la naissance du roman romand au XVIIIe siècle, Claire Jaquier montre que le roman libertin, à l'exception de Madame de Charrière qui le traite à sa manière, n'a pas eu droit de cité en Suisse romande. Töpffer introduit ici le motif qui reviendra dans *Rosa et Gertrude*, mais en le moralisant grâce à la conversion du protagoniste sous l'égide du reste d'une figure pastorale, M. Lacour, qui sert de médiateur dans l'ultime séquence de l'histoire.

Ainsi donc le caractère hétérogène de ce récit hybride où se mêlent les tons persifleur et sentimental, où le dénouement moral contraste avec l'indifférence du protagoniste au début du récit, où la littérarité est fortement mise en évidence par le dialogisme, n'a-t-il pas pour but de mettre en question ces valeurs morales qui semblent assurer le bonheur petit-bourgeois du héros? En tout cas, le ton lyrique hyperbolique sur lequel est évoqué le temps de la félicité tranche sur ce qui est dit du bonheur conjugal au début de la nouvelle, lorsque le narrateur décrit un couple d'amis dont l'amour lui semble assommant!

ROSA ET GERTRUDE

Ces remarques m'amènent à mon troisième et dernier exemple: le roman posthume *Rosa et Gertrude*. Si dans *Le Presbytère* la forme du roman épistolaire permet le dialogisme des voix, *Rosa et Gertrude,* dans lequel Töpffer adopte la forme des pseudo-mémoires, si typique aussi du XVIIIe siècle, se présente au contraire comme un bloc monolithique, puisque le narrateur autodiégétique assume l'ensemble de la narration et que sa fonction pastorale lui donne l'autorité du savoir. Le style que Töpffer adopte tout au long du récit est profondément en accord avec l'âge et la profession de ce narrateur, et tous les autres personnages sont vus à travers lui, sans qu'il y ait place pour d'autres voix, sinon dans quelques dialogues (qui sont du reste souvent narrativisés) et à la fin dans quelques extraits de lettres des libertins.

Le narrateur est un vénérable pasteur, censé écrire cette histoire alors qu'il est âgé de quatre-vingt trois ans: «Aujourd'hui [temps de la narration] [...] je suis le patriarche bien-aimé d'une famille bénie»[7] (189). Les événements qui constituent la trame de l'histoire de Rosa et de Gertrude se sont déroulés dix ans plus tôt; le pasteur avait donc soixante-treize ans. Töpffer, si habile à pasticher les divers discours, prête à son personnage le style de sa fonction. Habitué à prêcher et à peaufiner ses sermons – il prêche même à Saint-Pierre –, il écrit et il parle dans la langue des grands orateurs, usant de toutes les ressources de la rhétorique:

– apostrophes: «mes chers enfants», «mes pauvres enfants», lorsqu'il s'adresse à ses protégées; ailleurs, «Madame Miller» ou «femme Miller», ou encore, s'adressant au jeune libertin: «arrière Satan», «arrière de moi Satan» (30-31);

– exclamations: «Que tu as été cruelle, Marie, repris-je, envers ces deux dames que j'ai retirées de l'abîme affreux où tu t'étais aidée à les précipiter!» (140);

– interrogations oratoires: «Mon Dieu, mon Dieu, est-ce donc que l'imposture a des secrets pour persuader que n'a pas la probité ?» (51);

– anaphores: «relevez-vous, leur dis-je, relevez-vous, Rosa et Gertrude» (97).

Les métaphores du narrateur sont le plus souvent empruntées au texte biblique et le pasteur abuse des adjectifs épithètes qui semblent souvent venir automatiquement sous sa plume, non seulement dans ses discours mais aussi dans ceux qu'il prête à ses deux protégées, pour qui la maison du pasteur est toujours «une sainte demeure». Par ailleurs, il recourt trop souvent à l'hyperbole: «une délirante affliction», «une morne stupeur», etc. Tout cela rend ce personnage à la fois touchant et légèrement ridicule. Mais cette naïveté n'est pas seulement un trait de caractère: elle remplit une fonction dramatique dans le récit. Même si le lecteur la pressent, il faut attendre le dénouement pour savoir la vérité sur l'histoire de la jeune fille séduite et sur le caractère du séducteur: tel Don Juan, celui-ci est un épouseur à toutes mains qui a abandonné Rosa après avoir mis en scène un mariage secret.

Tout au long de ces mémoires, le narrateur intervient constamment, par son style émotif, pour en authentifier la vérité et pour émettre un certain nombre de maximes qui traduisent sa vision du monde, où tout est ordonné selon les voies insondables de la Providence divine. Du mal peut surgir le bien. La souffrance est rédemptrice. Ceux qui ont enfreint les commandements de Dieu sont inévitablement punis, mais les pécheurs peuvent se racheter par le repentir. Töpffer met en parallèle la mort de la prostituée Marie et celle de la fautive Rosa. A la première, le pasteur extorque un repentir tardif, non sans abuser de son pouvoir pastoral: «Eh bien, Marie, [...] te voici déjà couchée sur le lit de douleur et peut-être en train d'aller bientôt rendre compte» (134). On est loin de la bonté du Christ pardonnant à la prostituée. En revanche, l'agonie de Rosa est présentée comme la transfiguration d'une sainte, parce qu'elle a suivi les bons conseils de son pasteur.

Au dialogisme qui prédomine dans les nouvelles ou dans les textes plus spontanés de Töpffer, comme les *Voyages en zigzag*, semble ainsi s'opposer ici un ensemble monolithique ne laissant en apparence aucune place à la pluralité des discours. Toute la construction du roman paraît à première vue imaginée pour déboucher sur une seule vérité, celle de la morale traditionnelle, des valeurs patriarcales, de la rédemption par la souffrance et par la mort et de la récompense des bons à défaut du châtiment des méchants, dont on ignore le sort à la fin du récit. Ce monolithisme du discours pastoral qui s'auréole du prestige de l'âge et du sentiment d'avoir eu raison donne effectivement à ce roman son caractère aujourd'hui désuet. Et pourtant! Töpffer n'a pas totalement cimenté sa construction: certains éléments viennent en quelque sorte perturber cet ordre.

Tout d'abord la sénilité du pasteur: au moment où il ne sait si ses deux protégées ne sont pas peut-être ce qu'il appelle par euphémisme des créatures, il s'interroge en ces termes:

> Ou bien encore, car je me fais vieux et l'esprit baisse avec les années, n'étais-je point la dupe maladroite d'un artifice même mal fait, et ma sénilité elle-même ne m'avait-elle pas tendu le piège auquel je m'étais pris en me faisant le protecteur de deux aventurières intéréssées à cacher leurs vices et leurs déportements derrière le voile respecté de ma robe? (32)

Cette naïveté dont nous avons déjà souligné la fonction dramatique apparaît aussi comme le signe d'une faiblesse de ce personnage donné par ailleurs comme trop parfait. Certes Töpffer n'a pas voulu faire du pasteur Bernier une caricature de pasteur modèle, mais son nom (Bernier-berné) ne le prédestine-t-il pas à être victime de cette innocence peu compatible avec son âge et sa fonction? En tout cas, le romancier fait ressortir la singularité du personnage lorsqu'il évoque la réaction de ses paroissiens et de ses confrères dans cette affaire. Ceux-ci lui reprochent «d'outrepasser les bornes d'une charité bien entendue, et [de] détruire gratuitement la sainte austérité que doit toujours respirer le domicile d'un pasteur» (109). Et lorsqu'il persiste contre vents et marées, il s'interroge tout de même sur son comportement anormal qui fait fi de «la stricte rigidité des convenances tant sociales que morales»:

> Que pouvais-je faire, moi obscur et dénué, que de veiller de près et par mes propres yeux sur deux infortunées que les orages déchaînés avaient chassées haletantes déjà et à bout de leurs forces jusque dans l'abri de ma demeure? Et néanmoins ce blâme m'était sensible, en tant qu'il partait de personnes vraiment religieuses et dignes de toute mon estime, en telle sorte que l'amertume, le découragement et jusqu'au doute lui-même sur mes propres efforts, venaient par instants m'assaillir sans que je me trouvasse toujours en mesure de les combattre. (110)

C'est là un des rares moments du récit où le pasteur s'interroge sur le bien-fondé de sa conduite et où ses certitudes, si fortes habituellement, sont ébranlées. En rapportant le discours de l'opinion publique, Töpffer oppose la position excentrique de son héros et celle de la bonne société genevoise qui désapprouve son imprudence. Par ce contraste des voix, le romancier souligne le caractère atypique de son personnage et met indirectement en question le conformisme de ses compatriotes. Il est aussi intéressant de noter, de ce point de vue, que le seul Genevois qui vienne en aide au pasteur Bernier dans ces jours difficiles est le joaillier Durand, un simple commerçant des Rues basses.

Il est enfin un autre aspect qui doit retenir notre attention dans ce roman raté mais tout de même fort intéressant et qu'il vaut la peine de lire jusqu'au bout: je pense au rôle primordial qu'y joue l'argent – ce qui peut paraître curieux dans un récit sentimental et moralisant. Comme incarnation de l'idéal évangélique, le pasteur Bernier est pauvre, et le récit a aussi pour fonction de montrer qu'un dénuement honorable vaut mieux qu'une richesse douteuse: les deux héroïnes Rosa et Gertrude, qui appartiennent à l'aristocratie allemande, apprennent à vivre simplement dans l'austérité. En fait, c'est le manque de ressources financières qui les jette dans les bras du pasteur, bientôt accusé de détourner les biens destinés aux indigents de la paroisse au profit de ses deux protégées. Le narrateur souligne à plusieurs reprises, nous l'avons dit, à quel point la pauvreté honnête est préférable à un luxe choquant. Mais le dénouement de l'histoire – que Töpffer a, semble-t-il, remanié dans un sens optimiste – voit le mariage d'André, fils du pasteur, et de Gertrude, qui reçoit de sa famille une dot de cinquante mille florins d'Allemagne. Une somme aussi énorme fait naturellement problème au pasteur:

> Je me mis à redouter pour mon fils cette opulence soudaine. Puis, venant à songer qu'alors même qu'il serait probablement élu à une place de pasteur, ses ressources seraient bien mesquines encore pour qu'il pût faire vivre Gertrude dans une agréable aisance, je finis par me familiariser avec ce chiffre pourtant énorme [...]. (188)

Ainsi les scrupules du pasteur sont de courte durée et il peut terminer son récit en évoquant la joie de ses vieux jours et sa certitude de pouvoir affronter le jugement de Dieu «bien préparé à bien franchir le court passage de la mort» (189).

Comment expliquer cette apparente contradiction entre le discours sur la pauvreté et cette richesse inattendue? N'y a-t-il pas là une faillle dans le système de valeurs prêché tout au long du récit par le narrateur? Ou faut-il interpréter la richesse comme la marque de la bénédiction divine et par conséquent comme un ultime signe que le pasteur a eu raison contre tous? Dernière faille, enfin: au dénouement, si l'on apprend les machinations des libertins grâce à la découverte d'une cassette contenant leur correspondance, ceux-ci ne sont pas punis – comme si Töpffer, en laissant en suspens le sort de ces misérables, avait voulu réserver, dans une société patriarcale, le châtiment aux seules femmes.

Ainsi *Rosa et Gertrude,* roman en apparence monolithique, laisse percevoir par-ci par-là la singularité de l'écrivain: alors que le récit semble en accord avec la sensibilité protestante genevoise, il met en lumière la marginalité du narrateur protagoniste, qui triomphe contre l'avis de ses compatriotes. Töpffer, si soucieux de respectabilité sociale, si inquiet de se sentir intégré dans la bonne société, si attaché à l'ordre ancien des choses, affirme ainsi néanmoins sa différence; et c'est cette différence qui fait de lui, aujourd'hui, un artiste encore vivant.

CONCLUSION

Au terme de ce rapide parcours, le dialogisme chez Töpffer apparaît donc comme un élément primordial de son écriture. Dialogisme au sens traditionnel de la rhétorique[8] qui multiplie les voix dans le récit. Dialogisme au sens bakhtinien qui fait s'entrechoquer les discours et donne ainsi de la réalité une image multiforme. Si ce constat est évident pour les nouvelles, il est aussi valable pour les romans où, sous le couvert d'une idéologie fortement imprégnée de moralisme protestant, Rodolphe Töpffer laisse cours malgré tout à ses fantasmes les plus profonds.

NOTES

1 Mikhail BAKHTINE, *Esthétique et théorie du roman,* Paris, Gallimard, 1978, p. 407

2 Voir *Töpffer,* Genève, Skira, 1996, pp. 133-188

3 *Ibid.,* p. 184

4 Rodolphe TÖPFFER, *Nouvelles,* 2 vol., Lausanne, L'Age d'homme, coll. «Poche suisse», 1986. Nous citons d'après cette édition en donnant entre parenthèses en chiffres romains le tome et en chiffres arabes la page.

5 *Töpffer, op. cit.,* p. 148

6 Claire JAQUIER, «Le roman au XVIIIe siècle: Madame de Charrière et les romanciers locaux», in *Histoire de la littérature en Suisse romande,* dir. Roger FRANCILLON, Lausanne, Payot, 1996, pp. 311-324

7 Rodolphe TÖPFFER, *Rosa et Gertrude,* Genève, Skira, 1944. Nous donnons entre parenthèses la page.

8 «Le dialogisme consiste à rapporter directement, et tels qu'ils sont censés sortis de la bouche, des discours que l'on prête à ses personnages, ou que l'on se prête à soi-même dans telle ou telle circonstance.» (FONTANIER, *Les Figures du discours,* Paris, Flammarion, 1977, p. 375)

POUR UNE RELECTURE DES ONZE PREMIERS «VOYAGES EN ZIGZAG»

par Jean-Daniel Candaux

On parle toujours des «Voyages en zigzag» comme s'ils formaient un tout ou comme s'ils constituaient un ensemble aux règles immuables. On sait cependant que les douze premiers voyages n'ont été composés par Töpffer qu'en manuscrit et que chacun d'eux était donc un *unicum,* jalousement conservé par l'auteur; que les quatorze autres, en revanche, ont été reproduits par le procédé de l'autographie et diffusés à quelques centaines d'exemplaires; et que Töpffer, finalement, n'en a retenu que neuf pour constituer les deux recueils de *Voyages en zigzag* imprimés et publiés par un éditeur parisien (le second à titre posthume).

Manuscrits, autographies, livres imprimés: les récits de Töpffer se présentent donc sous trois formes successives et si tous les récits imprimés ont existé d'abord en autographie (sauf un), les récits manuscrits ne furent ni autographiés ni imprimés du vivant de l'auteur. Il était donc légitime de penser que ces trois catégories de récits de voyages pouvaient présenter entre elles des différences qu'il serait intéressant de déceler et d'analyser. Je me propose d'amorcer ici cet examen en portant mon attention sur les récits manuscrits des onze premiers «voyages en zigzag» (le douzième constituant manifestement, du fait de son caractère funèbre, un cas unique dans les annales töpffériennes).

UN PRODUIT COLLECTIF POUR INITIÉS

Et d'abord comment les «voyages en zigzag» ont-ils été rédigés? Se fondant sur l'existence d'assez nombreux carnets de voyage conservés au Musée d'art et d'histoire de Genève[1], les biographes de Töpffer assurent que le voyageur rédigeait ses récits au retour, d'après les notes et croquis pris en cours de route. Or une lecture attentive des premiers récits révèle une tout autre pratique. Au soir de la première journée du voyage de juin 1826, «entrepris pour les progrès des beaux arts, des sciences et de l'industrie», les voyageurs arrivés à Saint-Martin descendent à l'Hôtel Belle-Vue: «Pendant qu'on prépare le souper, chacun vaque aux affaires de son petit ménage, puis on se réunit dans la chambre de Mr Töpffer pour délibérer au sujet du présent journal. Plusieurs orateurs de la troupe s'y font entendre, tandis que d'autres se délassent majestueusement etc.»

En automne de la même année, le «Voyage aquatico-historico-romantico-comico-comique dans le Nord-Est» donne lieu à trois notations plus décisives

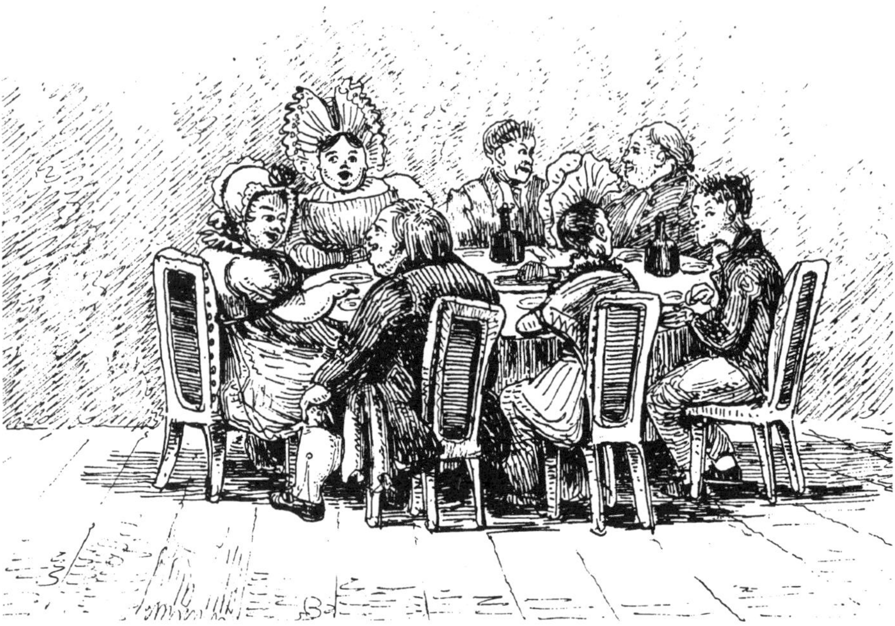

1. Le repas imaginaire du *Voyage aquatico-historico-romantico-comico-comique dans le Nord Est,* automne 1826. Genève, Bibliothèque publique et universitaire, collection Suzannet

encore. Le premier soir, la pension Töpffer fait étape à l'auberge du Chalet-à-Gobet: «Un feu allumé dans la chambre à manger tend de loin à nous sécher et réchauffer. Un bruit affreux de buveurs se fait entendre dans le bas de la maison. L'on se met à rédiger le présent journal. Souper excellent dans son principe, etc.» Au matin du sixième jour, les voyageurs s'embarquent à Lucerne par le plus beau soleil: «Notre navigation est si délicieuse que l'on décide à l'unanimité qu'elle sera décrite dans le style romantique seul en rapport avec l'exaltation actuelle des esprits». De fait, les cinq alinéas suivants, placés entre guillemets, constituent un amusant pastiche du romantisme à la mode. Enfin, au cours de la onzième journée, un ancien élève de la pension Töpffer, le Bernois Louis Zeerleder, rejoint la troupe à Arberg et l'accompagne jusqu'à Morat, où l'on descend à l'Aigle: «Pendant que le souper se prépare, on fait lecture à Mr Louis du présent journal. Le timbre lugubre et infernal d'une pendule qui sonne les heures au-dessus de nos têtes interrompt souvent la lecture, et nous cause un effroi gai». Aucun doute n'est donc plus possible: le récit de ce voyage a été rédigé en cours de route, au jour le jour, du début à la fin du voyage. Le voyage «hyperbolique et hyperboréen» de l'automne 1827 contient une notation analogue. Le cinquième jour, après un déjeuner pris à Frütigen, au milieu des décombres du récent incendie, les voyageurs se dispersent: «plusieurs d'entre eux vont visiter les ruines du village; d'autres vont dessiner, Mr Töpffer à la tête d'une division va former un charmant établissement dans un bois voisin, où il s'occupe à rédiger le présent journal sous l'influence des conseillers qui l'entourent».

Dans ces premiers voyages des années 1826 et 1827, on constate donc une pratique fort éloignée de celle que décrivent les biographes de Töpffer. Le récit est rédigé non pas après le retour au bercail, mais au cours même du voyage, pendant les haltes de la marche ou le soir à l'étape. Et comme le texte fait fréquemment référence aux images, en indiquant parfois même leur emplacement dans l'album, on serait tenté de penser que le récit était non seulement rédigé, mais également illustré en cours de route[2]. Il appert, en outre, que le journal résultait d'une collaboration entre maître et élèves, puisqu'il faisait l'objet de délibérations où chacun pouvait défendre ses idées, présenter ses suggestions, donner ses conseils.

Pour les deux voyages de 1828, il existe un carnet de notes et de croquis pris en cours de route. N'est-ce qu'un hasard ou faut-il voir là l'indice d'une évolution dans la pratique rédactionnelle? Le fait est qu'on ne retrouve plus dans les récits suivants de notation analogue à celles des années 1826-1827.

Mais un fait demeure, aussi méconnu qu'incontestable: les récits des premiers voyages de la pension Töpffer, textes et images, ont été composés en cours de route, à chaud – et ils l'ont été par le maître avec la participation des élèves, en consortium. Ces élèves qui forment ainsi un collectif d'auteurs ne sont point anonymes, tant s'en faut. Chaque récit débute, on le sait, par une nomenclature qui non seulement indique l'identité de tous les voyageurs, mais relève aussi, avec autant de gaieté que d'humour, les particularités burlesques de chacun d'eux. Comme l'a fort bien noté Philippe Kaenel[3], «le récit de voyage commence ainsi à la manière d'une pièce de théâtre avec une distribution des acteurs». Tout cela est bien connu et je n'y insiste donc pas. Mais ce qu'il importe de remarquer, c'est que, dans ces premiers voyages, chaque élève conserve tout au long du récit le caractère annoncé par la nomenclature initiale, comme le font en effet au théâtre ou à l'opéra les personnages d'une pièce.

C'est ainsi qu'en 1825, «M. Picot, dit le générique, voyage par suite d'une passion malheureuse et violente». En effet, dès la première journée: «On part. Différentes beautés de tout âge, de tout sexe et de tous pays se trouvent disposées en groupes sur le bateau. Parmi ces objets, il en est plusieurs, et parmi ces plusieurs il en est un qui fait battre le cœur de l'un des voyageurs et y fait des ravages profonds. C'est M. Picot qui a ce cœur». Tout au long du voyage, la passion malheureuse de l'élève Picot est évoquée par des allusions ou par de véritables morceaux de bravoure. Ainsi, le dixième jour, les voyageurs franchissent le Grimsel et parviennent au glacier du Rhône:

> C'est là qu'ils sont témoins d'une scène attendrissante. L'infortuné Picot, à la vue de ce fleuve dont les eaux vont dans quelques heures baigner les bords où vit l'objet de sa passion, ne peut s'empêcher d'en grossir le volume par ses larmes. D'une main tremblante, il ôte le bouchon attendri de sa bouteille émue et en faisant une libation, il prononce (dit-on) ces mots: «Onde pure à qui je porte envie, va, va vers ces lieux si chers à mon cœur, vers ces lieux qu'elle embellit de sa présence. Que ne puis-je égaler ta vitesse! Ah du moins, raconte-lui les tourments que j'endure, dis-lui bien que tous les glaciers du monde ne sauraient éteindre le feu qui brûle dans mes veines. *Et puis voilà*» (Expression favorite de M. Picot). Il dit, et s'éloigne triste et pensif.

Tous les élèves de la pension Töpffer n'ont peut-être pas autant de personnalité que Georges Picot, mais quasiment tous sont individualisés dans les récits des premiers voyages en zigzag par des particularités qui leur font jouer un rôle. Dans ce même voyage de 1825, par exemple, Zanella qui voyage «pour comparer la Suisse à Milan et se guérir d'une passion dont on n'ose parler», tient bien autant de place que Picot, puisque Turrettini voyage «pour chicaner Zanella» et Favre «pour ramener la gravité dans la troupe et accorder à Zanella une protection incertaine». Comme la plupart des élèves de Töpffer ont participé à plusieurs voyages, il serait amusant de constituer un jour un petit «Dictionnaire des voyageurs en zigzag», qui regroupe pour chacun d'eux les traits, les anecdotes, les hauts faits et les mots qui le particularisent.

Les mots d'ailleurs mériteraient une étude à part. Fasciné par les images, Töpffer l'était aussi par les mots et les «voyages en zigzag» le montrent attentif à ceux qu'employaient ses élèves et prêt à faire écho à leur vocabulaire. On sait donc que Georges Picot aimait à dire: «Et puis voilà» et qu'il se déplaçait avec son flacon de «nisette». On sait aussi par le générique du voyage de 1825 que Louis Zeerleder voyageait «pour voir quelques nouvelles nayades, pour apostropher les beaux sites, pour les ruines et le *doux*». Le mot qui est souligné dans le texte va revenir comme un leitmotiv tout au long du voyage, employé dans des acceptions diverses, mais le plus souvent pour désigner dans les auberges les desserts servis à la fin des repas. Souper de la première journée: «soupe à l'eau, graisse, du doux». A Interlaken: «nichts cartoffeln-reusti, côtelettes sèches, point de doux». A Saint-Gingolph: «truite, peu de doux, lits assez bons, peu cher». Manifestement, le mot avait été adopté par la troupe. Car en dehors des expressions et des façons de dire propres à tel ou tel voyageur (entorses à la grammaire et à la langue d'autant plus remarquables, semble-t-il, qu'elles étaient plus fautives), les «voyages en zigzag» révèlent que la pension Töpffer avait des mots à elle, des mots qu'elle avait formés et pris en affection, si l'on peut dire, et qui, n'étant utilisés et connus que d'elle, lui servaient en quelque sorte d'emblème identitaire. La fameuse «bourse commune» en est l'exemple le plus connu, mais non le plus significatif, puisqu'il appartient au vocabulaire courant de la langue française. L'usage géographique du mot «spéculations» est tout aussi fameux.

Mais voici le cas plus remarquable du «velu», nom propre de lieu, devenu pour la pension Töpffer un mot commun doté d'une signification à soi. Troisième journée du voyage à Chamonix de 1828: «La marche est continuée et nous mène dans les parages de Velu, nom à jamais affreux! nom de cahotante et pierreuse mémoire! nom perfide qui semble indiquer quelque chose de velouté et qui ne représente que des rocs pointus, roulants, pénétrants, insinuants, abymants et néfastes». Si affreux soit-il, le mot est adopté. Dès le lendemain, la troupe se retrouve «dans un sentier *velu* qui dès l'entrée crispe nos articulations». Dans la suite du récit, le mot revient à réitérées reprises. On le voit réapparaître dans le générique, où parmi les particularités de l'élève Georg Engelmann, l'on note une «démarche vaporeuse et légère quand elle n'est pas alourdie par la fatigue et les routes à la Velu». Enfin, suprême consécration, le récit porte sur sa page de titre: «Voyage à Chamonix avec accompagnement d'orgue et passage en velu».

Dans cette veine du vocabulaire d'initiés, la pension Töpffer a fait mieux encore. Voici ce qu'on trouve dans le «voyage hyperbolique et hyperboréen» de 1827. Première journée, sur le bateau, entre Ouchy et Vevey: «Ici paraît la grande barcapaile pour bientôt disparaître sans retour». Cinquième journée, après le débarquement à Unterseen: «La grande barcapaile se montre sur la gauche». Dixième journée, après une nouvelle navigation sur le lac de Thoune: «La Barcapaile a été vue». Le mot réapparaît trois ans après, dans le voyage à Turin de 1830. Seconde journée, au départ d'Annecy: «La barcapaile est vue sur la gauche, formant des orbes circulatoires sur l'aire plane du liquide élément. Grande question sans solution. Tourne, tourne, la barcapaile. Tourne, et point n'avance. Nous suivons la jolie rive du lac». D'après ce passage, le sens du mot ne fait guère de doute: il s'agit d'un tourbillon ou de tout autre phénomène lacustre propre à exciter ces angoisses du navigateur que Philippe Kaenel a si justement diagnostiquées chez Rodolphe Töpffer. Mais le vocable même de «barcapaile», qui se lit très nettement sur les manuscrits mais qui ne figure dans aucun dictionnaire, paraît bien être un mot convenu entre les voyageurs.

A côté des néologismes qui surgissent en grand nombre sous la plume de Rodolphe Töpffer écrivain, il conviendrait donc de dresser à part le petit lexique de ce qu'on pourrait appeler les «töpfférismes», ces mots propres à la pension Töpffer, que les élèves avaient adoptés sinon forgés eux-mêmes et qu'ils aimaient à retrouver dans les récits concertés de leurs voyages collectifs.

DES GAGS EN CASCADE

Mais au fait, ces premiers récits des voyages en zigzag de la pension Töpffer, de quoi parlent-ils? De monuments? Non point. De paysages? A peine. Mais alors? Il faut le dire d'entrée de jeu. Les onze premiers «voyages en zigzag» que nous étudions ici sont presque entièrement remplis par la relation de ce qu'il était convenu de désigner par le joli mot de «péripéties». Or si le gag est bien une «situation inattendue de la vie réelle, généralement burlesque, qui provoque la surprise»[4], c'est bien de gags qu'il s'agit ici. Tout est matière à gags – et nombre de gags donnent matière à illustration.

Puisqu'il s'agit de voyages, voici d'abord les scènes liées au déplacement même, à la marche et aux moyens de transport. Dès 1825, une suite de dessins en pleine page montrent tour à tour Louis Zeerleder écartant de sa pique un chien aux dents acérées, le char loué pour descendre le Simmenthal se brisant et versant «dans la fange» après une accumulation de sinistres présages, la porte verrouillée du pont de Saint-Maurice résistant aux assauts claironnés de la troupe, Louis Zeerleder (encore lui) dispersant de sa pique «une nuée innombrable de canards très féroces» à la sortie de Bex; enfin la «cage d'un genre inconnu» procurée par le maître de poste d'Evian pour voiturer la pension Töpffer jusqu'à Genève. Les voyages des années suivantes sont remplis de scènes analogues, illustrées ou non. En juin 1826, voici l'entrée en fanfare dans la ville de Cluses, la corrida des mulets dans la descente du Prarion, l'escalier de l'auberge de Martigny où vient s'échouer la troupe exténuée par le passage de la Forclaz, à Vevey enfin l'attendrissante scène de l'embarquement pour Genève. Parmi tant

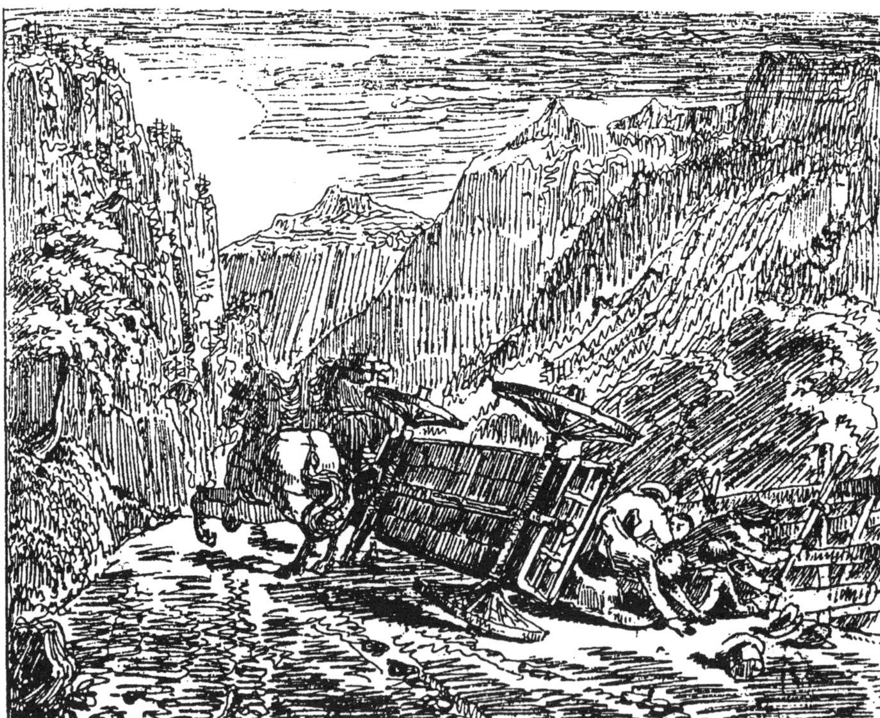

2. «Le char loué pour descendre le Simmenthal versant dans la fange», *Voyage pittoresque,* automne 1825. Genève, Cabinet des dessins du Musée d'art et d'histoire

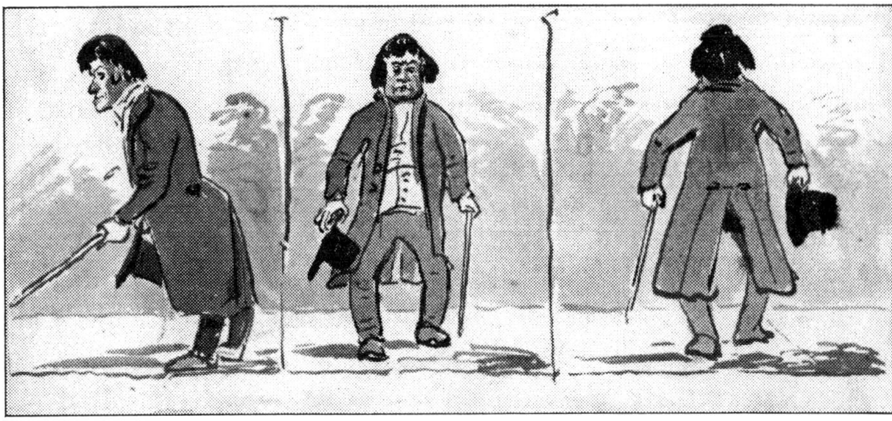

3. Le guide Thomas de Turin, *Voyage à Turin,* automne 1830. Genève, Bibliothèque publique et universitaire, collection Suzannet

d'autres morceaux de bravoure, il faut signaler le récit des marches nocturnes autour de Willisau et au départ d'Einsiedeln en automne 1826, sur Saarnen et au Righi en automne 1829. La traversée à la rame du lac de Thoune en 1827, le passage du nouveau tunnel des Echelles en 1829, la descente du col d'Anterne enneigé en juin 1830, l'interminable marche sur Faverges en automne 1830 sont autant d'épisodes tournés en gags – auxquels s'ajoutent magistralement les chutes successives de M. Töpffer dans les pierriers du «Velu» et du Grand-Saint-Bernard en 1828 et dans la vase de la Grande-Chartreuse en 1829.

A ces épisodes drolatiques de la marche, il convient d'annexer les portraits caricaturaux des guides employés par la pension Töpffer. Pour la montée au Righi, en 1826: «Nous demandons un guide et Loudi paroît! Jamais guide plus fabuleux, plus idéal, plus mythologique, plus inspiré, plus transpirant, ne s'étoit présenté à nos regards». En automne 1828, le guide de Turin, Jean dit Cerligno, tire si souvent son chapeau que «celui-ci a contracté sous la pression du pouce un luisant d'acier». Son obséquiosité cache d'ailleurs de réelles compétences. Bref, ce guide, «parfait dans son espèce», mérite le portrait. Celui de Milan, Charlot, est d'un genre tout différent: «Sa démarche est grenadière, son œil martial, sa figure belliqueuse, son encolure sèche et droite, son pas raide et cadencé». Il aura droit cependant au portrait, lui aussi, mais de dos, pour mieux faire sentir le comique contraste produit par son chapeau haut comme la tour de Pise et la «petite queue fine» qui s'en échappe. Mais la palme du burlesque revient incontestablement au guide Thomas, dont le voyage à Turin de 1830 donne trois portraits, de face, de dos et de profil, nécessaires pour faire saisir la «complète incompatibilité» que l'on constate chez lui entre le haut de sa personne, mobile, actif, fier et emporté – et le bas, traînard, languissant, humble et rampant.

Les étapes donnent lieu à d'autres gags, dont il est à peine nécessaire de parler tant ils sont faciles à imaginer. Les repas de chaque journée sont décrits et il est bien rare que ces menus d'auberge ne fassent pas l'objet d'un bref commentaire, le plus souvent satirique. Parmi d'autres, la scène des saucisses à éruption de Willisau mérite la mention. Quant aux couchées, est-il besoin de relever qu'elles ont toujours constitué en pareil cas un inépuisable réservoir de gags. A cet égard d'ailleurs, la pension Töpffer n'a manqué de rien: les «légions d'insectes» de Château-d'Oex (1825), les «lits soupçonneux» du Chalet-à-Gobet (automne 1826), le pot de chambre de Montreux (juin 1827), les «séditions, factions, divisions et cabales» de l'abominable auberge d'Aigle, le lit qui se casse sous M. Töpffer à Loëche-les-Bains (automne 1827), les cinq lits de Montmélian partagés entre vingt-trois voyageurs (juin 1829), les «légions de perce-oreilles coléoptères» d'Oberwil (automne 1829) forment autant d'épisodes déplorables compensés par l'humour et le rire.

Les récits analysés ici font également une place de choix à des scènes ludiques qui rappellent s'il en était besoin que les «voyages en zigzag» sont des courses d'école organisées pour des adolescents de quinze ans par un maître qui n'en a pas trente. Le voyage de l'automne 1827 est marqué, à la Gemmi, par une classique bataille de boules de neige. Mais ce n'est qu'un hors d'œuvre. Entre Brienz et Meiringen, «se passe un événement fécond en conséquences immenses,

4. L'un des épisodes de la «suite de guerres et de batailles» du *Voyage pittoresque, hyperbolique et hyperboréen,* automne 1827, Genève, Cabinet des dessins du Musée d'art et d'histoire

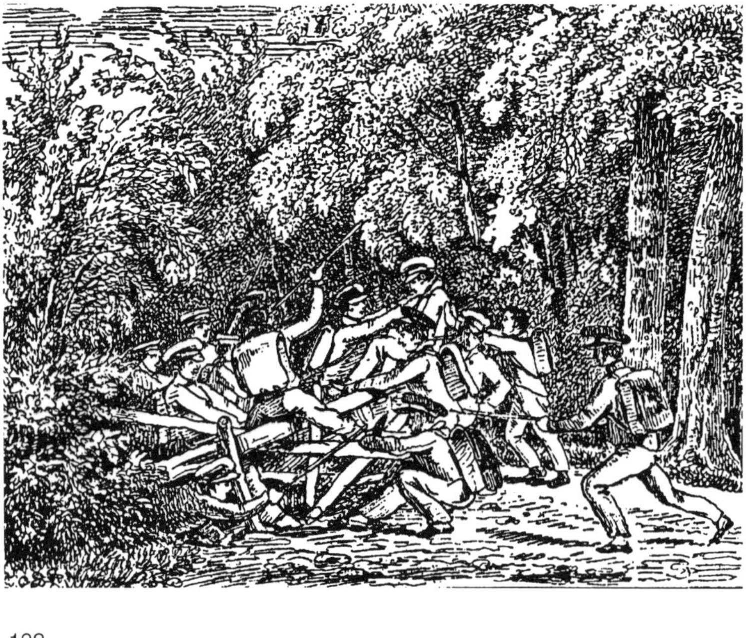

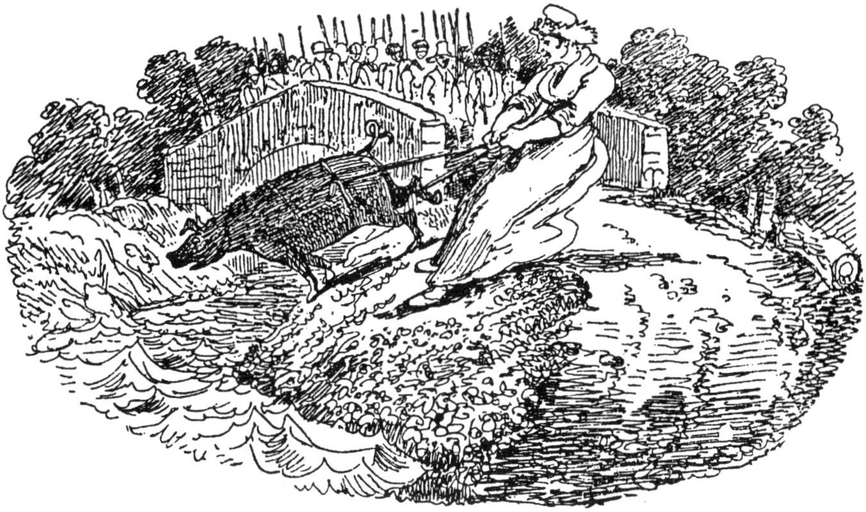

5. La pension Töpffer en «compagnie de lanciers», *Voyage à Chamonix avec accompagnement d'orgue et passage en velu,* juin 1828. Genève, Cabinet des dessins du Musée d'art et d'histoire

qui va forcer» le narrateur «à tremper ses pinceaux dans l'encrier de l'histoire». Il s'agit en fait d'une bagarre générale, qui se développe en une «suite de guerres, de batailles, de traités» et dont le récit, illustré de deux grands dessins, se prolonge sur neuf pages dans cet album qui n'en compte pas quatre-vingt. Deux jours plus tard, à Rosenlaui, la troupe récidive en se livrant à une vaste bataille de mottes de terre, dont l'imperturbable M. Töpffer, «en butte à mille coups plus ou moins mortels», se fait derechef l'historien et l'illustrateur.

D'autres jeux sont moins violents et plus inattendus. A Bonneville, en juin 1826, «M. Töpffer considérant une petite boutique, aperçoit des rubans rouges tissus avec de l'argent, et conçoit aussitôt la sublime idée d'instituer un ordre de chevalerie. Chacun achète une portion égale de ce précieux ruban. Madame Töpffer se charge d'en faire 15 cocardes flottantes pour nos 15 chapeaux et dès ce moment nous sommes tous chevaliers». Au cours du voyage de l'automne 1826, un jeu nouveau est inventé. Il s'agit de donner un repas où seraient réunis les aubergistes et les guides connus de la troupe: le vaporeux Loudi, Madame la députée de Schwytz, etc. «C'est avec grands éclats de rire que l'on se figure et que l'on fait agir et parler cette société de gens si loin d'être destinés à se trouver ensemble». Cela se passe au cours de la septième journée. Le jeu est repris deux jours plus tard et le récit du voyage s'orne alors d'un grand dessin représentant ce repas imaginaire et hilare de sept convives. On y revient encore au soir de la onzième journée, à Morat. «Nous sommes servis par une Hôtesse grande de taille énorme de pourtour. Arrêté qu'elle sera invitée au repas et qu'elle ira voir lever le soleil aux

Treize arbres.» En juin 1828, autre jeu encore: au moment de quitter le Prarion, l'un des élèves, Charles Bovet, «forme une compagnie de lanciers de la plus belle tenue, admirablement disciplinée et dont les évolutions variées égaient considérablement la descente». Cette formation subsiste jusqu'à l'entrée de Saint-Gervais-les-Bains, où peu s'en faut qu'elle ne précipite à la rivière un gros porc paniqué et sa conductrice. Cet inoubliable gag est croqué sur le vif par une savoureuse vignette töpfférienne.

Ce qui domine, pourtant, dans les réjouissances de ces premiers «voyages en zigzag», c'est la musique et la danse. La fête commence dès 1825, au fond du Val de Conches. A l'auberge d'Obergesteln, en effet, «M. Turrettini a découvert un violon dont il sait tirer des accords divins ou presque divins. Aussitôt, il propose de marier la danse avec la musique, et un bal se donne dans une salle de l'auberge que ces messieurs ont conquise par droit d'occupation. Diverses danses du meilleur goût y sont exécutées». Le récit töpfférien n'hésite pas à nommer les élèves qui tiennent lieu de «dames» (Favre, Sayous, Cazenove et Zanella) et il poursuit: «M. Louis y danse avec une légèreté d'un genre particulier qui ne laisse pas d'ébranler la maison. C'est encore là que M. Picot, instamment prié de chanter un cotillon, se rend à la demande générale et entonne un air d'autant plus sublime qu'il est moins connu». On voit la scène.

Le voyage de juin 1826 se fait d'un bout à l'autre en musique, car M. Turrettini part avec un «cor de chasse au côté». A Saint-Martin, dès le matin du second jour, «l'on charge les havre-sacs et l'on part au son de la fanfare d'usage. M. Sayous organise une symphonie vocale à laquelle chacun prend une part plus ou moins concordante». Le voyage du juin 1827 est marqué par une «musique générale» exécutée sous un hangar, près de Bex, en attendant que cesse la pluie, «chacun faisant mille manœuvres bruyantes, au grand préjudice de l'Académie». L'automne suivant, à Loëche-les-Bains, «en attendant le souper, la caravane s'engage dans des chants d'une harmonie à tout rompre»; et à Château-d'Oex, le douzième jour, il y a chant, bal et colin maillard. En juin 1828, à Saint-Gervais-les-Bains, après un «déjeuner exquis», «un bal s'organise, des russes, des valses sont dansés avec succès, mais une galope surtout enlève tous les suffrages».

Le voyage de juin 1830 sera agrémenté d'un air de flûte avec bal au Col des Montets et d'un piano, bal et cotillon à Chamonix, mais c'est le «voyage entre deux eaux» de l'automne 1829 qui bat les records. Dès le second jour, à Château-d'Oex,

> pendant que l'on prépare un bon souper, un bal s'établit dans la salle, au son d'un instrument de poche dont le voyageur Galline tire des sons déchirants. Plusieurs danses plus ou moins légères ébranlent la maison, mais on remarque surtout un solo d'ailes de pigeon exécuté par M. Ritter avec une vélocité admirable. M. Töpffer, jaloux des suffrages qui accueillent le danseur, se met subitement en branle et s'efforce de pigeonner de son mieux; mais il ne peut recueillir que les éclats bruyants d'une hilarité moqueuse...

Deux jours plus tard, à Oberwil – et c'est sans doute le gag le plus incroyable de toute cette série – la scène a lieu au réveil. «M. Töpffer, sentimentalement

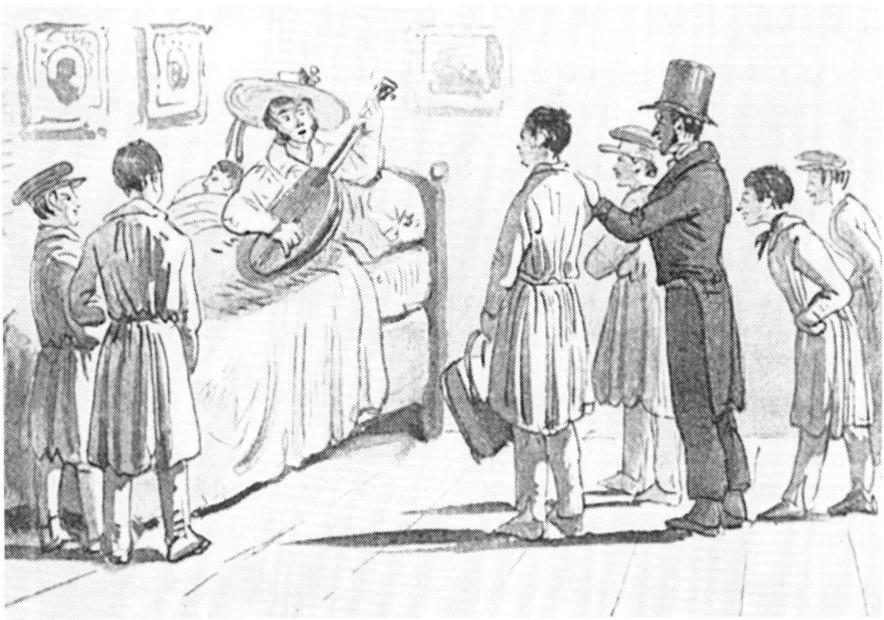

6. M. Töpffer à son réveil improvisant sur le luth, Oberwil, *Voyage entre deux eaux,* automne 1829. Genève, Cabinet des dessins du Musée d'art et d'histoire

perché au sommet de son matelas, tient dans ses bras un luth nasillard, sur lequel il improvise comme Jehan de Saintré... A l'ouïe de ces sons mélodieux, les autres voyageurs accourent, entourent le lit, forment comme une brillante assemblée; alors M. Töpffer déposant la guitare, il s'ensuit un fac-similé de la *Mort de Calvin*»[5], ce que montre en effet un dessin en pleine page d'une troublante vérité. Mais les gaietés de l'escadron ne s'arrêtent pas là, puisque deux jours plus tard, à Lungern, la pension Töpffer tombe en plein bal du Tir à la carabine et qu'à Küssnacht enfin, au retour des brumes et pluies du Righi, «l'on établit une grande sécherie d'habits, l'on est réduit à se revêtir de costumes comiques... Une fois parés, les voyageurs ouvrent un grand bal où la musique est fournie gratis par les ménétriers Galline et Soutzo... Ensuite a lieu un concert vocal, interrompu par un souper excellent: perches, bon vin...»

ET LES ALPES ALORS?

On comprend qu'au milieu de ces jeux, de ces ris et de ces plaisirs, les sites, les monuments, les diverses curiosités qui jalonnent l'itinéraire ne suscitent qu'une attention fugitive. La statistique des illustrations est d'ailleurs assez significative à cet égard. Dans les onze premier «voyages en zigzag», sur un total de

230 illustrations, plus de 180 mettent en scène les voyageurs, une cinquantaine à peine donnent à voir des monuments et des sites naturels en eux-mêmes.

François Rever avait organisé pour ses Centraliens une véritable inspection des foyers de l'industrie naissante[6]. La pension Töpffer, en juin 1826, fait étape à Papiermühle et en repart «après avoir visité la papeterie du lieu». En juin 1827, descente aux Salines de Bex: «Chacun se plaint de n'y pas voir clair... Nous visitons le grand réservoir, un puits de 800 pieds dans lequel on jette du feu pour en mesurer la profondeur et au milieu de la fumée des lampes et des cris de: Je n'y vois pas! Eclairez ici, la lampe! la lampe!, l'on parvient à sortir de ce séjour ténébreux et humide». En juin 1828, étape à Sixt: «après le déjeuner, la troupe va visiter les forges dont M. Dejean est le directeur, examine l'usage de chaque instrument, voit travailler des barres de fer, et chargée de science et de café schisteux, part pour une autre expédition, la cascade du Rouget». En automne 1828, à Turin, «nous visitons [...] l'hôtel de la Monnaie, où nous voyons fabriquer des pièces de deux francs avec une rapidité réjouissante, le spectacle, qui est public, doit être mortel pour les gueux qui abondent dans Turin». En septembre 1830, enfin, lors de l'étape de Moûtiers (Tarentaise): «Pour passer le temps, l'on va visiter l'Ecole royale des Mines, école solitaire à écoliers invisibles. Laboratoire assez beau. Salle de réactifs où se trouvent dix à douze petites bouteilles. Salle de minéraux, rangée de cailloux, d'écoliers, point. Retour à l'auberge». On le voit: la visite des industries est encore un prétexte à gags.

Les monuments et sites anciens ne sont mieux traités. A Fribourg, en septembre 1826, on fait l'ascension du clocher de la cathédrale. «La construction de ce clocher remonte à plusieurs siècles, ce qui fait que les voyageurs ne sont nullement étonnés d'apprendre de leur *cicerone* que ceux qui l'ont construit sont morts». Très essoufflé, ce pauvre *cicerone* ne peut qu'indiquer du doigt les 365 marches de l'escalier. «Il paraît qu'un clocher à fleur de terre serait bien mieux son affaire». Le lendemain, halte à Hindelbank et visite du tombeau de Mme Langhans: «ce fameux monument, si l'on en excepte l'idée morale et religieuse, est fort médiocre sous tous les autres rapports et nous semble à tous peu digne de sa grande réputation». Le cimetière de Lucerne parvient en revanche à séduire les voyageurs: il faut dire que «la nuit tombe déjà et ajoute à l'impression que produit cette romantique demeure des morts... Au travers de quelques fenêtres gothiques percées dans la muraille on découvre au loin le lac des Waldstätte qui réfléchit comme une glace la lueur mourante du jour et les sombres teintes des rocs couronnés de sapins». Pour une fois, l'émotion semble avoir gagné Rodolphe Töpffer, qui va jusqu'à relever l'épitaphe d'une jeune femme de vingt et un ans et à la reproduire en texte et en traduction dans la vue particulièrement soignée qu'il consacre à ce site exceptionnel. Mais l'humour reprend vite ses droits. A St. Urban, cinq jours plus tard, les voyageurs «visitent l'intérieur du couvent où sont répandus les parfums d'une excellente cuisine». Le lendemain, à Soleure, visite de l'Arsenal: «Un gros homme très essoufflé nous le fait voir. On décide qu'il sera invité au repas et placé à côté de Madame de Zoug pour pouvoir profiter de son éventail».

Le ton ne change guère par la suite. A Milan (1828), la Cène de Léonard de Vinci «ne présente plus qu'un nuage confus où l'on démêle à peine quelques traits effacés, quelques nuances pâles, dans lesquelles les connaisseurs voient encore tout le génie de Léonard de Vinci. Charlot est de ce nombre. Pour nous, nous croyons sur parole». Le Pélerinage à la Grande Chartreuse, en juin 1829, consacre une page à la «revue du couvent», mais pour ce qui est de la chapelle romane de Saint-Bruno, «ce site est trop célèbre pour que nous essayons d'en parler». Enfin, au cours du voyage à Turin de septembre 1830, à l'étape de la cité d'Aoste, «on profite du reste du jour pour visiter les Antiquités, que par malheur, les autorités de la ville s'efforcent de rajeunir par de respectueux blanchiments qui leur ôtent cet air de vétusté bien plus respectable encore. D'immenses écriteaux les protègent contre les ordures, moins insupportables pourtant que les immenses écritaux». Somme toute, pour la pension Töpffer, les monuments et sites anciens, à une ou deux exceptions près, ne sont que matière à plaisanterie quand ils ne sont pas livrés au feu de la critique.

En va-t-il autrement de la nature et des paysages ?

Avant d'apporter à cette question la réponse nuancée qui convient, il faut rappeler qu'à l'évidence Rodolphe Töpffer est attiré par les Alpes. Il aurait pu, comme d'autres maîtres de pension l'ont fait, conduire ses élèves à Lyon, à Bâle, en Alsace. Tel ne fut pas le cas. Tous ses «voyages en zigzag» sont organisés dans les Alpes, au pied des Alpes, à travers les Alpes.

Il faut rappeler aussi qu'à l'époque de Töpffer, la plupart des jeunes gens de bonne famille savent dessiner. C'est ce qui explique que les «voyages en zigzag» soient ponctués de haltes destinées à permettre aux «artistes» de remplir leurs carnets ou leurs albums de croquis. Il faut rappeler enfin, autre évidence, que la marche à pied et les randonnées alpestres sont, plus que tout autre forme de tourisme, tributaires de la météorologie. Le climat de l'Europe a-t-il changé depuis le début du XIXe siècle? Il est en tout cas frappant de relever le nombre de trajets que la pension Töpffer a dû effectuer sous la pluie ou dans l'orage. C'est ainsi qu'en septembre 1829, au sommet du Righi, «non seulement le soleil que nous sommes venus chercher si haut ne se lève pas ce jour-là, mais un brouillard opaque, mélange glacé de pluie de neige, couvre toute la nature et nous inclusivement». Ce n'est pas la seule déception que la pension Töpffer éprouve dans les Alpes. La cascade du Staubach en 1825 «paraît au-dessous de sa renommée». Celle d'Arpenas en juin 1826 est «pauvre en eau dans ce moment». A la Gemmi en 1827, les voyageurs sont révulsés par «le noir, sale et marécageux lac Daubensee».

Il arrive aussi que des sites naturels ne servent, comme les monuments bâtis, que de cadres aux gags de la troupe. C'est ainsi qu'en 1825, la chute d'une casquette dans la rivière et sa disparition «dans des bouillons affreux» sont tout ce que retiennent les voyageurs de la source de l'Aar; qu'en juin 1826, l'absence de toute ressource au pavillon du Prarion, qui est en travaux, donne lieu à de véritables scènes de désespoir et que l'accès à la Mer de glace, en juin 1828, se fait au milieu d'une kyrielle d'exploits hilares et grotesques.

Néanmoins, la pension Töpffer ne reste pas insensible à la beauté des paysages alpestres – que l'on pourrait classer en trois catégories, à la manière des guides Michelin, selon le degré d'admiration qu'ils suscitent. Parmi les paysages qui mériteraient une étoile, on peut mentionner le panorama du col de Jaman (1825), la cascade du Reichenbach, dont «l'aspect est frappant» (1825), le panorama du col de Balme, «excessivement sauvage» (juin 1826), Grindelwald vu de la Scheidegg, «beau coup d'œil» (1827), la cascade du Rouget, «magnifique», et le Fer à cheval (1828), sans oublier Saint-Didier au Val d'Aoste, qui exige une «halte d'admiration» (automne 1830). Auraient droit à deux étoiles la mer de brouillard sur le Lac des Quatre-Cantons et le sommet du Righi que la pension Töpffer a vus par beau temps en automne 1826, l'enfilade des lacs de Thoune et de Brienz vue d'Aeschi, «l'un des plus beaux aspects qui puissent charmer l'œil du voyageur» (septembre 1827), l'Isola Madre des Iles Borromées, véritable Eden (automne 1828), le désert de la Grande-Chartreuse (juin 1829) et la «scène magnifique» que l'on découvre au sommet du col du Brünig (automne 1829). Enfin, seul paysage à trois étoiles, me semble-t-il, l'arrivée à Chamonix au soleil couchant (juin 1826):

> Le Mont-Blanc qui a été couvert de nuages pendant la journée se découvre vers le soir. Nous faisons une halte pour admirer le plus beau spectacle qui puisse frapper les yeux de l'homme. Les neiges brillantes d'une magnifique couleur de pourpre passent peu à peu à une teinte bleuâtre. Le soleil descend et bientôt tout entre dans la nuit. Nous poursuivons notre route, pénétrés d'admiration pour les merveilles que nous venons de contempler.

Court instant de véritable émotion. Mais Töpffer se reprend aussitôt en enchaînant sur un nouveau gag: «Une fanfare annonce notre entrée à Chamonix».

Avant de conclure, une dernière question doit être posée. Töpffer, dans ses onze premiers «voyages en zigzag», est-il, si peu que ce soit, le disciple de Philippe-Sirice Bridel? a-t-il fait visiter à ses élèves les sites liés aux «grands souvenirs» de l'histoire suisse? a-t-il organisé les pèlerinages patriotiques au Grütli, à Morgarten, à Sempach préconisés par l'helvétique doyen? Etonnamment, la réponse est oui – mais il faut voir les textes.

Voyage pittoresque de 1825, seconde journée, entre Montbovon et Château-d'Oex: «On nous montre un champ de bataille où les Bernois ont autrefois battu les comtes de Gruyère, ce qui exalte les sentiments patriotiques de Louis [Zeerleder]. Picot n'étant point du tout exalté poursuit sa marche...» Voyage dans le Nord-Est de 1826, troisième journée: «Plus loin, dans un site magnifique, se présente le château de Laupen, et l'on se retrace avec intérêt la mémorable bataille dont ce lieu fut le théâtre». Même voyage, cinquième journée: «Bientôt l'on découvre le lac de Sempach, le village du même nom et le terrain sur lequel fut livrée la fameuse bataille. De pauvres paysans font leur route derrière nous...» Même voyage, septième journée: «Avant de quitter Schwytz, nous allons visiter le tombeau d'Aloys Reding et payer notre tribut d'admiration à la mémoire de ce brave descendant et imitateur des anciens Suisses». Même voyage, huitième journée:

> Près de Lucerne, nous allons visiter le monument élevé à la mémoire des Suisses du 10 août. Le jour est déjà sur son déclin, et le moment favorable en ce qu'il grandit encore le lion colossal qui attire nos regards. Ce monument nous semble réunir toutes les conditions propres au genre… L'allégorie est simple et noble, il ne faut aucun effort pour en deviner les parties accessoires et le lieu est éminemment beau et pittoresque. Un Suisse échappé au massacre du 10 août est le *cicerone* à qui l'on a affaire; et l'on regrette d'être réduit à mettre la pièce dans la main d'un homme que sa destinée glorieuse semblait réserver à un autre métier.

Enfin, voyage entre deux eaux de 1829, sixième journée:

> Tout à coup se montre à nos yeux la prairie du Grütli, un triple hourra parti des deux bateaux à la fois salue le sol sacré de la liberté, et bientôt nous sommes déposés sur la rive. Nous visitons les sources consacrées aux trois héros et gravissant le sommet du promontoire, nous foulons sous nos pieds le sol qui les porta. L'assemblée forme un vaste cercle et MM. Delaplanche, Ritter et Töpffer se plaçant au milieu, ce dernier prononce une harangue d'autant plus courte que n'étant pas longue, elle reste inachevée par le fait d'une conspiration qui éclate pendant la peroraison. Cette conspiration… a pour but de renverser M. Ritter sur le gazon du Grütli. Au moment où celui-ci, levant les trois doigts, prend la pose classique une légion de grands et petits scélérats se jette sur lui, se pend à sa ceinture et tiraille son centre de gravité, avec une ténacité et une perfidie remarquables. Mais non moins remarquable et bien plus héroïque, M. Ritter résiste sur tous les points et sort vainqueur de cette lutte terrible. MM. Töpffer et Delaplanche… gardent une stricte neutralité, que depuis on a cherché à noircir.

En résumé, une demi-douzaine de sites historiques, dont deux sont visités dans l'indifférence, deux autres sans enthousiasme, le cinquième au milieu des gags et des bagarres, un seul, le Lion de Lucerne, avec un réel intérêt.

▪

Il me faut tenter, pour conclure, de tirer un premier bilan de cette trop rapide enquête.

Je crois pouvoir affirmer, en premier lieu, que mon hypothèse de départ sur les diverses catégories des «voyages en zigzag» paraît fondée: si les différences qui distinguent les voyages autographiés des voyages imprimés restent à préciser, le clivage entre ces deux catégories de voyages publiés et celle des voyages restés manuscrits saute aux yeux.

Les récits des voyages des années 1825-1830 n'ont pas été rédigés après coup, à Genève, sur la base des carnets de notes et des albums de croquis pris en cours de route, mais bien au jour le jour, à chaud, au milieu et avec la participation des élèves de la pension, même si l'on peut pas exclure que les manuscrits qui nous sont parvenus ne soient des mises au net des «brouillons» rédigés en chemin et détruits après avoir été recopiés.

Ces premiers récits ne font d'ailleurs que raconter la vie des voyageurs eux-mêmes, maîtres et élèves, qui occupent constamment le devant de la scène et sont le vrai sujet du livre. La route et les étapes fournissent naturellement une riche matière à la narration, mais toujours en rapport direct avec la pension Töpffer. Quant aux localités, aux monuments, aux paysages, ils ne constituent somme toute qu'un décor.

On pourrait être désappointé par cette constatation: si intéressante soit-elle, la pension Töpffer n'est pas le nombril du monde! Sur les auberges, les guides, les moyens de transport, on recueille, il est vrai, des impressions vécues. Mais sur les pays parcourus, on n'apprend rien ou presque rien. La visite à Pierre Balmat, le vénérable guide de Chamonix, en juin 1826, reste une exception.

Ce qui caractérise aussi ces onze premiers voyages et leur confère une indéniable unité de conception et de ton, c'est que tous les événements, toutes les incidents, tous les avatars y sont tournés en plaisanteries et en gags. Le lion de Lucerne mis à part, rien ne résiste, rien n'échappe à cette gaieté permanente, à ce charmant persiflage dénué d'amertume et de méchanceté, à cette ironie bon enfant, qui sont souvent l'apanage de l'adolescence.

Et voilà bien ce qui frappe le plus. Ces récits de voyage rédigés par un pédagogue calviniste et qui pourraient être d'une lourde pédanterie brillent de l'éclat de la jeunesse. Ils en ont tout l'élan, toute la fraîcheur, toute la spontanéité, toute l'insolence, toute la légèreté. Non seulement Töpffer a su jouer avec ces adolescents qui jouaient, mais il a su donner de leurs jeux une relation qui elle-même se joue constamment de tout.

Somme toute, tiendrait-on là l'un des chefs d'œuvre de l'autobiographie et de la littérature juvéniles[7]?

NOTES

1 Jean-Daniel CANDAUX, «Chrono-bibliographie des "Voyages en zigzag"», dans le collectif *Töpffer*, sous la direction de Daniel MAGGETTI, Genève, Skira, 1996, pp. 253-258

2 Un examen plus attentif sera sans doute nécessaire pour savoir si les albums conservés au Musée d'art et d'histoire de Genève peuvent être identifiés aux récits rédigés en cours de route. Si l'on concluait que ces albums sont des mises au net, il faudrait admettre alors que Rodolphe Töpffer aurait volontairement détruit ses brouillons composés en chemin.

3 Philippe KAENEL, «Les voyages illustrés», dans *Töpffer, op. cit.*, pp. 201-252, et plus précisément p. 207

4 Voir *Trésor de la langue française,* Paris, CNRS, 1981, t. IX, pp. 9-10

5 Le célèbre tableau de Joseph Hornung datait de 1829.

6 Voir Jean-Daniel CANDAUX, «Rodolphe Töpffer a-t-il inventé les *Voyages en zigzag?*», dans *Töpffer, op. cit.*, pp. 189-199, et plus précisément pp. 192-193

7 Qu'il me soit permis de remercier ici Danielle Buyssens pour la lecture attentive qu'elle a bien voulu faire de ce texte.

EXCURSION, EXCURSUS ET EXCENTRICITÉ DANS *LE VOYAGE PITTORESQUE FAIT EN 1825*

par Adrien Pasquali

On se promène, on flâne, on excursionne, on zigzague, on digresse beaucoup dans l'œuvre de Töpffer, qui pourrait à sa façon infirmer l'idée reçue et colportée par les «géomètres» que la ligne droite est le plus court chemin allant d'un point à un autre. Xavier de Maistre a cru devoir le lui reprocher dans un premier temps, à propos de certains passages de *La Bibliothèque de mon oncle*[1]; mais Charly Clerc le soulignait diversement, dans son parallèle avec Gottfried Keller, et désignait cette manière de conduire un récit comme une «tendance aux parenthèses»[2].

Les géomètres, dis-je; le rapprochement n'est pas gratuit: recensant les locataires de l'immeuble où son oncle Tom le loge, Jules, le protagoniste de *La Bibliothèque de mon oncle,* rapporte que, à l'avant-dernier étage, «vivait très-retirée une famille nombreuse, dont le chef était un géomètre employé au cadastre»[3] (109). Quelques pages plus loin, après diverses rêveries amoureuses anglophiliques, occupé à son travail de portraitiste-copiste dans sa mansarde, Jules fait la connaissance de la fille du géomètre, Henriette, qui seconde son père pour subvenir aux besoins de la famille; à cet effet, elle occupe une pièce voisine de sa mansarde. Jules la rencontre, tombe amoureux d'elle, à sa façon, et l'épousera.

La fermeté devant l'émotion est une des multiples vertus laborieuses du père-géomètre (137-138); lors d'une visite à Jules pour le «sonder» sur ses intentions à l'égard de Henriette, le père ne trouvera rien d'autre pour entrer en matière: «J'ai l'habitude, [...], d'aller droit mon chemin: voici ce qui m'amène» (126). En somme parler en géomètre, c'est s'interdire toute flânerie, toute distraction, toute rêverie, toute digression, tout excursus.

On se souvient que, antérieurement, la lecture imposée à Jules dans sa chambre-prison genevoise par son répétiteur, M. Ratin le bien nommé, cette lecture contrainte suscite des envies d'«évasion» (ce premier moment de la vie du protagoniste est intitulé «Les deux prisonniers», par allusion au malheureux enfermé dans la prison de l'Evéché, qui fait face à la chambre de Jules) et de diversion, ce qui nous vaut l'admirable épisode du hanneton barbouillant d'encre un exemplaire inestimable du *De Bello Gallico* appartenant à M. Ratin (23 sq.).

Après la fuite de Genève aux accents rousseauistes, et le refuge trouvé par Jules auprès de son oncle Tom, s'il n'est plus question d'évasion, sa lecture est alors louée parce qu'elle favorise positivement promenades et excursions dans les marges des livres; ces diversions sont élevées au rang de précepte pédagogique, sous l'autorité de «flâneurs» tels Socrate, La Fontaine ou Rousseau, préférés à tous les manuels d'éducation:

> [...] je me lève matin; je vais à ma table, je m'établis, je croise les jambes, puis j'ouvre [le livre] à l'endroit... Mais voici ce qui m'arrive.
> Au bout d'une demi-heure, mon esprit, ainsi que mes yeux, commence à faire des excursions à droite et à gauche. C'est d'abord sur la marge de l'in-quarto [...].
> La fenêtre! c'est le vrai passe-temps d'un étudiant; j'entends d'un étudiant appliqué, je veux dire, qui ne hante ni les cafés, ni les vauriens. [...]
> Toutefois, ici comme ailleurs, on va par degrés. C'est d'abord simple flânerie récréative. [...]
> Oui, la flânerie est chose nécessaire au moins une fois dans la vie, mais surtout à dix-huit ans, au sortir des écoles. [...]
> Ces pratiques, dont je viens de parler, sont donc la base de toute instruction réelle et solide. En effet, c'est durant que les sens y trouvent un innocent aliment, que l'esprit y contracte le calme d'abord, puis la disposition à observer.
> Car, que faire en FLÂNANT, à moins que l'on N'OBSERVE [...].
> Et quelle manière charmante de travailler, que cette manière de perdre son temps! (59-61)

Cependant, la «flânerie» de la lecture peut se pratiquer à l'intérieur des livres et des textes, dès lors qu'elle est associée à la quête d'«un objet d'amour», comme lorsque Jules s'empare malicieusement du livre que «la belle juive» (78) rapporte à l'oncle Tom:

> Le livre avait deux mille pages, et, dans ma précipitation, j'avais négligé de marquer celle qui seule m'intéressait. Fouiller cet antre! il y a là-dedans une pensée, un mot peut-être, qui a pu la toucher, et ce mot, le découvrir entre un million d'autres! Cependant une invincible curiosité me poussait à le chercher, comme si mon sort eût dépendu de cette découverte.
> Je me mis à l'œuvre. Oh! que de grimoire passa sous mes yeux! quelle ardeur à l'étude! Si mon oncle m'eût vu, ou seulement mon professeur! «Studieux jeune homme, ménagez-vous, m'eût-il dit; vous y allez trop fort» (82-83).

Effrayé par la «perte» de cet ouvrage dans lequel il recherchait une variante unique de la «Bulle *Unigenitus*», l'oncle Tom se retire, et Jules de fouiller le livre, de trouver le passage tant désiré par son oncle; mais son attention est aussitôt attirée par ce que je pourrais désigner par l'expression de «diversion textuelle»:

> Remarquant toutefois que la bulle commençait au milieu de la page, je jetai les yeux sur ce qui précédait. Voici:
>
> COMMENT LA CHASLERIE D'ANGRIVOIS
> ENTRA EN LA BRANCHE DES CHAUVIN
> *Par le mariage de messire de Saintré avec Henriette d'Entragues.*
>
> [...]

> Je lus et relus mille fois cette page. J'étais transporté de joie; car, comparant dans mon esprit les naïfs incidents de cette histoire avec ce que j'avais lu sur le visage de ma juive, j'avais tout lieu de croire que ma timidité et ma gaucherie ne lui avaient pas déplu [...]. (84-85)

Ce passage pourrait avoir tout à la fois valeur de confirmation et fonction de programme narratif; pourtant, la suite de l'histoire montrera que ces lignes ne confirment pas les sentiments de Jules envers «la belle juive», mais annoncent la rencontre d'une autre «Henriette», la fille du géomètre. En somme, pour ce qui touche aux affaires de cœur, regarder par la fenêtre et lire un texte, c'est bien, mais regarder devant sa porte, à l'autre bout du couloir, c'est peut-être mieux.

Dans le plan de la narration, promenade et flânerie prennent la forme de la digression et de l'excursus, termes auxquels je conserve toute leur résonance rhétorique. Ainsi, à propos des autres locataires de «la maison de l'oncle Tom»:

> Je vais les énumérer, en allant du bas en haut, pour arriver ainsi jusqu'à celui qui, le plus près du ciel, en prit le chemin à peu près vers ce temps, laissant vacante une belle mansarde au nord, où j'allais m'établir.
> Ne me demandez pas, lecteur, ce qu'ont à faire dans mon histoire ces nouveaux personnages. Rien, peut-être. Mais si vous m'avez accompagné jusqu'ici, que vous coûtera une digression de plus? Vous y êtes accoutumé, et moi j'aurais fait revivre ces figures qui me sont chères, comme l'est toute ressouvenance du jeune âge. A moi donc, antiques locataires, voisins d'autrefois, disparus aujourd'hui de la scène du monde, mais dont mon cœur cultive avec charme le lointain souvenir! (108)

A plus d'un titre, ce passage est exemplaire, son repérage aisé. La «digression» y est mise en scène par un narrateur qui se découvre dans une intervention méta-diégétique et donne à lire son récit comme fortement rétrospectif. Le cadre de cette «digression» est soigneusement délimité[4], tant du point de vue formel (l'adresse au lecteur) que dans son contenu (la liste des locataires). Si la «digression» est du ressort ou le privilège permanent du narrateur (ou d'un protagoniste délégué, tel Bianchon dans le roman balzacien), une forme de pudeur discursive limite parfois son emploi, à moins de solliciter (ou de le feindre seulement) l'assentiment du destinataire-lecteur, quitte à passer outre ses réticences fictivement mises en scène dans une pseudo-adresse auctoriale. Ici, le narrateur propose un «marché» au destinataire-lecteur: qu'elles aient été ou non repérées, le narrateur rappelle au destinataire-lecteur que son récit est déjà truffé de «digressions» («vous y êtes accoutumé»), et qu'il importe à lui, en tant que narrateur (un je-narrant qui se souvient), de faire revivre ces «nouveaux personnages» dont nous ignorons presque tout. Avec le destinataire-lecteur, le narrateur échange un savoir (dont la formule implicite serait: «lecteur, ceci est une digression, et même si précédemment tu n'as pas vu les autres dans mon texte, celle-ci, tiens, je te la fais voir-lire comme telle») contre un surplus d'émotion qui rappelle le Rousseau des *Confessions* (I,1): «Je sais bien que le lecteur n'a pas grand besoin de savoir tout cela, mais j'ai besoin, moi, de le lui dire».

Tant au niveau de l'histoire que de la narration, les diverses mises en scène de l'excursion et de l'excursus, de la distraction et de la digression, procèdent d'une conception rhétorique et de l'espace et du langage. Topique et topographie ont une étymologie commune[5], leurs usages respectifs ne sont pas interprétables en terme de gratuité mais doivent être évalués dans leurs effets.

▪

Que ce soit le *Littré*, le *Grand Larousse de la Langue française* ou le *Trésor de la Langue française*, des multiples définitions données par les dictionnaires, je veux retenir les sens de: 1. «changement fréquent de direction», dans la marche ou par l'esprit; 2. «motif d'ornementation»; 3. «espèce de phalène, ou papillon».

Nous pouvons y ajouter l'idée de dé-centrement qui est aussi fréquemment mentionnée; c'est à elle que songe Xavier de Maistre lorsqu'il emprunte un terme à Töpffer lui-même:

> Vous me flattez *exorbitament* (pour me servir de vos termes) en me disant que mon ap[p]robation sera d'un aussi grand poid[s] et pourra contribuer au succès de vos œuvres; vous ne me dites point sous quel titre elles paroîtront.[6]

Dans la rhétorique, les notions d'*excursus* ou de *digressio* occupent une place importante; leur valeur et fonction se sont modifiées, sans cesser d'intriguer. H. Lausberg[7] rappelle pertinemment que la *digressio* constitue une partie de la *narratio*, elle-même incluse dans l'*inventio*, qui représente l'un des trois grands ensembles de codifications, à côté de la *dispositio* et de l'*elocutio*.

Historiquement, comme le souligne R. Sabry, nous assistons, dès l'origine, à un coup de force: l'apparition, dès le début de la rhétorique, de la digression comme partie intégrante du discours. Coup de force, car rien de prime abord ne semble appeler, dans le contexte de genres aussi axés sur l'efficacité verbale que le judiciaire et le délibératif, l'insertion d'un morceau sans rapport *direct* avec la question débattue.

A la différence du terme français qui est d'abord rhétorique, les composants du paradigme lexical latin ne renvoient qu'en second lieu à la digression oratoire ou littéraire; au sens premier, ils désignent le franchissement d'une limite, l'abandon du droit chemin, l'excursion, l'incursion ou le voyage, d'où une métaphorique très féconde, plus ou moins diffuse dès les premiers textes théoriques sur la question – et qui perdurera –, laquelle, retenant, entretenant le sens premier dans le second, se plaît à représenter la digression comme itinérante, vagabonde, violente ou transgressive. Peu orthodoxe de toute façon, qu'elle s'égare, loin de la grand-route, dans ses sentiers labyrinthiques, ou qu'elle emprunte, comble de ruse et de perfidie, quelque chemin de traverse pour parvenir à ses fins. Emprunter, c'est mal dire: elle est ce chemin même, oblique et sinueux.

Il faut insister sur un trait fondamental: tous ces synonymes, dans leur sens restreint de digression, appartiennent à la catégorie des substantifs relationnels (comme «fils» ou «contrechant»), qui dessinent en creux un rapport et supposent un mot-source ou terme fondateur dont ils reçoivent leur définition et à partir duquel on pourra parler d'écart, de déviance, d'outrepas ou d'éloignement[8].

Les «récits excentriques»[9] de 1780 à 1850 ont fait un usage abondant de la digression, et la définition de Nodier portant sur des «livres» excentriques peut être appliquée à des récits :

> Un récit excentrique est un récit qui est fait hors de toutes les règles communes de la composition et du style, et dont il est impossible ou très difficile de deviner le but, quand il est arrivé par hasard que l'auteur eût un but en l'écrivant.[10]

S'agissant de Töpffer, tenons-nous-le pour dit, avec toute la prudence et l'incrédulité nécessaires, car si le narratif est un discours orienté vers une fin, la notion même de *récit* implique une *orientation narrative* des événements en vue d'une fin, que celle-ci soit ouverte ou fermée. Si la textualité représente un équilibre délicat entre une continuité-répétition et une progression de l'information, tout texte peut être tenu pour une suite d'énoncés liés progressant vers une fin, même si l'enjeu apologétique d'un Pascal prend parfois une tournure précisément para-doxale: «cet ordre consiste principalement à la digression sur chaque point qui a rapport à la fin, pour la montrer toujours»[11].

Cependant, aux divers modèles narratifs linéaires régis par un ordre causal, une configuration spatiale et/ou temporelle, peut se substituer un modèle *tabulaire,* dont l'archétype serait l'échiquier[12].

Ainsi, dans le récit, «le souffle n'est pas confié aux phrases mais à des macroséquences plus amples, à des scansions d'événements»[13]. Dans ce contexte, qu'en est-il de la digression (ou de l'*excursus*)?

> Elle est, elle n'est pas, c'est «selon le point de vue»: effet par définition ponctuel, elle peut être – et, effectivement, sera – récupérée au niveau des grandes unités discursives; de deux choses l'une, en effet: ou bien la digression est marquée («j'ouvre une parenthèse…», «revenons…») et, incontournable au plan formel, elle sera le plus souvent niée dans l'analyse thématique, ou bien, si elle n'est pas explicitement marquée, elle n'aura tout simplement pas droit à l'existence. De fait, la digression n'existe que dans le temps d'une lecture; hors de là, c'est-à-dire: si ça dure, elle ne peut être aujourd'hui qu'un aveu d'impuissance de l'analyste, qui ne peut en «rendre compte». La digression est, dans une perspective classique, un élément «hors sujet»: elle arrive comme un accident de parcours, déviation dans un itinéraire, montrant, au moment même où elle la nie, la linéarité du discours; par ailleurs, elle est un bouleversement thématique, ou sémantique, développant de façon autonome un motif, hors de la constellation dessinée par le système de l'œuvre. […] Si, dans le système classique, on pouvait encore parler de digression, c'est parce que le discours rhétorique coexistait avec une esthétique de l'ornement, et, par conséquent, ne pouvait affirmer sur ce point son ordre avec une force suffisante.
>
> Ainsi, le détail. […] on fait souvent une confusion de la rhétorique et de l'esthétique: le détail et la pensée de l'écart, la digression et l'ornement n'apparaissent que dans les rhétoriques qui coexistent à un moment donné, avec une esthétique où la différence est valorisée.[14]

Par ailleurs, si nous rapprochons, sans les confondre, les perspectives rhétorique et narrative, la digression manifeste de toutes les manières possibles une désinvolture à l'égard des procédés de «transition» et de liaison, que celles-ci soient associées à une totalité absolue ou à des totalités relatives:

> Il n'y a de transition que dans la perspective d'une finalité. Que cette finalité soit la raison de la transition et que cette dernière ait une rationalité négative, la position visée est sélectivement la seule perçue, tandis que, sans doute, d'autres issues à d'autres transitions contradictoires sont encore possibles. Et, de même que nous évoquions la possibilité des petites transitions, il faut reconnaître maintenant la possibilité de totalités diverses [...].[15]

▪

Mon projet était de considérer l'ensemble des *Voyages en zig-zag;* dès le premier récit, je me suis avisé de l'énormité de la tâche, mais surtout du caractère exemplaire de ce court récit, dont le titre complet est:

> Voyage pittoresque fait en 1825, du 24 septembre au 6 octobre 1825. Montreux, Château-d'Œx, Boltigen, Gwatt, Lauterbrunnen, Grindelwald, Meiringen, Guttanen, Hospice du Grimsel, Vallée de Conches, Tourtemagne, Bex, St-Gingolph et Genève.

Mes conclusions doivent donc être lues comme provisoires; elle pourraient être étendues à l'ensemble des *Voyages,* tout en tenant compte des diverses modalités d'écriture et de destination-réception des récits (autographiés, édités, etc.)[16].

1. EXCURSION

J'entends par excursion une pratique du déplacement dans l'espace qui correspond à des «petits, des courts voyages» à partir d'un lieu donné, ici Genève.

Au sens de Lotman[17], la formalisation textuelle d'une telle pratique relève du récit «sans sujet», dans la mesure où le(s) protagoniste(s) ne franchi(ssen)t pas une «frontière sémantique» et se déplacent dans un univers qui lui (leur) est censément connu. Dès lors, pour qu'il y ait matière à récit, il faudra inventer (au sens de l'*inventio,* dans la rhétorique classique) des péripéties, élever l'action la plus simple, la plus banale au rang de péripétie, par le recours à une rhétorique et à un style coulés dans ceux de l'épopée (j'y reviendrai); ainsi, à Guttanen :

> [...] M. Louis se signale par de nouveaux exploits. Il monte sur le rocher, déracine des masses énormes de mousse, et en accable MM. Favre et Zanella restés en bas, en déployant une rare intrépidité. Cela déplaît au propriétaire du champ, qui arrive furieux et bouillant de la plus excessive irascibilité. Il allait se porter aux derniers excès de la colère, lorsque M. Töpffer en suspend un instant les déplorables effets, en portant doucement la main à son gousset. Il en retire trois batzen et les présente au propriétaire furieux. Alors la tempête s'apaise, un doux sourire paraît sur les lèvres de ce propriétaire, et tout rentre dans le calme. (I, 38)

A la modestie, à la familiarité des péripéties du voyage, à la découverte éludée de nouveaux territoires, le récit «sans sujet» substitue les déconvenues des voyageurs. Intelligence et sensibilité ne doivent pas pour autant être écartées:

> Qu'on aille en Italie, en Savoie ou en Suisse, c'est un air nouveau qu'on respire, et il s'agit d'en respirer le plus possible, de tout voir, et de ne pas oublier que tout ce que l'on voit deviendra plus tard un récit. Faites faire le tour du monde à un imbécile, vous n'en tirerez rien, mais faites faire le tour de la plaine de Plainpalais à un homme sensible et intelligent, vous en aurez bien de l'agrément. Et Töpffer était l'un et l'autre au plus haut degré.[18]

2. EXCURSUS

L'excursus concerne la «ligne», ou mieux la «linéarité» du récit, même si «cet ordre consiste principalement à la digression sur chaque point qui a rapport à la fin, pour la montrer toujours». A cette linéarité sera réservé un traitement par «détour», par «digression narrative» que Töpffer affectionne.

Dans le cas précis, tout effet de linéarité est contenu dans le titre-récit qui constitue et «décrit» un itinéraire minimal, une ligne, et une boucle enclose dans une durée démarquée avec une extrême précision. D'ailleurs, les titres internes aux différentes parties du récit évacuent les repères géographiques pour ne retenir que la scansion temporelle («Première... Deuxième... Troisième... etc. journée»).

Une remarque de Gautier appliquée au «Traité sur le lavis à l'encre de Chine» (que Töpffer annonce mais dont il n'est pas question dans le premier livre de ses *Menus propos)* est aussi pertinente dans ce cas: car «quelle raison aurait un écrivain de caprice de gêner sa fantaisie pour le mince avantage de faire cadrer son œuvre avec le titre?»[19]

En effet, le texte fait montre d'un souci minime par rapport à la linéarité, soit dans l'histoire, soit dans la narration qui (par exemple) recourt abondamment aux dessins.

3. EXCENTRICITÉ

L'excentricité concerne l'enjeu du voyage et du récit, ce que je désignerais par la fonction pédagogique de la parodie dont la clotûre du récit offre un exemple aussi désinvolte que significatif:

> Ainsi se termine cette grande expédition, où l'héroïsme combiné avec la science, joue un rôle si remarquable, et dont les résultats pour l'avancement de la civilisation et le bien être des voyageurs sont incalculables. (I, 60)

Et j'ajouterais même: pour le plaisir du lecteur. Même si elle est décalée, cette fonction pédagogique est perceptible dans l'admiration de Xavier de Maistre faisant allusion à «votre méthode de travailler et de composer vos ouvrages *in cathedra,* au milieu de vos élèves»[20].

Parodie et humour touchent à des segments textuels courts, dans l'usage des italiques; le dialogue et les renvois du texte aux dessins; les jeux de mots tels Nayades/noyades (I, 18) ou Montbovon/Mon beau nom (I, 19); certains néologismes anglicisés, très fréquents dans *La Bibliothèque de mon oncle,* avec ce verbe «fourire» (50) qui exacerbe M. Ratin, alors que dans le *Voyage,* les voyageurs sont pris d'«un sommeil *doux* et restituteur des forces du corps et de l'âme» (I, 20; voir aussi I, 52), et qu'à Evian ils goûtent «Café bon, beurre *insecté,* à l'instar de celui de Montbovon» (I, 58).

Sur des unités discursives plus amples, cette fonction pédagogique de la parodie s'exerce par rapport à divers éléments ou motifs, et d'abord quant aux buts du voyage, à lire la liste des voyageurs:

> Mr. Louis Zeerleder pour voir qques nouvelles Naïades, pour apostropher les beaux sites, pour les ruines et le *doux.*
> Mr. Louis Cazenave pour les progrès de l'art, en particulier la musique et le dessin.
> Mr. Sayous pour le jaspe appelé japse, et pour les progrès de la Littérature.
> Mr. Turettini pour chicaner Zanella, et pour se renforcer les jarrets.
> Mr. Favre pour ramener la gravité dans la troupe et accorder à Zanella une protection incertaine.
> [...]
> Mr. Töpffer pour payer les comptes.

C'est toute la tradition des voyages romantiques dans les Alpes et du «sublime» alpestre qui est ainsi visée; rappelons que les *Impressions de voyage en Suisse* de Dumas paraissent de 1834 à 1837, à Paris, en cinq volumes:

> Sur le revers de la Scheidegg l'on rencontre une société de Messieurs et de Dames un peu essoufflés; et une heure et demie après l'on arrive à Rosenlaui lieu très pittoresque avec glacier. (Voyez le glacier ci-contre.) C'est en ce lieu que M. Picot se montre digne des Naïades, que M. Louis dresse un pont sur l'abyme des eaux et qu'il y passe sans frémir quoique l'abyme ait au moins un pied de profondeur; que Turretin suit ce sublime exemple et que Favre et Zanella se distinguent chacun dans leur genre. (I, 36)

La parodie atteint aussi le «voyage romantique» comme épreuve d'un attachement amoureux (dans la liste des voyageurs, «Mr. Picot voyage par suite d'une passion malheureuse et violente» et «Mr. Zanella pour comparer la Suisse à Milan et se guérir d'une passion dont on n'ose parler»), ou comme fantasme de la rencontre d'une «nouvelle Héloïse»:

> Le bateau à vapeur est déjà plein de monde lorsque les voyageurs s'y présentent. On ne s'empresse pas de leur faire place. M. Picot s'assied très près du piston. Les autres se placent où ils peuvent et surveillent leurs bouteilles. On part. Différentes beautés de tout âge, de tout sexe, et de tous pays se trouvent disposées en groupes

> sur le bateau. Parmi ces objets il en est plusieurs, et parmi ces plusieurs il en est un qui fait battre le cœur de l'un des voyageurs et y fait des ravages profonds. C'est M. Picot qui a ce cœur. (I, 15)

Notons l'effet d'amusement provoqué par la nomination différée de M. Picot; tout le récit va être scandé par des rappels de cette belle voyageuse qui sans doute ignora les ravages provoqués par sa simple présence initiale (voir I, 18, *passim).*

Ces procédés de parodie sont consciemment utilisés; je n'en voudrais pour indice que cette remarque de la «Seconde journée» au Jamant: «Mille pensées délicieuses agitent la Caravane, elle voudrait leur donner essor, mais la faim l'emporte et un morceau de pain, ô malheur! fait taire toute idée poëtique» (I, 18).

Plus généralement, la parodie du voyage «sérieux» recourt abondamment à l'élection de l'anecdote au rang de péripétie, par détournement des «lieux communs» des voyages d'époque. Ainsi en est-il de la charge contre les «touristes» (voir I, 43, *passim),* traités parfois de «barbares» (I, 20) et la corruption indigène par l'argent (voir I, 28, *passim),* «M. Töpffer» étant pour la circonstance le «comptable» de la Caravane (voir I, 49, *passim);* de la charge contre la «couleur locale», avec la rencontre de ces «Helvétiens» (voir I, 30, *passim);* de la charge contre le «pittoresque», l'«attendu» (voir I, 28, *passim),* par condescendance envers certains motifs obligés, comme le Staubach (I, 30), la Pissevache (I, 53) et les Salines de Bex (I, 55), ou par cette forme de dérision qui, d'un objet ou d'un élément presque insignifiants du paysage, tels cette «enseigne d'une maison de poste» (I, 50), ce pré décrit comme «champ de bataille» (I, 19), ces «ruines» (voir I, 23, *passim)* ou ce «tombeau» (I, 34), fait un monument, une «curiosité».

Dans cet enjeu parodique, l'un des procédés privilégiés est le glissement du familier individualisant vers le collectif épique par le relais de cette pastorale qu'affectionnent les stratégies digressives. Commentant un passage du Marivaux de *Pharsamaon, ou Les Nouvelles folies romanesques:* «Revenons à nos moutons: ils sont quelquefois mal gardés; mais j'en rendrai bon compte», R. Sabry suggère que

> D'une culture ou d'un troupeau à l'autre donc, le paysage digressif reste étonnament pastoral. La digression semble bien souvent une affaire de brebis qui s'égare, de moutons qu'on retrouve, de buissons battus, d'humeur capricante... Affaire pastorale, mais judiciaire aussi: conjonction nouée un jour de farce... *de Maître Pathelin,* dit-on.[21]

Divers éléments épiques sont repérables dans l'histoire. Ainsi, le voyage en groupe: «les voyageurs» (I, 19, *passim),* «la troupe» (I, 38), «la Caravane» (I, 18, *passim),* «nous» (I, 15, *passim),* «on» (I, 20, *passim),* «ils» (I, 16), avec l'auto-représentation de Töpffer lui-même tout à la fois comme voyageur, membre de la «Caravane», «comptable» de l'expédition, directeur de pensionnat (I, 44-45), narrateur et dessinateur (I, 34, *passim).*

Cette auto-représentation prend diverses formes autres que «je»: des formes comme «M. Töpffer» (I, 19, *passim)* ou «il» (I, 20, *passim)* ne sont pas incompatibles avec une composante autobiographique manifeste[22], même si elle concerne le groupe des voyageurs et la mise en scène du maître de pension, du chef en quelque sorte de la «Caravane», sur le même plan anecdotique que les autres participants au voyage.

Par ailleurs, les termes de «gloire», «exploit», et leurs dérivés (I, 38, *passim)* sont fréquents, tout comme l'usage de la nomination homérique, comme avec «M. Louis Zeerleder de Berne» (I, 22), ou le surnom et la comparaison hyperboliques: M. Zeerleder devient «Roi de Berne» (I, 27); M. Picot au sommet de la Scheidegg devient «DeSaussure le jeune, ou DeSaussure cadet» (I, 34); sur le lac de Handeck, MM. Louis, Cazenove et Töpffer deviennent «plus intrépides que Christophe Colomb» (I, 40).

La péripétie anecdotique et pastorale trouve ses modèles dans «la célèbre et intéressante histoire du petit Poucet» (I, 57) que M. Picot raconte à M. Cazenave sur le mode épique et «mémorable» (cet adjectif revient parfois, voir I, 46, 57), et dans les *Géorgiques* et les *Bucoliques* virgiliennes:

> Pendant que ces choses mémorables se passent, le soleil se couche et peu à peu la nuit étend ses voiles sur la campagne. L'on rencontre les pâtres ramenant leurs troupeaux à l'étable, les laboureurs fatigués regagnant leurs demeures. (I, 46)

Ainsi, à titre d'exemples, je rappellerai le combat glorieux de la Caravane partagée en deux, dans les environs d'Obergeisteln (I, 45-46); la glorieuse bataille livrée par M. Louis contre un troupeau de canards (I, 56-57), après quoi «[n]ous le poursuivons de nos applaudissements, et il arrive couvert de gloire au sein de sa famille», et cette précédente entrée dans le canton de Berne:

> M. Louis Zeerleder de Berne, toujours avide de s'illustrer lève témérairement sa pique contre un paisible *chien de garde.* A cet aspect, ce chien de bonne race montre une dent *brillante* et *acérée;* Louis ne fuit pas, mais recule; son bras tombe sa pique s'abat, et il ajoute à la gloire du courage celle de la clémence qui lui allait beaucoup mieux dans ce moment. (Voyez ci-contre.)
>
> Le soleil se montre et sa douce chaleur agissant sur les esprits, ils reprennent peu à peu leur amabilité primitive. Au delà de Rougemont M. Louis Zeerleder de Berne aperçoit quelques vieilles assises de pierre surmontées de jeune sapins. A cette vue son cœur s'émeut, sa marche se précipite, en un instant il a gravi la hauteur, et de là il décrit avec enthousiasme la beauté de ce séjour. Picot, du fond de la vallée ne partage point cet enthousiasme; il était alors occupé à entrer dans le Canton de Berne dont de faux amis MM. Turrettin et Favre lui disputaient l'entrée. (I, 22)

Mais les indices déjà apparus de nomination homérique, de description hyperbolique et de parodie du «sublime» montrent que l'épique contamine aussi le discours. Outre les *Bucoliques* et les *Géorgiques,* nous entrevoyons fréquemment dans le récit une présence souterraine de l'*Enéide* (VI, 268), et l'épisode de l'entrée aux Enfers: *Ibant obscuri sola sub nocte per umbram.* Si, de Zweisimmen à Weissenburg, l'«on ne trouve de char nulle part, la nuit s'avance, les ombres s'étendent, notre situation devient obscure» (I, 24), après Obergeisteln les familles sont réunies dans la chaumière. Au dehors, règne le silence et la nuit. Les voyageurs font seuls retentir les bois du bruit de leurs pas. Deux lieues environ les séparent encore de l'auberge où ils doivent passer la nuit. Ils s'enfoncent dans des forêts d'une obscurité profonde et marchent en tâtonnant. Le Rhône mugit sur leur gauche, un précipice affreux, seul, les en sépare. (I, 48)

▪

Ce bref parcours dans un court texte de Töpffer n'a pour ambition que de souligner certaines modalités exemplaires de l'irrespect des pactes narratifs associés aux diverses modalités des récits de voyages. Ces indications doivent être affinées, complétées; elles pourraient alors permettre des procédures de vérification qui aboutiraient à cette adresse au lecteur, invité à chaque instant à *inventer* sa lecture, à quitter les sentiers battus des «modalités de lecture» apprises, pour flâner, excursionner parmi des «modalités d'écriture» inventives[23].

NOTES

1 Lettre du 16 octobre 1839, *Lettres inédites à son ami Töpffer,* Genève, Skira, 1945, pp. 33-34

2 *Deux bons génies de la Cité. Rodolphe Töpffer et Gottfried Keller,* Genève, Skira, 1943, p. 54

3 Les renvois aux récits de Töpffer sont donnés dans le texte; ils font référence aux éditions suivantes: *La Bibliothèque de mon oncle,* in *Nouvelles,* t. I, Genève, Skira, 1942; «Voyage pittoresque fait en automne 1825», in *Voyages en zigzag,* t. I, Genève, Skira, 1945.

4 Voir R. SABRY, *Stratégies discursives. Digression, transition, suspens,* Paris, Editions de l'EHESS, 1992, p. 138 sq. Cet ouvrage est fondamental et éclairant pour la question qui m'occupe; j'y ferai souvent référence.

5 Voir L. PERNOT, «Topique et topographie», in *Arts et légendes de l'espace,* Paris, Presses de l'ENS, 1981, p. 108 sq.

6 Lettre du 5 mars 1841, *op. cit.,* p. 71

7 *Handbuch der literarischen Rhetorik,* 1961

8 Voir R. SABRY, *op. cit.,* pp. 17-18

9 Allusion explicite à l'ouvrage de Daniel SANGSUE, *Le Récit excentrique. Gautier, De Maistre, Nerval, Nodier,* Paris, Corti, 1987

10 NODIER, *Moi-même* (1800); cité par SANGSUE, *op. cit.,* p. 46

11 PASCAL, *Pensées,* 283, éd. Brunschvicg, cité par R. SABRY, *op. cit.,* p. 14

12 Voir Michel SERRES, *Hermès. La Communication,* Paris, Minuit, 1968, p. 13 sq.

13 Umberto ECO, *Apostille au «Nom de la rose»,* Paris, Grasset, 1985, p. 50

14 M. CHARLES, *L'Arbre et la Source,* Paris, Seuil, 1985, pp. 111-112

15 A. KREMER-MARIETTI, «Le concept de transition dans la philosophie et dans l'art», in *Passage du temps, ordre de la transition,* sous la direction de J. BESSIÈRE, Paris, PUF, 1985, pp. 15-16

16 Sur l'exemple des premiers «voyages en zigzag», je renvoie dans ce volume à la contribution de Jean-Daniel CANDAUX.

17 «La composition de l'œuvre artistique verbale», *La Structure du texte artistique* (1970), Paris, Gallimard, 1973, et aussi A. J. GREIMAS, *Maupassant. La sémiotique du texte,* Paris, Seuil, 1976

18 Pierre GIRARD, *Un printemps avec Monsieur Töpffer,* Genève, Cailler, 1947, pp. 45-46

19 *Rodolphe Töpffer et ses Menus Propos,* Genève, Skira, 1943, p. 12

20 Lettre du 1er novembre 1840, *op. cit.,* p. 57

21 *Op. cit.,* p. 14

22 La digression assume parfois une fonction prépondérante pour «dédramatiser l'acte autobiographique»; sur l'exemple de Stendhal, voir Béatrice DIDIER, *Stendhal autobiographe,* Paris, PUF, 1983, p. 17 sq.

23 Sur cette opposition entre «modalité de lecture» et «modalité d'écriture», voir J.-M. SCHAEFFER, *Qu'est-ce qu'un genre littéraire?,* Paris, Seuil, 1989, pp. 68-69 et *passim*

TÖPFFER ET CHAMFLEURY: DE LA «LITTÉRATURE EN ESTAMPES» À «L'IMAGERIE POPULAIRE»

par Annie Renonciat

En 1836, à l'occasion d'un concours invitant les artistes à créer des estampes pour le peuple, Töpffer publie dans la *Bibliothèque universelle* de Genève, sous le titre «Réflexions à propos d'un programme»[1], un exposé d'une cinquantaine de pages sur les fonctions et les missions, les techniques et la rhétorique des estampes destinées «au petit peuple»; il y passe en revue la production de son temps, nous renseignant sur ses thèmes (moraux, religieux et guerriers), sur ses vendeurs, ses acheteurs (paysans, ouvriers, petits-bourgeois), sur son mode de lecture spécifique («attentive et silencieuse»), sur son esthétique et sur ses procédés (le trait, la couleur et le type).

En 1992, dans le *Bulletin du Vieux papier*, j'ai présenté un commentaire explicatif et critique de ce texte, à l'attention des collectionneurs et spécialistes de l'imagerie populaire[2] et, tout récemment, dans l'ouvrage sur Töpffer qui vient de paraître chez Skira, j'ai essayé de le comprendre à la lumière du contexte intellectuel, artistique et politique de l'époque, mais aussi de le situer dans un courant d'influences et de problématiques esthétiques plus anciennes, dont Töpffer était l'héritier[3]. Aussi, le propos de cette communication sera-t-il différent, visant surtout à souligner le caractère précurseur – et vraisemblablement fondateur – des *Réflexions* de Töpffer dans le mouvement d'idées qui conduisit certains esprits curieux ou érudits du XIXe siècle, et par la suite[4] des artistes comme Courbet, Gauguin ou Emile Bernard, à s'intéresser aux diverses formes de l'art populaire, et, en particulier, à la xylographie.

Afin de mettre en évidence l'originalité et la précocité des analyses de Töpffer, je me propose de les confronter à celles de Champfleury, rassemblées en 1869 dans son *Histoire de l'imagerie populaire*, un ouvrage qui constituait l'aboutissement de plus de vingt années de recherches[5]. Jules Husson Fleury (1821-1889), qui était un écrivain reconnu, un critique d'art et un critique littéraire influent, ami de Manet et de Baudelaire, grand défenseur de Courbet et du réalisme (dont il s'était fait le théoricien avec son important essai sur *Le réalisme* en 1857), avait en effet conduit parallélement d'importantes recherches, assorties de publications[6], sur les arts populaires et graphiques – chanson, caricature, imagerie, faïence patriotique – qu'il collectionnait depuis de longues années[7].

Pourquoi confronter le texte de Töpffer à celui de Champfleury? Le propos de ces deux hommes est, somme toute, de nature différente: l'un s'adresse aux artistes et les invite à créer des estampes pour le peuple suivant un programme dont il expose les grandes lignes; il s'agit d'une réflexion générale sur l'esthétique, les procédés et les techniques les mieux appropriés aux fonctions assignées par Töpffer à «ces sortes d'images». L'autre se présente comme un érudit et nous offre la première étude historique des grands thèmes de l'imagerie et de la littérature populaires: la légende du *Bonhomme misère,* l'histoire du *Juif errant, Crédit est mort,* etc.

Pourtant, deux raisons au moins justifient cette confrontation. Premièrement, bien que l'article de Töpffer précède de treize ans les premiers travaux de Champfleury sur les images populaires, c'est Champfleury qui est le plus souvent considéré comme *le* «découvreur» de l'imagerie[8], avec une première étude sur la légende du *Bonhomme misère,* publiée en 1849 dans le *Journal de l'Aisne* (et intégrée par la suite à l'*Histoire de l'imagerie populaire* en 1869)[9]. Le texte de Töpffer semble avoir échappé à l'attention des spécialistes français du genre: Duchartre et Saulnier[10], Jean Adhémar[11], Jean Mistler[12], Georges-Henri Rivière[13], Nicole Garnier[14] n'en font pas mention dans leurs travaux, pas même dans les paragraphes consacrés à l'historique de «l'intérêt pour l'imagerie» en France[15]. Cet article a pourtant été porté à la connaissance du public français à plusieurs reprises au cours du XIXe siècle: le *Magasin pittoresque* en a reproduit un extrait en 1842, précisément le passage sur l'imagerie française, intitulé pour l'occasion «Le marchand d'images»[16]; l'abbé Relave a porté le même passage en annexe de sa monographie sur Töpffer en 1886; notons qu'il le dote d'un nouveau titre, choisissant l'expression consacrée – entre-temps – par Champfleury: «L'imagerie populaire»[17]. Il est donc important, dans le cadre de ce colloque consacré aux aspects connus et méconnus de l'œuvre de Töpffer, de souligner l'antériorité de Töpffer sur Champfleury dans cette «découverte» de l'imagerie au XIXe siècle, mais aussi de dégager son apport spécifique. La seconde raison qui justifie la comparaison est que l'on découvre dans la préface de Champfleury des idées proches de celles de Töpffer, si proches que Champfleury semble même par instants résumer la pensée de son prédécesseur: «L'image populaire gravée parlait au peuple. Le châtiment du crime, le souvenir des traits héroïques y étaient retracés en colorations voyantes. Cet enseignement était clair, visible, rapide. La bonne humeur recouvrait la leçon de morale. Il serait à souhaiter que le peuple ne regardât jamais de plus mauvais tableaux»[18].

Ces vues identiques m'ont conduite à me demander si Champfleury n'aurait pas eu connaissance des *Réflexions* de Töpffer: il connaissait ses ouvrages[19]: au moins l'*Essai de physiognomonie,* auquel il fait référence dans son *Histoire de la caricature antique*[20]. Il est peu probable qu'il ait eu accès au texte intégral des *Réflexions* lors de sa parution en 1836, alors qu'il n'avait que quinze ans. L'a-t-il découvert par la suite[21]? A-t-il lu l'extrait publié par le *Magasin pittoresque?* Cela est vraisemblable, mais je ne puis l'affirmer. En effet, Champfleury ne fait pas mention de Töpffer quand il énumère, dans sa préface, les rares travaux de ses contemporains sur la question[22], et je n'ai pour l'instant trouvé aucun document qui atteste l'influence *directe* de Töpffer sur Champfleury. Mais ce qui importe, après tout, est de souligner, d'une part, la communauté de vues de ces deux hommes du XIXe siècle – les tout premiers à s'intéresser à l'imagerie – et, d'autre part, d'analyser leurs différences, qui témoignent d'une évolution politique, sociale et culturelle de trente années entre les deux textes.

TÖPFFER ET LA «LITTÉRATURE EN ESTAMPES»

Quand Töpffer, professeur d'Académie, entreprend d'écrire un plaidoyer de *cinquante* pages en faveur des images populaires, dont trois sur «l'histoire de Cécile séduite par Arthur dédiée aux cœurs sensibles», il fait non seulement œuvre d'original, mais aussi de pionnier. Certes l'époque romantique a commencé à s'intéresser au «peuple» et à sa culture: en témoignent, par exemple, dans des ordres divers, les travaux de l'Académie celtique ou les ouvrages de George Sand[23]; mais cette attention se porte surtout sur les contes et les chansons[24], et les formes visuelles ne sont pas encore concernées, celles précisément auxquelles Töpffer s'intéresse tout particulièrement: l'imagerie, le dessin d'enfant, les *graffiti*[25]. Même si l'on commence à faire un large emploi de l'image pour répandre l'instruction dans toutes les couches de la population, comme Edouard Charton avec le *Magasin pittoresque,* premier journal illustré pour la famille créé en 1833, il ne s'agit pas de xylographies traditionnelles, mais de vignettes gravées en bois de bout. A cette date, le mépris est encore quasi général pour les gravures destinées «aux dernières classes de la société», «ces estampes exécrables qui ôtent l'appétit»[26] suivant le jugement de Balzac, même si le pittoresque du genre commence à éveiller l'intérêt – ponctuel – de quelques écrivains romantiques[27], séduits, comme Stendhal[28], par son charme ou choqués, comme Balzac, par la «barbarie» de ses couleurs.

Si Töpffer peut se permettre cet hommage aux images du peuple, c'est au nom d'un intérêt supérieur, parce qu'il conçoit avant tout l'imagerie comme un outil de «moralisation des masses»: «il ne s'agit de rien moins que d'agir sur les masses populaires, au moyen de la littérature qui est le plus à leur usage, les estampes», indique le programme qu'il propose aux artistes, car «le besoin se fait sentir en France de s'occuper de l'éducation morale du peuple»[29]. En l'occurrence, chez Töpffer, c'est la fonction qui engendre le statut et qui conduit à la reconnaissance du genre: «... entretenir chez les âmes incultes l'admiration du bien et quelques notions du beau, ranimer à la flamme d'une poésie grossière dans ses formes, l'instinct de l'honnête et la vie des bons penchants. [...] cette gloire en vaut bien une autre! Pour moi, j'en fais cas...» L'accent porté sur cette mission moralisatrice de l'image situe au second plan la question de son statut artistique et de ses qualités esthétiques: «Son ambition est de faire du bien, plus sans doute que d'obtenir des chefs-d'œuvre». Le terme de «littérature en estampes» que Töpffer forge pour désigner le genre est tout à fait significatif à cet égard, à une époque où l'on désignait les images populaires par les termes d'*estampes,* d'*images* ou de *gravures:* lui le conçoit comme «une pensée en tableaux», un discours figuré dont l'esthétique doit obéir aux exigences de la rhétorique, dont la qualité se mesure à la clarté des messages. Même si elle n'est pas dénuée de toute forme de beauté, de charme ou de poésie, l'imagerie est avant tout, pour Töpffer, un outil de *communication.*

«L'IMAGERIE POPULAIRE» SUIVANT CHAMPFLEURY

Le contexte n'est plus le même au temps de Champfleury: dans les années 1850, la fabrication des images est entrée dans une phase industrielle; les ateliers familiaux se transforment en fabriques où les ouvriers se comptent par dizaines; les presses cylindriques remplacent les presses à bras; dès 1837, on a abandonné le papier à la forme pour le papier mécanique; on a substitué la gravure sur bois de bout à la xylographie traditionnelle, puis, vers 1850, on fait appel à la lithographie: en 1865, chez Pellerin, on ne produit pratiquement plus que des lithographies dont les dessins originaux sont l'œuvre, non plus des artisans de province, mais d'artistes formés dans les ateliers parisiens. Toutes ces évolutions marquent la fin de l'imagerie traditionnelle. Le public visé évolue lui aussi: les images se tournent de plus en plus vers l'enfance et renouvellent leurs thèmes en conséquence. C'est donc en *érudit* attentif à sauvegarder la mémoire d'une société traditionnelle en voie de disparition, voire en *archéologue* soucieux d'exhumer un patrimoine déjà enfoui, que Champfleury se présente:

> Avant que l'imagerie ne disparaisse tout à fait, il faut l'étudier dans ses racines, dans sa floraison du passé, dans son essence et son développement. Déjà les estampes du siècle dernier forment une classe se rattachant à une archéologie nouvelle qui exige de longues recherches. On trouve des monuments assyriens, on ne trouve pas l'image populaire détruite par les enfants, détruite par le soleil, l'humidité, détruite avec les murs de la maison qu'on abat, et, qui pis est, détruite trop souvent par ceux qui ont mission de conserver, les collectionneurs, c'est-à-dire les conservateurs par excellence.[30]

Ce projet de conservation (d'un futur conservateur de musée) se double d'une justification *ethnologique* avant la lettre, qui accorde à l'image la dignité et le statut nouveaux de document historique:

> L'imagerie populaire, par cela qu'elle plut longtemps au peuple, dévoile la nature du peuple. Dans ces estampes, on surprend ses croyances religieuses et politiques, son esprit gaulois, son sentiment amoureux [...] Et si on ne juge pas digne de faire entrer, même au dernier rang, l'image dans l'Histoire de l'art, elle tiendra sa place au premier dans l'histoire des mœurs...

En ce sens, Champfleury appartient à ce petit cercle d'hommes qui ont eu conscience très tôt des changements fondamentaux qui étaient en train de s'opérer dans la société du XIXe siècle, et de l'urgence à sauvegarder les traces d'une culture en voie de disparition. Charles Nisard, qui faisait partie de la commission de contrôle du colportage instituée en 1852 par Maupas (ministre de la police), a fait de même pour la littérature de colportage dont il s'est fait l'historiographe en 1854, et pour les chansons populaires dont il a publié un recueil en 1867, alors que ses fonctions de censeur ne le destinaient pas, *a priori*, à cette sauvegarde d'une production suspecte aux yeux du pouvoir.

Pour désigner les feuilles volantes, Champfleury utilise la dénomination nouvelle «d'imagerie populaire»; d'une part, cette désignation rattache le genre au champ iconique qui lui est propre, et le dégage du modèle verbal institué par Töpffer; d'autre part, elle introduit la dimension sociologique du «populaire» comme un élément essentiel du concept. Champfleury n'en est certainement pas l'inventeur, puisque Garnier l'emploie également dans son ouvrage sur l'*Histoire de l'imagerie populaire à Chartres* qui paraît la même année[31]. Le terme d'«imagerie» proprement dit est d'un emploi assez récent, du moins dans son sens moderne[32]; on le trouve attesté, semble-t-il pour la première fois, dans le dictionnaire de Boiste en 1829, où il désigne «la fabrication et le commerce d'images», mais il ne figure pas encore dans l'édition de 1835 du *Dictionnaire de l'Académie française* (à l'époque où Töpffer rédige ses *Réflexions);* en revanche, il apparaîtra dans le complément de 1862, et dans le *Littré* en 1863, sous cette même définition: «fabrication et commerce d'images». L'extension progressive du terme aux images proprement dites semble dater des années 1850-1860. Il est probable que Champfleury et Garnier entérinent – et consacrent – cet usage, tout en liant primordialement le genre à un destinataire: «le peuple».

L'importance du «populaire»[33], qui informe la notion d'imagerie chez Champfleury, est essentielle; elle s'enracine dans les préoccupations politiques et sociales d'une époque pour laquelle le «peuple» est devenu un objet d'intérêt, d'étude et de réflexion, en même temps que de crainte pour certains; Michelet avait publié son ouvrage sur *Le peuple* en 1846, et la révolution de 1848, à laquelle Champfleury avait adhéré – du moins dans les premiers mois[34] – était encore dans toutes les mémoires. Elle est également liée aux préoccupations littéraires et artistiques de l'école réaliste, au goût de Champfleury pour un art simple et sincère de la vie quotidienne, sans emphase et sans idéalisation, qui s'oppose aux produits de l'art officiel et de la culture aristocratique[35]. Notons que le terme d'«imagerie populaire» sera accrédité par Pierre Larousse dans le *Grand Dictionnaire universel du XIXe siècle* (qui paraît à partir de 1866), où il fait l'objet d'un long article liant l'imagerie à l'invention de la gravure sur bois qui «a développé tout un art naïf et un peu grossier qui a permis de lancer entre les mains du peuple, par millions d'exemplaires, toutes sortes de dessins et de figures»[36].

UNE COMMUNAUTÉ DE VUES

En première analyse, donc, l'intérêt que Töpffer et Champfleury portent aux images populaires semble répondre à des préoccupations différentes, liées à l'évolution d'un contexte culturel et politique marqué par la rupture de 1848. Pourtant, les analogies de pensée entre les deux hommes sont troublantes, et semblent plus précisément déterminées par les transformations décisives de l'imagerie elle-même au cours de ces années. Töpffer perçoit, bien avant Champfleury, les premiers signes du déclin de cette production, du moins de ses branches traditionnelles: la «division» morale, «réduite qu'elle est à rien ou à presque rien»; la «division» religieuse, «déchue de son rang, n'ayant plus qu'un souffle de vie». Ce constat de déclin est inscrit dans l'idée même du concours proposé aux artistes et du programme qui leur est exposé, en vue de stimuler et de renouveler la création. De fait, Töpffer publie ses *Réflexions* en 1836, au moment même où les imagiers s'apprêtent à abandonner supports et techniques traditionnels, et il invite précisément les artistes à *ne pas* se servir des techniques nouvelles, et en particulier de la lithographie, «au trait mou et sans caractère». Champfleury le rejoindra tout à fait sur ce point, dénonçant trente ans plus tard «les élégances faciles et légèrement entachées de corruption» de la lithographie, cet «art des villes» qui peu à peu supplante dans les villages les produits «barbares et naïfs» de l'imagerie traditionnelle[37]. Entre-temps, on l'a vu, la production des imagiers s'est complètement transformée, et à la différence de Töpffer, qui manifeste une certaine sympathie pour les images qu'il passe en revue, Champfleury déplore la «médiocrité désespérante» «des estampes actuelles», qualifiant l'imagerie d'Epinal de «fabrique d'art corrompu»[38].

Inversement, les préoccupations sociales et morales chères à Töpffer sont aussi omniprésentes dans l'étude de Champfleury; elles ont même présidé à la naissance de son ouvrage. En effet, Champfleury, qui était républicain, avait très rapidement désapprouvé la violence ouvrière et en particulier les insurrections de juin 1848. C'est alors qu'il conduisit ses premières recherches et réflexions sur l'imagerie populaire, et en particulier sur la légende du *Bonhomme misère*, avec l'idée que l'enseignement transmis par ces images serait utile pour «calmer le peuple»[39], que «le but suprême de l'art est la conciliation»: «Hélas, ce ne sont ni les coups de fusil, ni le sang versé, qui éteignent la misère. La douce plainte du conteur qui montre le bonhomme résigné, content de son sort, ne demandant qu'à récolter les fruits de son poirier, est plus persuasive qu'un canon de fusil»[40]. Pour Champfleury, comme pour Töpffer, l'image populaire est en effet un art quasi philosophique, qui contribue à l'enseignement de la Sagesse, à la défense de vérités simples et éternelles: «faire penser, tel est le rôle de l'imagerie», dit Champfleury. C'est la même conception du sérieux et de la gravité de l'image populaire que Töpffer retirait de ses observations sur la place publique:

> Paysans, ouvriers, petits-bourgeois s'attroupent pour contempler, et devant ces œuvres grossières, on voit se former un groupe attentif et silencieux, dont l'immobilité contraste avec l'activité de la place et le mouvement continuel des passants. Observez ce groupe; vous y lirez sur tous les visages l'éveil de l'imagination, les signes de la pensée, le jeu des impressions graves et morales. Ces hommes il y a quelques instants, tout préoccupés d'intérêts personnels et vulgaires, semblent être sortis d'eux-mêmes pour s'élever jusqu'à des intérêts plus généraux, jusqu'à des sentiments relevés que fait éclore dans leur âme la vue de quelque trait d'honneur, de quelque généreuse action...[41]

L'IMAGE POPULAIRE COMME ŒUVRE ARTISTIQUE

Œuvre d'intellection, vecteur de propagande, outil de moralisation des masses, vestige des temps anciens, document ethnographique ou historique, l'image populaire n'en est pas moins, pour ces deux hommes, une œuvre appartenant au domaine artistique. Champfleury, à la suite de Töpffer – mais de façon plus explicite – la valorise aussi en tant qu'œuvre d'art[42]. Ce sont les mêmes valeurs esthétiques de «sincérité» et de «naïveté», opposées aux conventions et à l'ennuyeux savoir-faire des écoles qui sont convoquées par les deux auteurs pour la réévaluation de l'imagerie. Tous deux plaident en faveur d'une «gaucherie d'exécution», qui fonde l'authenticité du genre et l'opposent à la médiocrité des œuvres de Salons. Sur ce point, Champfleury reprend visiblement l'argumentation de Töpffer dans les *Menus propos,* aux chapitres XX, «où il est question des petits bonshommes», et XXI, «où l'on voit pourquoi l'apprenti peintre est moins artiste que le gamin pas encore apprenti»[43]. Comme Töpffer, et presque dans les mêmes termes, il rapproche le «sauvage» du peintre de génie:

> J'entends qu'une idole taillée dans un tronc d'arbre par des sauvages est plus près du *Moïse* de Michel-Ange que la plupart des statues des salons annuels. Chez le sauvage et l'homme de génie se remarquent des audaces, une ignorance, des ruptures avec toutes les règles, qui font qu'ils s'assortissent...

La réflexion des deux auteurs sur les qualités – difficilement conciliables – nécessaires aux artistes qui s'occupent d'imagerie populaire est aussi tout à fait semblable. Selon Töpffer: il faut «être à la fois fort, profond, moral dans sa conception, et simple, naïf dans l'exécution...». Suivant Champfleury, il faut savoir «allier la simplicité à la grandeur»[44]. L'un et l'autre doutent de l'existence d'un tel génie. Töpffer se demande: «où trouver parmi les artistes de quelque talent, de quelque étude, assez d'abnégation, assez d'oubli de leur savoir, pour obtenir, au moyen d'une extrême niaiserie d'exécution, la clarté d'expression nécessaire pour atteindre [...] à cette force d'intention qui fait le mérite de ces sortes d'ouvrages?»[45] Champfleury s'interroge: «L'artiste, aujourd'hui, est-il propre à faire cette éducation (par l'image)? Je ne le crois pas: il lui faudrait des idées dont il s'est à peine préoccupé; et pour leur donner naissance et empêcher que leur développement ne devienne dangereux à la pratique d'un art restreint, ne conviendrait-il pas de commencer par l'éducation de l'artiste lui-même?»[46]

LES «PROGRAMMES» DE CHAMPFLEURY

L'idée qu'il faut renouveler l'imagerie alimente autant la pensée de Champfleury que les *Réflexions* de Töpffer; il cite volontiers les résolutions de Victor Duruy, ministre de l'Instruction publique sous le Second Empire, annonçant le 1er janvier 1869 son projet d'employer des dessinateurs «pour remettre dans la bonne voie l'imagerie populaire»[47]. Il fait même référence à plusieurs reprises à la notion de «programme», quoiqu'en la critiquant: «Formuler un programme ne suffit pas; un programme est quelquefois une lisière, quelquefois une barrière. Il s'y trouve des vides qui écartent souvent les intelligences préparées à concourir. Ce n'est pas à l'heure dite que le véritable artiste est en mesure d'obéir à une commande...»[48]. Malgré ces réserves, il consacre un chapitre complet de son *Histoire de l'imagerie populaire,* à «l'imagerie de l'avenir»[49], et c'est un vaste programme d'éducation et d'instruction par les yeux qu'il lui assigne. L'idée n'est pas nouvelle et s'inscrit dans une longue tradition d'enseignement par l'image[50] à laquelle se rattachaient déjà Töpffer et Charton: «répandre parmi les différentes classes de saines notions intellectuelles ou morales»[51]. Mais, d'une part, elle acquiert une particulière résonance dans le contexte du développement de l'éducation populaire sous le Second Empire[52], et d'autre part Champfleury la dote de formes nouvelles.

Un art urbain

Il imagine un art des villes adapté aux mutations de la révolution industrielle: des fresques géantes peintes sur ces nouveaux supports d'expression artistique que sont les «temples» de l'époque moderne, gares, usines, entrepôts, bâtiments publics; elles représenteraient les grandes réalisations humaines, paysages, monuments, travaux industriels, grands hommes, épisodes glorieux de l'Histoire. Dans ses *Réflexions,* Töpffer avait déjà songé à ces lieux d'exposition pour la *littérature en estampes:* ateliers, manufactures, lieux publics; mais suivant Champfleury, qui reprenait en réalité à son compte une idée fouriériste, discutée en 1848 aux réunions du groupe socialiste de la *Démocratie pacifique* dirigé par Victor Considérant[53], il fallait un art nouveau adapté à la dimension monumentale de ces édifices. Suivant Meyer Shapiro, c'était une idée de Courbet, et aussi une ambition de Manet[54].

Un musée du pauvre

L'image gravée n'est pas pour autant délaissée. L'un des projets de Champfleury est de l'employer à l'édification d'un «musée du pauvre», pour l'éducation artistique de la population. C'était aussi une idée née de l'enthousiasme républicain de 1848, et formulée alors par Frédéric Villot, administrateur des musées: il s'agissait de reproduire par la gravure sur bois les chefs d'œuvre du Louvre. Eugène Delacroix s'était offert à dessiner lui-même en larges traits, à la plume, le *Naufrage de la Méduse,* pour répandre cette composition parmi les masses?[5]

Un fil conducteur de l'instruction

Mais surtout l'imagerie se voit enrôlée par Champfleury dans un vaste mouvement en faveur de l'instruction. Regrettant que l'idée de l'instruction obligatoire n'ait pas prévalu, il voit dans ce support un moyen de pallier les défaillances des pouvoirs publics[56]: «La France ne peut rester ignorante...», écrit-il en 1869 en observant la carte de l'alphabétisation dans notre pays[57]. «Un éditeur intelligent serait celui qui, étudiant les parties de la carte encore noire, renouvellerait l'imagerie, dirigerait les colporteurs dans ces pays déshérités et activerait ainsi les progrés de l'instruction. Bonne action, bonne opération du même coup»[58]. Cette profession de foi n'est pourtant pas sans ambiguïtés, car l'accent est surtout – et toujours – porté sur la mission moralisatrice de ce type d'images: ainsi Champfleury déplore-t-il que «les premières planches parues, destinées aux écoles et publiées sous le patronage du Ministre de l'Instruction publique, [soient] purement scientifiques»[59].

A partir des années 1870, alors que la production des imagiers s'adresse désormais essentiellement à l'enfance, les réflexions de Champfleury se concentrent elles aussi sur les images qui lui sont destinées[60]. Comme Töpffer, qui saluait «l'influence profonde des gravures de Hogarth sur le cours entier de sa vie»[61], Champfleury met l'accent sur la puissance éducative de l'estampe: «Sous le coup du pouvoir des images, un enfant veut être général ou évêque»[62]. Dans sa contribution en 1887 au *Dictionnaire de pédagogie* dirigé par Ferdinand Buisson[63], qui confirme son ralliement à la politique éducative de la IIIe République, il invite les imagiers à contribuer à la formation du sens esthétique de l'enfant, tout en développant les fonctions traditionnelles de leur production: la formation du sens moral, civique et patriotique. On retrouve dans cet article, appliqué à l'imagerie enfantine, l'esprit «missionnaire» de Töpffer, mêlé aux thèmes chers à Champfleury (les bienfaits de la vie rurale) et aux valeurs triomphantes de la IIIe République: le culte des bienfaiteurs de la nation, la propagande patriotique: «Amour de la patrie, gratitude envers les grands citoyens, exaltation de la science, retour à la nature forment une riche trame pour une collection d'images populaires qui entreraient dans l'esprit des enfants par les yeux en y laissant une empreinte saine et ineffaçable»[64].

CONCLUSION

En résumé, pas plus que Töpffer, partisan d'un «ordre moral reconnu et respecté»[65], hostile au «dégoûtant tumulte»[66] du Parti radical lors des troubles qui secouèrent Genève dans les années 1840, Champfleury n'a été conduit à s'intéresser à l'imagerie parce qu'il était «de gauche», comme l'ont pensé différents commentateurs[67]. Bien au contraire, le peuple auquel tous deux s'intéressent n'est pas le peuple révolutionnaire, mais le peuple «immuable», porteur de valeurs et de vérités «éternelles». On trouve chez Töpffer et Champfleury la même imbrication d'une pensée pionnière, non conformiste, pour laquelle «il n'y a pas de pauvres images pour des yeux curieux» (suivant la belle expression de Champfleury[68]), et du souci de maintenir la tradition et l'ordre établi. Le sens de cette apparente ambiguïté s'éclaire sous le Second Empire, quand elle traduit la position officielle de l'Empire autoritaire, qui s'est intéressé à la culture populaire par la voix de ses membres les plus influents: Charles Nisard faisait partie de la commission de contrôle de la littérature de colportage; Hippolyte Fortoul, qui prit l'initiative d'un *Recueil général des poésies populaires de France* en 1852, était ministre de l'Instruction publique. Maurice Agulhon a parfaitement montré comment précisément, parmi les voix du peuple, ces hommes ont souhaité trier, «coupant l'accès à la culture politique et tentant de canaliser sa culture profane dans un folklore régional...»[69].

Entre moralisation et instruction des masses, entre tradition et Lumières, Töpffer et Champfleury ont plutôt penché pour le premier parti. C'est paradoxalement cet attachement à l'ordre et au passé qui les a conduits à se faire les pionniers de l'historiographie des arts graphiques, en portant leur regard sur les laissés-pour-compte de l'art et du savoir, qu'ils ont dotés d'un statut artistique et d'une fonction sociale à leurs yeux élevée.

NOTES

1 «Réflexions à propos d'un programme», *Bibliothèque universelle de Genève,* n.s., t. I, n° 1, janvier 1836, pp. 42-61 (signé R.T.), et n° 3, avril 1836, pp. 314-341 (signé R. Töpffer)

2 «Rodolphe Töpffer et l'image populaire», *Bulletin de la Société Archéologique, Historique et Artistique Le Vieux Papier,* Paris, fascicules 326-329, octobre 1992, janvier, avril, juillet 1993

3 «Töpffer théoricien de la littérature en estampes», dans *Töpffer,* sous la direction de Daniel MAGETTI, Genève, Skira, 1996

4 Voir notamment la revue *L'Ymagier,* fondée par Rémy de Gourmont et Alfred Jarry en 1894, prônant un retour à l'esthétique des primitifs et aux procédés de l'imagerie populaire dans les arts contemporains. La Bibliothèque nationale de France en a tout récemment acquis une collection complète.

5 CHAMPFLEURY, *Histoire de l'imagerie populaire,* Paris, E. Dentu, 1869

6 En dehors de l'*Histoire de l'imagerie populaire,* on lui doit un recueil des *Chansons populaires des provinces de France* en 1860, une importante *Histoire de la caricature* depuis les origines, parue en 6 vol. de 1865 à 1888, une *Histoire des faïences patriotiques sous la Révolution* en 1867, ainsi qu'un ouvrage sur les *Vignettes romantiques* en 1883, qui reste aujourd'hui encore une étude de référence.

7 Il a terminé sa carrière comme conservateur des collections de la Manufacture de Sèvres, où il est mort en 1889. Sur Champfleury, voir le catalogue de l'exposition réalisée par Luce ABÉLÈS et Geneviève LACAMBRE au Musée d'Orsay, *Champfleury, l'art pour le peuple,* «Les dossiers du Musée d'Orsay», n° 39, RMN, 1990

8 Voir notamment: Nicole GARNIER, «Historiographie de l'imagerie», *L'Imagerie populaire française, op. cit.* (note 14), pp. 11-12; Jean MONESTIER, «Champfleury, le réalisme et l'image populaire», dans *Hier pour demain, Arts, Traditions et Patrimoine,* exposition du Musée des arts et traditions populaires, RMN, 1980, pp. 122-123

9 Cette légende conte l'histoire d'un homme très pauvre dont l'exigence et le bonheur se limitent à regarder mûrir les fruits de son poirier, qui constituent son unique source de subsistance: une sagesse et une résignation dont il se voit récompensé par le pouvoir miraculeux – octroyé par deux envoyés de Dieu – de défier la Mort.

10 P.L. DUCHARTRE et R. SAULNIER, *L'Imagerie parisienne, l'imagerie de la rue St Jacques,* Paris, 1944; *L'Imagerie populaire,* Paris, 1925

11 *L'Imagerie populaire française,* Milan, Electra, 1968

12 Jean MISTLER, F. BLAUDEZ, A. JACQUEMIN, *Epinal et l'imagerie populaire,* Paris, 1961

13 Voir *Cinq siècles d'imagerie française,* Musée des Arts et Traditions populaires, 1973, pp. IX-XVII

14 *L'Imagerie populaire française, I. Gravures en taille-douce et en taille d'épargne,* par Nicole GARNIER, Musée national des arts et traditions populaires, RMN, 1990

15 Voir «L'intérêt pour l'imagerie» dans *Cinq siècles d'imagerie française, op. cit.,* pp. 289-293; Jean ADHÉMAR, «Quand a commencé l'intérêt pour l'imagerie», dans *L'Imagerie populaire française, op. cit.,* p. 7; Nicole GARNIER, «Historiographie de l'imagerie», dans *L'Imagerie populaire française, op. cit.,* pp. 11-12

16 *Le Magasin pittoresque,* octobre 1842, pp. 338-339

17 *La Vie et les œuvres de Töpffer,* Hachette, 1886

18 *Histoire de l'imagerie populaire, op. cit.,* préface, p. XXII

19 En 1837, Charton, fondateur du *Magasin pittoresque,* reproduit l'éloge de son magazine par Töpffer, accompagné de ce commentaire: «une apologie tracée [...] par une main entièrement inconnue à la Direction». Mais quatre ans plus tard, c'est en ces termes qu'il évoque l'artiste et l'écrivain : «Nous devons ces détails à M. Töpffer de Genève, l'un des hommes les plus distingués de la Suisse à beaucoup de titres [...] Il comprendra combien l'autorité de son nom nous était utile.»

20 1865, p. 189

21 Peut-être lors de son premier séjour parisien en 1838, pendant lequel il travailla comme commis chez le libraire Legrand. L'hypothèse est plausible puisque la *Bibliothèque universelle,* paraissant chez Glaser à Genève et chez Anselin à Paris, visait explicitement le public français, comme l'atteste l'avis de l'éditeur dans le tome premier de la *Nouvelle série* (janvier 1836): «Ce qui manque en France, c'est un journal général [...] un journal qui, s'adressant à la masse des lecteurs instruits, leur parle de sujets variés qui les intéresse, et le fasse sans être superficiel, tout en évitant de traiter les points trop spéciaux.» C'est dans ce tome, précisément, que sont publiées les *Réflexions à propos d'un programme.*

22 Par exemple, l'ouvrage de Garnier sur l'imagerie de Chartres (voir note 31) et les travaux de Nisard sur la littérature de colportage (1854)

23 Voir *Hier pour demain, op. cit.* pp. 54-78

24 Champfleury esquisse lui-même une histoire du goût pour la poésie et les chants populaires dans *De la poésie populaire en France* (vers 1857, pp. 137-182).

25 Notons toutefois l'intérêt de Victor Hugo pour les dessins d'enfants, étudié par Pierre GEORGEL dans «Portrait de l'artiste en griffonneur», colloque *Victor Hugo et les images,* textes réunis par Madeleine BLONDEL et Pierre GEORGEL, Dijon, 1989, pp. 75-138

26 BALZAC, cité par J. ADHÉMAR, dans «L'enseignement par l'image», *Gazette des Beaux Arts,* février et septembre 1981, p. 410

27 Voir Jean ADHÉMAR, «L'imagerie vue par l'écrivain au siècle dernier», *Le Vieux Papier,* t. XXVIII, fasc. 270, octobre 1978; Gabriel MAGNIEN, «Les écrivains romantiques et l'imagerie populaire», *Le Vieux papier,* t. XXIII, fasc. 194, janvier 1961, p. 27-28

28 *Histoire de la peinture en Italie,* Didot, 1817, introduction: «J'avouerai sans peine que les peintres les plus remarquables du XIIIe siècle n'ont rien fait de comparable à ces estampes coloriées que l'on voit modestement étalées à terre, dans nos foires de campagne, et que le paysan achète pour s'agenouiller devant elles.» Cité par Gabriel MAGNIEN, voir *supra*

29 *Réflexions..., op. cit.,* avril 1836, p. 317 et janvier 1836, p. 51. Ce point est développé dans notre article du *Vieux papier,* pp. 133-138, et dans notre contribution à *Töpffer, op. cit.,* pp. 260-263

30 *Histoire de l'imagerie populaire,* préface, pp. IX-X. En note, Champfleury déplore la pauvreté du Cabinet des Estampes de la Bibliothèque impériale dans le domaine de l'imagerie, «ne trouvant que de chétifs spécimens d'un art qui a pourtant son intérêt historique». Cette opinion sera contestée un siècle plus tard par Jean Adhémar, lui-même conservateur au Cabinet des Estampes, volant à la défense de ses prédécesseurs: «La première collection d'estampes [...] de l'abbé de Marolles (1667) comprend des gravures recueillies «au coin des rues» que les conservateurs du temps de Louis XIV feront relier aussi somptueusement que les gravures de Rembrandt.» (*Cinq siècles d'imagerie populaire, op. cit.* p. XIX)

31 J.M. GARNIER, *Histoire de l'imagerie populaire et des cartes à jouer à Chartres, suivie de recherches sur le commerce du colportage des complaintes, canards et chansons des rues,* Chartes, imprimerie de Garnier, 1869

32 Il désignait au Moyen Age toute représentation sculptée sur la pierre ou le bois.

33 Le propos de cette communication n'est pas de réfléchir à la pertinence et à la légitimité de cet adjectif, appliqué à certaines productions culturelles issues des classes populaires ou qui leur sont destinées, mais d'évoquer la genèse du concept d'imagerie populaire. Sur les problèmes soulevés par la notion de «culture populaire», on peut se reporter aux réflexions fort éclairantes de Maurice AGHULON, «Le problème de la culture populaire en France autour de 1848», *Romantisme,* n° 9, 1975; Pierre BOURDIEU, «Vous avez dit *populaire», Actes de la recherche en Sciences sociales,* 1983, n° 46, pp. 98-105; Michel DE CERTEAU, Dominique JULIA, Jacques REVEL, «La beauté du mort, le concept de culture populaire», *Politique aujourd'hui,* 1970, réédité dans Michel DE CERTEAU, *La Culture au pluriel,* Christian Bourgeois, 1974 (2e éd.), p. 49-80; Marcel MAGET, «Populaire et peuple», dans *Ethnologie générale,* sous la direction de Jean POIRIER, Encyclopédie de la Pléïade, 1968

34 Il fonda avec Baudelaire, en février 1848, un journal intitulé *Le Salut public* pour la défense des grands principes de la République. Il opérera cependant un revirement rapide, lors de l'insurrection ouvrière de juin 1848. Voir Luce ABÉLÈS, *op. cit.,* p. 16

35 Champfleury nous apporte une explication plus anecdotique: «Pourquoi étais-je poussé vers l'étude des choses populaires? C'est ce que je ne saurais dire exactement. L'achat de ces œuvres correspondait-il à l'état de ma bourse, alors fort peu garnie...?» Voir P. EUDEL, *Champfleury inédit,* Paris, 1903, p. 174

36 Voir aussi Arnold VAN GENEPP, «Remarques sur l'imagerie populaire», *Revue d'ethnographie et de sociologie,* 1911, nos 1-2

37 *Histoire de l'imagerie populaire,* p. 288

38 *Ibid.*

39 *Histoire de l'imagerie populaire,* préface, p. XLV

40 *Ibid,* pp. 177-178

41 *Réflexions à propos d'un programme,* avril 1836, p. 317

42 Par un double mouvement de pensée, qui n'est d'ailleurs pas dénué de contradictions: d'un côté, il s'efforce de valoriser les feuilles volantes en gommant leur différence avec les estampes «savantes», leur découvrant des analogies avec «les gravures sur bois de la Renaissance», et les comparant même à «certaines toiles espagnoles...» (p. XII). De l'autre, il dévalorise l'art officiel pour sa médiocrité: «Barbaries que ces colorations», disent-ils. – Moins barbares que l'art médiocre de nos expositions, où une habileté de main universelle fait que deux mille tableaux semblent sortis du même moule.»

43 CHAMPFLEURY, *Histoire de l'imagerie...,* p. XII, et TÖPFFER, *Réflexions et menus propos,* livre sixième, chap. XXI

44 *Les Enfants, éducation, instruction,* Paris, Rothschild, 1872, pp. 297-304

45 *Réflexions à propos d'un programme,* avril 1836

46 *Histoire de l'imagerie...,* p. 289. En 1870 cependant, dans le numéro spécimen de

sa revue *L'Imagerie nouvelle,* Champfleury affirmera trouver dans les estampes japonaises les sources de renouvellement de l'imagerie: «C'est le procédé des vives et voyantes colorations japonaises que nous essayons d'appliquer à l'imagerie nouvelle, certains qu'il n'y a pas d'yeux rebelles à un tel langage.»

47 *Histoire de l'imagerie populaire,* p. 287

48 *Ibid.,* p. 291

49 *Ibid.,* «L'imagerie de l'avenir», p. 286 et sq.

50 Voir Jean ADHÉMAR, «L'enseignement par l'image», *La Gazette des Beaux-Arts,* février et septembre 1981

51 *Réflexions à propos d'un programme,* janvier 1836, p. 54

52 Voir Jacques PERRIAULT, *Mémoires de l'ombre et du son, une archéologie de l'audiovisuel,* Paris, Flammarion, 1981

53 Voir Meyer SHAPIRO, «Courbet et l'imagerie populaire», dans *Style, artiste et société,* p. 316, note 122

54 *Ibid.*

55 *Histoire de l'imagerie populaire,* pp. 292-293

56 *Ibid.,* pp. 293-295

57 Le document évoqué appartient vraisemblablement à une série de «cartes statistiques de l'instruction en France» établies entre 1862 et 1873 par Joseph Manier, ancien instituteur sous la Monarchie de Juillet révoqué pour ses opinions républicaines en 1850: celui-ci plaidait en faveur d'une vaste politique d'instruction populaire par la scolarisation des enfants et le développement des cours pour adultes, que menait également à la même époque la *Ligue de l'enseignement* fondée par Jean Macé en 1866.

58 *Histoire de l'imagerie...,* p. 297

59 *Ibid.,* p. 288

60 Pour les adultes, il lance un projet de revue, *L'Imagerie nouvelle,* afin de «mettre à la portée de tous les questions littéraires, scientifiques et artistiques d'une époque qui bouillonne...», de présenter, «sous une forme attrayante, les chefs d'œuvre de l'art, les découvertes de voyageurs, les grandes ruines du passé, les portraits d'hommes illustres et les monuments de ces antiquités révélées que notre siècle aura la gloire d'avoir découverts.» L'idée n'est plus très originale, se situant dans le sillage du *Magasin pittoresque,* mais l'esthétique doit en être renouvelée par les apports de l'imagerie japonaise. La revue ne verra pas le jour, sans doute à cause de la guerre de 1870. Voir Luce ABÉLÈS, *op. cit.,* p. 40

61 *Réflexions à propos d'un programme,* avril 1836, p. 314

62 *Les Enfants..., op. cit.,* notamment pp. 24-27 et 297-304

63 Ferdinand BUISSON (dir.), *Dictionnaire de pédagogie et d'instruction primaire,* Paris, Hachette, 1887, article: «Image, Imagerie», pp. 1319-1320

64 *Ibid.,* p. 1320

65 *Réflexions...,* janvier 1836

66 A Dubochet, 5 janvier 1842, reproduit dans *Un bouquet de lettres de Rodolphe Töpffer,* éd. par Léopold GAUTIER, Lausanne, Payot, 1974

67 Notamment Jean ADHÉMAR, *L'Imagerie populaire française,* préface, p. 8: «Champfleury, donc, poussé par Courbet, est le défenseur de l'imagerie populaire. Il se conduit ainsi aussi parce qu'il est de gauche, et est opposé à l'esthétique officielle, à la peinture bourgeoise.» Voir aussi Alain MONESTIER dans «Champfleury: le réalisme et l'imagerie populaire», *Hier pour demain, op. cit.,* pp. 122-123: «L'attention prêtée à la réalité populaire, tant par Champfleury que par le peintre Courbet dont il fut l'ami et le défenseur, n'est pas étrangère à l'engagement politique et aux préoccupations sociales des "hommes de gauche" qu'ils étaient l'un et l'autre. Il y eut dans le réalisme une volonté de réhabiliter le peuple et de faire

reconnaître, contre une histoire privilégiant excessivement l'art des Princes et les cultures aristocratiques, la valeur esthétique et l'intérêt historique des humbles produits de la culture populaire...»

68 *Histoire de l'imagerie...*, pp. XIII et XXXII

69 «Le problème de la culture populaire en France autour de 1848», *Romantisme,* n° 9, 1975

RODOLPHE TÖPFFER ET CHARLES BAUDELAIRE ESTHÉTICIENS – AFFINITÉS ET INFLUENCES – ET LE RÔLE DE THÉOPHILE GAUTIER

par Wolfgang Drost

Lors du colloque, à la suite de ma communication dont le lecteur trouvera dans ces pages une version plus élaborée, plusieurs personnes m'ont demandé comment m'était venue l'idée qu'il pourrait y avoir un rapport quelconque entre Töpffer et Baudelaire, et comment de surcroît on pouvait supposer que ce dernier se soit inspiré de l'écrivain suisse. Derrière cette question se cache la conviction que la mentalité et le contexte culturel de ces deux hommes sont si opposés qu'une étude comparative et plus encore une analyse d'influences et d'affinités seraient hors de propos. Ces remarques m'ont surpris et incité à écrire les réflexions suivantes, quelque peu générales il est vrai, et assez généralement acceptées je pense, mais qui serviront peut-être à justifier ma modeste entreprise.

Un écrivain ne prend, ne cite, ne plagie que ce qui correspond à ses convictions ou sert à confirmer ses propres idées. A moins de combattre explicitement un mot ou une phrase, chaque citation – cachée ou déclarée – sert à renforcer ses positions et à leur donner du poids. La référence prend ainsi valeur de confirmation d'une autorité renommée. En ne donnant pas sa référence, l'écrivain se sert de la pensée d'autrui et de la force de conviction contenue dans le mot cité; il se peut aussi qu'il veuille éviter de nommer l'auteur auquel il se réfère pour faire sien un argument de premier ordre. Stendhal, dans ses *Promenades à Rome,* plagie simplement d'autres guides pour étoffer son livre et pour empocher des honoraires dont il avait grandement besoin. Baudelaire signe tranquillement sa traduction d'un conte de Longfellow, *Le Jeune Enchanteur,* et il a fallu attendre un siècle jusqu'à ce que W.T. Bandy en découvre le véritable auteur. Jean Pommier a suivi les *Chemins de Baudelaire*[1] et mis au jour une foule de sources cachées, de citations dissimulées et de réminiscences peut-être inconscientes qui montrent que le poète a pris son bien partout où il l'a trouvé. La reprise d'idées ou de fragments formulés par d'autres est donc un fait répandu et en général dépourvu de mauvaises intentions: se rappelle-t-on toujours la personne qui a fait un bon mot? L'excellence d'un aperçu peut en faire oublier le véritable auteur et donner à celui qui le répète la conviction d'une trouvaille – sans qu'il se rende compte de l'emprunt involontaire. Qui n'a pas fait sur sa propre personne cette curieuse et désillusionnante expérience d'une faiblesse tout humaine?

Une chose surprend souvent les non-initiés: la source d'un motif, d'un détail, d'une pensée ne se trouve pas forcément dans l'œuvre d'un génie mais bien souvent dans le texte médiocre d'un poète de second ordre. Souvent aussi, on puise dans l'imaginaire d'un artiste dont la vision du monde est tout à fait différente ou même contraire à la sienne. L'imagerie populaire a pu inspirer des maîtres tels Gustave Courbet et Edouard Manet[2]. D'autre part, l'originalité ou la créativité de celui qui emprunte ne se trouve pas pour autant diminuée par la révélation d'une source jusqu'alors méconnue. Dans les citations des philologues et des historiens, les guillemets sont de rigueur, comme l'indication de l'auteur et du lieu: c'est une question de probité. Pour un poète – et surtout du XIXe siècle – ces règles ne sont pas de mise. La tâche du chercheur à l'affût d'emprunts ne consiste pas en premier lieu à convaincre tel ou tel auteur du soi-disant *vol* d'un mot ou d'une idée. Elle consiste surtout à analyser la valorisation d'une citation dans le nouveau contexte et à interpréter la fonction souvent toute neuve qui lui est assignée: la *transformation* intéresse plus que le fait et le nombre d'emprunts.

Le cas de Töpffer et de Baudelaire est plus complexe encore. Ni dans l'œuvre ni dans la correspondance baudelairiens on ne trouve mention ou allusion concrète à Töpffer. Pourtant, il est peu plausible, voire impossible que ce grand liseur qu'était Baudelaire l'ait ignoré. A partir de 1839, Töpffer commence à être connu à Paris[3]: Sainte-Beuve mentionne le Genevois en mai 1839, dans un article sur Xavier de Maistre dans la *Revue des deux mondes,* et lui consacre une longue et importante étude dans le même journal deux ans plus tard, en mars 1841. Les histoires comiques en estampes, telles *Monsieur Jabot* ou *Monsieur Crépin,* trouvent de nombreux imitateurs – Cham, Henry Emy, Gustave Doré. Dans la presse parisienne, le public français est informé régulièrement des nouvelles publications de l'auteur suisse, les *Nouvelles genevoises* (1841 et 1845), les *Voyages en zigzag* (1844). Des dessins de l'*Essai de physiognomonie* sont publiés en 1845 dans L'*Illustration,* l'année même où Baudelaire donne son premier *Salon* et s'intéresse à toutes les nouveautés dans le monde des arts et de la littérature.

Ainsi il est absolument improbable qu'il n'ait pas eu connaissance des *Réflexions et menus propos d'un peintre génevois (sic) ou Essai sur le Beau dans les arts* paru à Paris en 1847 (mais portant la date de 1848). Le fait qu'Eugène Delacroix[4] ait passé le numéro de la *Revue des deux mondes* contenant l'article de Gautier à son ami le graveur Frédéric Villot me semble un fait symptomatique de la réputation acquise par Töpffer et de la diffusion de ses œuvres dans les milieux intéressés. D'autre part, la présence de Töpffer esthéticien dans la littérature française est manifeste par le simple fait qu'une quinzaine de réimpressions des *Menus propos* a paru en France dans la seconde moitié du XIXe siècle. Et pourtant, l'influence de Töpffer n'a jamais fait l'objet d'une étude: on passe sous silence un traité dont les répercussions ont certainement été importantes[5]. Le temps est venu de rendre justice à Töpffer comme l'exige Marie Alamir-Paillard[6]. Il faudrait donc faire d'abord une étude d'influences et dresser un inventaire des emprunts sûrs et de ceux qui sont probables. Le présent article n'en est qu'une esquisse. Et encore, je me borne à un seul personnage, important il est vrai, Charles Baudelaire, dont on connaît l'impact sur l'histoire de l'esthétique européenne.

Nous ne savons donc pas si Baudelaire a lu les *Menus propos,* mais nous pouvons conclure de quelques réminiscences qui se trouvent dans le *Salon de 1859* que Baudelaire avait lu attentivement le compte rendu de son maître Théophile Gautier, publié dans la *Revue des deux mondes* en août 1847[7]. Ainsi, entre le peintre-poète genevois et l'auteur des *Fleurs du Mal* se glisse la figure imposante de Gautier poète et critique d'art. Pendant que les différents opuscules des *Menus propos* töpffériens étaient publiés à Genève dans les années 1830[8], Gautier exposait sa théorie de *l'art pour l'art* dans la célèbre préface de *Mademoiselle de Maupin,* en 1835. Celle-ci déplut profondément à Töpffer qui ne cacha pas combien il avait été choqué. Je reviendrai sur ce point. Gautier, piqué au vif, répliqua avec une recension où la sévérité est adoucie par la politesse, et la profondeur doublée de tant de charme que Töpffer a pu être fier d'avoir suscité un des plus beaux essais du poète, qui y expose, d'une plume légère et avec une désinvolture exquise, sa propre esthétique. C'est là qu'on trouve l'heureuse définition: «L'art pour l'art signifie, pour les adeptes, un travail dégagé de toute préoccupation autre que celle du beau en lui-même». Gautier fit réimprimer son compte rendu en 1856 sous la forme d'un des chapitres constituant le volume *Art moderne,* soulignant par là l'importance qu'il avait attachée à son dialogue avec Töpffer. L'analyse de l'accueil des écrits esthétiques de Töpffer met en évidence un point d'intersection révélateur de trois penseurs importants du XIXe siècle.

VERS UNE LIBERTÉ DE FACTURE

Le premier chapitre du «Livre deuxième» des *Menus propos* montre tant de parallèles avec une page célèbre de Baudelaire qu'on peut être tenté de supposer une influence directe du penseur suisse sur le poète des *Fleurs du Mal:* Töpffer y expose l'importance des instruments de l'artiste, le dessinateur en l'occurrence, qui broie le fameux bâton d'encre de Chine pour peindre au lavis. Après avoir souligné la nécessité de la «bosse» en matière d'art, Töpffer combat énergiquement «un préjugé enraciné dans la tête des gens en général, et des pères de famille en particulier, c'est celui que le lavis est un procédé; en telle sorte qu'avec bonne vue et bons instruments [...] avec patience, adresse, longueur de temps, on arrive, on doit arriver au fini, au léché, qui est la perfection; en telle sorte enfin qu'avec la stricte copie du modèle, on atteint, on doit atteindre à la stricte imitation, qui est le but de l'art» (I, 38)[9]. Töpffer polémique ainsi contre les idées répandues dans les milieux bourgeois: l'art en tant que métier que chacun peut apprendre et exercer, l'idéal de l'art qui consiste en l'imitation exacte de la réalité et sa copie techniquement achevée que l'on résume communément par le terme de *fini.* Ainsi Töpffer distingue entre «l'art» et «le procédé». Celui-ci «vient au secours de l'art, il le seconde, mais il en est totalement distinct» (I, 39). Töpffer est aussi conscient du danger du procédé qui peut prendre le dessus sur l'art et en devenir «l'ennemi» *(ibid.)*. Baudelaire, à propos de Troyon, exprime la même idée en 1859 en dénonçant «la *rondeur* de son jeu» (Pl. II, 662)[10]. Et Töpffer de formuler une question rhétorique: «Voyez-vous le fini, le léché, tout à fait étrangers, le plus souvent contraires à la perfection, n'être autre chose qu'une invasion du procédé sur l'art, que la substitution du mérite mécanique au mérite intelligent, que le refuge et le signe de la médiocrité stérile?» (I, 40)

Baudelaire, dans son premier *Salon,* celui de 1845, a formulé à propos de Corot un jugement esthétique d'une portée générale qui a fait date dans l'histoire des idées esthétiques. Sa pensée est assez proche de celle que je viens de citer de Töpffer. Le critique français y fait la distinction – devenue célèbre – «entre un morceau *fait* et un morceau *fini*». Plus que Töpffer, Baudelaire a le don des formules concises qui restent gravées dans la mémoire. Il constate «qu'en général ce qui est *fait* n'est pas *fini,* et qu'une chose très *finie* peut n'être pas *faite* du tout». Mais, tout en étant proche de Töpffer dans son refus de voir l'art dans l'habileté manuelle, Baudelaire accorde plus d'importance à la facture en tant qu'expression de l'esprit créateur que Töpffer: «la valeur d'une touche spirituelle, importante et bien placée, est énorme... etc. etc. d'où il suit que M. Corot peint comme les grands maîtres» (Pl. II, 390).

C'est à propos d'un autre peintre que Töpffer prend la même position d'avant-garde. Il a bien vu les difficultés de distinguer avec exactitude l'expression manuelle d'un artiste et son esprit créateur: «Sauriez-vous dire, dans quel tableau de Teniers ou de Rembrandt, quelle est la limite où finit le procédé, celle où commence l'art?» (I, 85) Töpffer n'est pas insensible à l'expressivité de la facture: «je vois des traits, des touches, des teintes, toutes choses qui sont du procédé; mais si ces traits parlent, si ces touches expriment, si ces teintes vivent, qu'en conclure, sinon que l'art fait corps avec le procédé, et ne saurait s'en détacher?» (I, 85) Il va plus loin encore et anticipe sur les thèses baudelairiennes en se référant à Teniers: «le procédé a constamment obéi au sentiment. De là résulte pour celui qui contemple ses œuvres, cette jouissance qu'il goûte à un travail plein d'intelligence, de candeur, de simplicité; où chaque touche, chaque trait, chaque teinte montre une intention, un motif, une pensée; où les fautes ont de la bonhomie, les négligences de la grâce; où les repentirs mêmes valent des beautés. Au fait, c'est là le cachet de tous les grands maîtres» (I, 86).

Baudelaire et Töpffer arrivent donc à la même conclusion. Les divergences s'expliquent par leurs différences de mentalité aussi bien que par celles du public auquel les deux esthètes ont affaire. Töpffer écrit sous la dictée d'un éros pédagogique. Baudelaire défend un maître dont le grand public parisien méconnaît une part importante du génie, féru qu'il est d'une facture léchée que les peintres académiques et les pompiers ont érigée en idéal, et aveugle aux nouvelles possibilités d'expression d'une facture plus libre. Le critique parisien a le courage de prendre le parti d'un peintre contemporain et de défendre «cette prétendue gaucherie de M. Corot» (Pl. II, 389) tout à fait impardonnable aux yeux de l'Académie et de la critique traditionnelle. Cette apologie s'inscrit sur le même plan que le jugement de Töpffer sur Teniers. Baudelaire poursuit cette *esthétique de la négligence,* en y trouvant la *grâce* que Töpffer y avait vue avant lui: «une œuvre de génie – ou si l'on veut – une œuvre d'âme – où tout est bien vu, bien observé, bien compris, bien imaginé – est toujours bien exécutée, quand elle l'est suffisamment» (Pl. II, 390). Ainsi il défendra Delacroix, accusé d'être *un balai ivre*[11], contre tous ceux qui blâment ses fautes. Baudelaire justifie celles-ci par les nécessités de la composition, en partant de l'impression d'ensemble et non pas du détail: «une faute occasionnelle de dessin est quelquefois nécessaire pour ne pas sacrifier quelque chose de plus important» (Pl. II, 432). Si donc Baudelaire s'est laissé inspirer par Töpffer, il a bien vite pris une direction contraire à son goût classique.

IMITATIO NATURAE

Un des grands thèmes discutés dans le deuxième tiers du siècle était l'*imitatio naturae.* La question était devenue particulièrement brûlante depuis que les tendances réalistes s'imposaient. Baudelaire et Töpffer prennent la même position face aux théories réalistes; pourtant, leur concept de la nature montre des divergences fondamentales. Pour le penseur suisse, la nature est «le maître des maîtres, le seul infaillible, le seul excellent» (I, 80). C'est elle qui guide l'humanité vers son bien; elle fournit une source inépuisable de «jouissance pure et bienfaisante, un plaisir qui ne laisse après lui ni vide, ni regrets, plaisir fidèle et toujours prêt à renaître» (I, 93). Le «sentiment vrai [...] des beautés naturelles» est «le principe vital de l'art» (I, 82). La nature étant conçue comme création divine est vénérée avec un sentiment religieux. Töpffer, quelque peu rousseauiste, la considère comme contraire à «la vie factice des villes» (I, 94). Tous ceux qui portent la «tache du vice» et ont une «âme souillée», sont «trop dégradés pour y goûter de nobles plaisirs» (I, 96), c'est-à-dire sentir les merveilles divines de la création. Baudelaire est loin de voir, dans la beauté de la nature, la main de Dieu et d'éprouver «le sentiment naïf des grâces de la nature» (I, 39). «La nature est laide, et je préfère des monstres de ma fantaisie à la trivialité positive» (Pl. II, 620). L'idéal töpfférien, qui réside dans l'union intime du beau, du vrai et du bien, est renversé par Baudelaire, qui trouve des traits de beauté exquise dans le mal. Töpffer en aurait été plus scandalisé que par les théories de Gautier!

Il est vrai pourtant que même dans le concept de nature on trouve chez Töpffer des points de convergence avec Baudelaire. Pour le critique suisse, la nature est la «source de toute imitation»; elle «fournit les éléments» que l'art «combine»; les éléments de la nature «sont matière brute et muette» à laquelle l'art «donne un langage» (I, 41). Dans son *Salon de 1859,* Baudelaire emploie la métaphore du dictionnaire (qu'il dit tenir de Delacroix; Pl. II, 624) pour désigner la nature comme fournissant les mots dont l'auteur se sert pour créer la poésie. Mais quand on y regarde de plus près, on s'aperçoit que Töpffer exige plutôt de l'artiste qu'il mette une harmonie *classique* au sein de «ces éléments [...] mal arrangés» (I, 41), tandis que Baudelaire vise à une déconstruction de la nature qui débouche sur une recréation profonde du matériau naturel qui pourra alors faire partie intégrante d'un monde fantastique ou surréel.

CONTRE LA DAGUERRÉOTYPIE

Dans leur condamnation commune d'un art qui ne serait que la copie banale de la réalité, les deux hommes tonnent à l'unisson contre un procédé alors tout nouveau de l'industrie contemporaine: la daguerréotypie[12]. Dans ses réflexions sur *La plaque daguerrienne,* le peintre genevois attaque sévèrement, dès 1841, l'opinion selon laquelle «le beau de l'art en général n'est que la reproduction du beau de la nature» (II, 2). La perfection absolue dans la reproduction ne correspondant pas à sa conception de l'art, Töpffer qualifie la daguerréotypie de «miroir» (II, 2) et l'appareil photographique de «miroir transportable» (ŒC, 93)[13]: si l'art n'était qu'une simple *imitation de la nature,* Daguerre serait «le plus grand artiste des temps anciens et des modernes, après toutefois l'inventeur du miroir» (II, 2). L'argument que Stendhal avait utilisé dans son roman *Le rouge et le noir* pour défendre son *réalisme* de l'accusation d'immoralité[14], sert à Töpffer à condamner en bloc la photographie. Pour donner du poids à sa condamnation, il fait appel à un homme du peuple incarnant le bon sens (fig. 1):

> Ces premières plaques représentaient Notre-Dame, la Bourse, le Pont-Neuf. Les porteurs d'eau n'en achetèrent point; c'était trop cher: quarante, soixante francs! Mais l'on m'a rapporté que l'un d'eux, en voyant des bourgeois s'extasier en face d'une plaque où ils avaient l'infinie jouissance de reconnaître le Pont-Neuf, et toutes les pierres du Pont-Neuf, et tous les réverbères du Pont-Neuf, et tous les pavés du Pont-Neuf, et, parmi les pavés du Pont-Neuf, chaque pavé noirci, taché ou fendu se prit à rire en disant: «Dame! c'était donc pas la peine!» (ŒC, 93)

Töpffer s'en rapporte ironiquement à la multitude proche de la bourgeoisie – mais il se garde bien de préciser qui il cite:

> «nous voulons, nous, ici comme dans tout le reste, pas trop de Dieu, point de roi, et, à la place, démocratie plénière. Nous voulons, ici comme dans tout le reste, le positif, le visible, ce qui se pèse, ce qui se touche, ce qui se mesure, à la place du nébuleux, du métaphysique, de l'impondérable. A bas l'Art! et vive M. Daguerre!» (ŒC, 92)

Près d'une vingtaine d'années plus tard, Baudelaire adopte exactement la même attitude dans son *Salon de 1859,* année où le jury a concédé pour la première fois une section à la photographie – mais à part, dans le secteur des beaux-arts du Palais de l'Industrie, avenue Montaigne[15]. Sceptique face à la démocratie en matière d'art, il se moque des «gens du monde», qu'il cite comme l'avait fait Töpffer: ils croient «que l'art est et ne peut être que la reproduction exacte de la nature [...]. Ainsi l'industrie qui nous donnerait un résultat identique à la nature

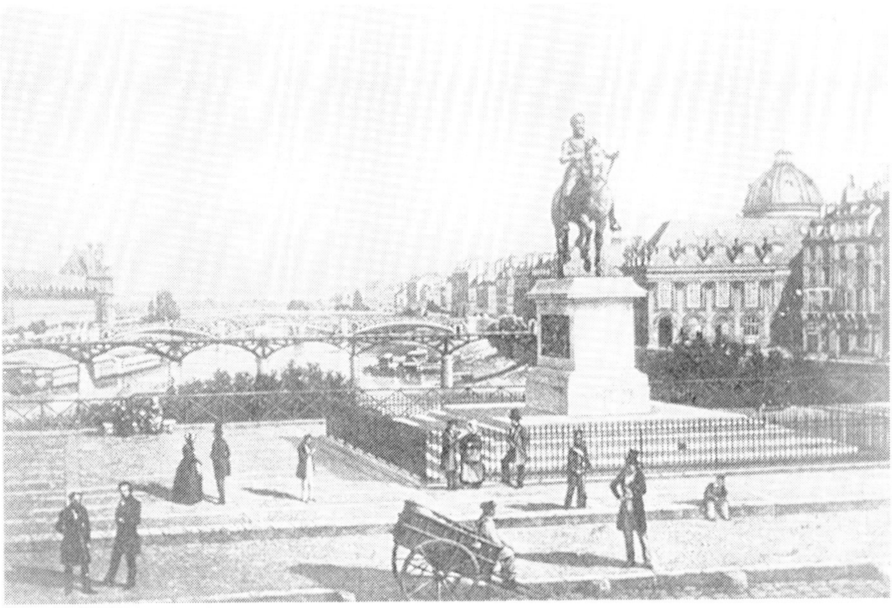

1. *Le Pont-Neuf.* Gravure sur plaque photographique, tirée de Lerebours, *Excursions daguerriennes,* Paris 1842

serait l'art absolu». Un Dieu vengeur a exaucé les vœux de cette multitude. Daguerre fut son Messie» (Pl. II, 617).

Pour les deux poètes, l'argument décisif contre la photographie est sa reproduction exclusivement mécanique du monde. Ils détestent le terme «qui figure zéro» dans l'échelle des possibilités d'expression de l'artiste créateur, comme le formule Töpffer (II, 77). Celui-ci est convaincu que la plaque Daguerre, si elle remplaçait le «travail direct et personnel», aurait une influence négative sur les beaux-arts (II, 78). Ce serait «élever une machine jusqu'au rang d'artiste» et «ravaler l'artiste jusqu'au rang de machine» (ŒC, 113). Il en résulterait finalement que «le beau de l'art, tout entier, aura été anéanti» (II, 78).

C'est également l'opinion baudelairienne, exprimée avec plus de virulence encore: «je suis convaincu que les progrès mal appliqués de la photographie ont beaucoup contribué, comme d'ailleurs tous les progrès purement matériels, à l'appauvrissement du génie artistique français, déjà si rare» (Pl. II, 618).

Les arguments des deux hommes sont en grande partie identiques sans qu'on puisse pour autant trouver des tournures de phrase qui permettent de conclure à un emprunt de la part de Baudelaire. Celui-ci ajoute de son côté la notion de suggestivité comme élément constitutif de la poésie d'une œuvre d'art – notion reprise par Mallarmé; une représentation trop détaillée, comme il explique à propos de la *Cuisine* de Drolling (Louvre), et de toute «cette peinture microscopique» (Pl. I, 383), ne laisserait pas le champ libre à l'imagination du spectateur et empêcherait sa collaboration créatrice. Pour Töpffer également, la poésie d'une œuvre d'art est détruite par le caractère «positif» (ŒC II, 92) et matérialiste de la reproduction photographique, qui satisfait la «curiosité» (ŒC II, 95), comme Baudelaire, lui aussi, l'avait reconnu (Pl. I, 383). Ce qui choque les deux esthètes, c'est que, selon leur conviction, l'industrie prend la place de l'art. Töpffer et Baudelaire restent trop attachés à l'esthétique traditionnelle pour percevoir ce que le nouveau médium contient de virtualités originales.

DE LA VALEUR ESTHÉTIQUE DU SUJET

Töpffer, fidèle à ses convictions, condamne toute forme de trompe-l'œil. Baudelaire, plus désinvolte, fait des exceptions et approuve même le diorama, dont le premier installé à Paris par Daguerre et Bouton en 1822 illuminait une toile transparente par derrière et créait dans une salle obscure l'illusion d'une réalité dramatique, des incendies, des éruptions de volcan ou des couchers de soleil. Le poète parisien, malicieusement provocateur, confesse le plaisir que lui donne la contemplation de ces spectacles: «Je désire être ramené vers les dioramas dont la magie brutale et énorme sait imposer une utile illusion» (Pl. II, 668). L'auteur des *Fleurs du Mal* accepte volontiers une qualité médiocre et des techniques dédaignées du point de vue artistique pourvu qu'elles lui fournissent des émotions nouvelles, des impressions exotiques en particulier. Avec le détachement qu'on lui connaît, il écarte nonchalamment toute prétention esthétique, avouant franchement ses besoins de distraction, – un peu comme de nos jours, certains confessent regarder avec plaisir des séries triviales à la télévision. En tant que spectateur, «barbare malgré tout», Baudelaire aussi se sent ou prétend se sentir coupable lorsqu'il reconnaît que le sujet fait «une partie du plaisir» (Pl. II, 668). Il va plus loin encore, car il s'agit pour lui d'un phénomène esthétique d'ordre général: il y a une corrélation entre le plaisir esthétique de celui qui contemple une œuvre et l'esprit créateur de son auteur: «le sujet fait pour l'artiste une partie du génie» (Pl. II, 668). Ce n'est certes pas dans une perspective matérialiste qu'il maintient cette thèse: c'est au contraire une interprétation neuve de la nature de l'œuvre d'art, qui n'est pas fixée matériellement sur une toile mais ancrée dans la psyché et la sensibilité du spectateur, excité par l'artiste par le biais de la suggestivité de la forme et du contenu.

Töpffer envisage le sujet d'une façon plus rigoureuse: «c'est une erreur de s'imaginer, comme l'ont fait quelques doctes, qu'en tout ou en partie, le beau de l'art puisse procéder du sujet». Il n'accorde quant à lui aucune valeur particulière au sujet. «Le sujet, qu'est-ce? l'événement, la donnée, l'objet du poème, de la statue ou du tableau» (II, 30). Töpffer, pourtant, n'est pas aveugle à la beauté du monde et il parle même à un moment donné de la «poésie [du] sujet» (II, 29). Mais pour lui, il y a «deux ordres du beau [...] qui n'ont entre eux aucune relation; l'un *emprunté»*, comme il dit, donc extrait de la matière et qu'il considère comme quelque chose de tout à fait «accessoire, ou indifférent, ou nul» en matière de création artistique, et «l'autre créé qui y est essentiel» (II, 30). Son raisonnement sert à étayer sa thèse principale: «le beau de l'art est absolument indépendant du beau de la nature» (II, 23).

Le théorème töpfférien de l'indépendance du beau de l'art par rapport à la nature correspond en gros aux convictions baudelairiennes et tout particulièrement si l'on entend par *nature* la campagne verdoyante. Dans son chapitre sur *Le paysage* du *Salon de 1859*, Baudelaire décrète avec aplomb: «Si tel assemblage d'arbres, de montagnes, d'eaux et de maisons, que nous appelons un paysage, est beau, ce n'est pas par lui-même, mais par moi, par ma grâce propre, par l'idée ou le sentiment que j'y attache» (Pl. II, 660). Pour Baudelaire, «un site naturel n'a de valeur que le sentiment actuel que l'artiste y sait mettre»: le but du peintre est d'extraire du monde visible «la comparaison, la métaphore et l'allégorie». De là sa critique de «ce culte niais de la nature, non épurée, non expliquée par l'imagination», dans lequel il voit «un signe évident d'abaissement général» (Pl. II, 660); de là ses célèbres attaques contre les paysagistes de Barbizon. «A leurs yeux, une étude est un tableau. M. Français nous montre un arbre, un arbre antique, énorme, il est vrai, et il nous dit: voilà un paysage» (Pl. II, 661). Un arbre est comme un mot du dictionnaire qui seul ne constitue pas un poème *(ibid).* De même, il déplore l'absence de composition de certains peintres de Barbizon qui «ouvrent une fenêtre, et tout l'espace compris dans le carré de la fenêtre, arbres, ciel et maison, prend pour eux la valeur d'un poème tout fait» (Pl. II, 661).

Gautier, de son côté, attaque également tous ceux qui se contentent de copier la nature. Il dénonce Charles de La Berge[16], sa bête noire, un Parisien qui alla peindre à Barbizon et qui aurait «consumé» son «immense talent» «dans une lutte folle contre la nature», pour ne «rien peindre de convention». Quand il «faisait un arbre, il le copiait avec une exactitude désespérante; chaque feuille était un portrait; les cassures des petites branches, les rugosités, les nœuds et les mousses du tronc, il reproduisait tout plus fidèlement que le daguerréotype, car il y joignait la couleur» (47 s.). «Egaré par un système faux», il «repoussa l'intuition, la déduction, le souvenir et n'admit que l'imitation immédiate. D'artiste, il se fit miroir» (50 s.). Gautier rejoint ici Töpffer.

DU BEAU RELATIF ET DE LA VALEUR ESTHÉTIQUE DU LAID

La question du fait artistique constitue un problème central des *Menus propos*. En exposant sa théorie du beau, Töpffer adopte un stratagème qui lui est cher: au lieu d'énoncer directement ses propres convictions, il fait un petit détour diplomatique. Avec la maîtrise qu'on lui connaît, il raconte l'admiration d'un amateur pour Ruysdael, qui goûte dans les tableaux du Néerlandais la «magie de solitude, de mélancolie, d'incertaine et triste lumière dont le charme est puissant et savoureux» (II, 28). Néanmoins, l'amateur admire davantage un chêne moins beau, peint par un artiste moins célèbre, Karel Dujardin. L'amateur trouve l'arbre

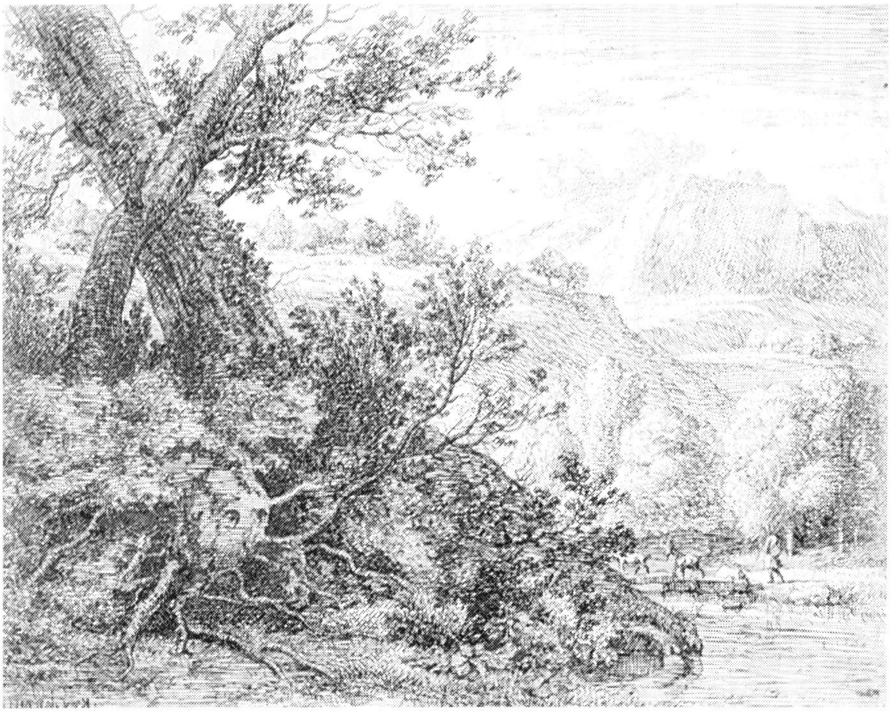

2. Karel Dujardin, *Paysage*, 1657. Eau-forte. Coll. privée

de Dujardin «plus riche d'accidents, plus fécond de détails, plus expressif d'agrestes impressions, plus beau de pittoresque variété» (fig. 2). L'homme de paille de Töpffer reconnaît dans le chêne de Dujardin «moins de vigueur» et «moins d'harmonie savante» mais plus de «clarté» et de «candeur»: «avec plus de finesse n'exprime-t-il pas plus aussi de ces grâces rustiques, de ces impressions des champs, de ces haleines des campagnes qui sont l'attrait même de cette scène» (II, 29). Töpffer soulève un problème esthétique central. Le «laid dans la nature», écrit-il, peut devenir, «dans bien des cas, par une merveilleuse transformation, le beau même de l'art», et permet ainsi de démontrer que «le beau de l'art et le beau de la nature, considérés chacun dans son essence, n'ont entre eux aucune relation» (II, 7). Töpffer donne comme exemple le *Radeau de la Méduse* «où gisent, perdus dans l'immense océan, quelques moribonds farouches et des cadavres livides» (II, 7). Il cite Ovide pour prouver qu'un sujet rebutant en littérature – le «taureau qui vomit un sang infect et écumeux» – peut être beau (II, 7). Gautier, impressionné par l'argumentation de Töpffer, reprend la même citation et renchérit: ces vers «ont toute la beauté que l'art réclame»[17].

Gautier présente aussi la question du laid dans une perspective historique: «C'est ainsi que d'affreuses peintures de l'Espagnolet [Jusepe Ribera], représentant des martyrs éventrés ou des gueux en haillons, sont aussi belles et plus belles que des toiles de l'Albane [Francesco Albani], où la mythologie rit en sujets gracieux, et où l'on ne voit que des femmes de neige dans des prés d'émeraude, qu'amours roses dans des ciels d'outre-mer» (54 s.). Il oppose ainsi des scènes baroques aptes à révolter un goût classique aux harmonieuses visions idylliques du classicisme bolonais. Töpffer a donné le branle à une des discussions qui sera de première importance dans l'évolution de la pensée esthétique des décennies suivantes, vers l'indépendance toujours croissante de l'art face à l'*imitation de la nature*.

Baudelaire, de son côté, renoue avec cette réflexion à propos de l'œuvre de Delacroix. Ce faisant, il ne se réfère pas directement à Töpffer, mais à Töpffer *à travers Gautier*. Car il me semble tout à fait probable que le poète des *Fleurs du mal* s'est rappelé les mots de Gautier que je viens de citer, quand il écrit que «les membres d'un martyr qu'on écorche, le corps d'une nymphe pâmée, s'ils sont savamment dessinés, comportent un genre de plaisir dans les éléments duquel le sujet n'entre pour rien» (Pl. II, 753). Baudelaire développe cette thèse dans deux directions dont l'une coïncide avec le concept de Töpffer et l'autre le développe. Cette dernière consiste en la corrélation des couleurs avec le sujet: le critique a justement senti qu'un tableau de Delacroix projette sa pensée à distance, avant même qu'on puisse en reconnaître le sujet. La conviction baudelairienne des virtualités musicales de la forme et de la couleur, et de leur indépendance par rapport au sujet, a été chaudement approuvée par le peintre romantique dans une lettre adressée au poète[18]. Ces pages sont à compter parmi les plus subtiles du critique français et leur thèse est dans le prolongement de la réflexion de Töpffer. L'autre point de convergence consiste dans le pouvoir émotif des couleurs et de l'arabesque des contours, et du plaisir esthétique qui en résulte pour le spectateur. Töpffer n'est pas aussi explicite; il semble se référer plutôt à la touche en général. Mais pour les deux hommes, le pouvoir esthétique virtuel n'a rien à voir avec le contenu d'une œuvre, qui peut être rebutant ou agréable. Töpffer et Baudelaire se rejoignent.

Nous pouvons revenir au *ragot* qui prend une valeur symbolique dans l'esthétique töpfférienne. L'amateur hésitant entre Ruysdael et Dujardin se décide pour ce dernier: «Et il achète le ragot!...» Ainsi, Töpffer arrive à la conclusion bien préparée: «Alors qu'est devenu le beau de l'arbre, et pour combien compte-t-il dans le beau du tableau? – Pour rien, sans plus» (II, 29). Pour Töpffer le *ragot* a été rendu beau par la seule main créatrice de l'artiste. Le critique genevois a contribué à ouvrir une nouvelle voie à la discussion esthétique en Suisse, en France et aussi en Allemagne, comme le prouve le livre de Karl Rosenkranz sur l'*Ästhetik des Häßlichen* paru à Königsberg en 1853. La *thèse du ragot*, si l'on peut dire ainsi, est une des gloires de Töpffer. C'est en quelque sorte l'artiste en lui qui l'emporte sur l'esthéticien. En tant que connaisseur il apprécie ce qui le rebute en tant qu'esthéticien, comme contraire au principe du *beau idéal*. Ainsi il refuse le *beau relatif* comme partie intégrante de son esthétique. Mais – heureusement – il n'est pas conséquent et, comme il a entrevu «la poésie du sujet», il aperçoit «une parcelle quelconque de Beau», donc du *beau absolu,* dans le beau relatif d'une fleur: «quelle espèce de gredin serait-on en philosophie, si l'on niait absolument que cette parcelle de beau puisse exister dans cette gredine de tulipe?»[19] Et il se moque de ceux qui échafaudent de «beaux systèmes», comme des enfants «bâtissent des châteaux de cartes»[20].

Chez Baudelaire, il y a la même méfiance vis-à-vis de toute pensée par trop systématique. On connaît le célèbre passage de l'*Exposition universelle* de 1855, où il déclare avoir essayé plusieurs fois de s'enfermer dans un système, puis avoir abandonné cette tentative qui lui semblait mener dans une impasse et s'être «orgueilleusement résigné à la modestie: je me suis contenté de sentir; je suis revenu chercher un asile dans l'impeccable naïveté» (Pl. II, 578). Et cette naïveté constitue de même un principe fondamental de l'esthétique töpfférienne[21]. Töpffer reste attaché au classicisme par une méfiance envers le monde matériel. Cette méfiance éclate avec véhémence face à la théorie de *l'art pour l'art* qu'il condamne comme «la formule dernière de l'art matérialisé à son plus haut degré» (II, 13). Ce serait «un art corrompu» (II, 18), «dénaturé» (II, 17), la «stérile poursuite d'une forme» (II, 11) «vide de pensée» (II, 17), qui soulève «d'involontaires dégoûts» (II, 11). Sa critique culmine dans une phrase qui nous donne à comprendre pourquoi Gautier – si clément d'habitude – n'a pas été équitable dans son jugement sur Töpffer: l'art pour l'art, écrit Töpffer, «c'est un cadavre dont des ouvriers habiles ornent et brodent à l'envi le linceul» (II, 17).

Dans cet anathème, Töpffer rejoint encore une fois Baudelaire, qui, pourtant, un peu hésitant et ambigu vis-à-vis de son maître Gautier, a été moins dur. En 1851, dans son introduction aux *Chants et chansons* de Pierre Dupont, il qualifia de «puérile utopie» cette aventure esthétique et intellectuelle qu'est *l'art pour l'art,* se servant du mot «stérile» employé également par Töpffer (Pl. II, 26). Face à l'accusation de matérialisme, Gautier avance la thèse selon laquelle «l'idéal n'est pas toujours préconçu» (66): «un grand nombre de peintres et de sculpteurs, écrit-il, reçoivent de l'extérieur l'impression du beau, et procèdent du matériel à l'idéal [...].[22] Au lieu de donner une forme à l'idéal, ils donnent un idéal à la forme» (66 s.)[23]. Gautier se réfère au concept de l'*idea* (46) tel que Raphaël l'a formulé dans une lettre célèbre adressée au comte Castiglione, et au *modèle intérieur* décrit par Diderot dans son *Salon de 1767*[24]. Cette théorie de l'activité créatrice est centrée sur l'individualisme et se détache du concept de *beau idéal* auquel Töpffer reste en partie encore attaché.

▪

Cette lecture comparative nous a permis de faire ressortir des parallèles entre Töpffer et Baudelaire, tout en tenant compte aussi des divergences. Je voudrais maintenant inverser un instant le sens de l'investigation pour faire état d'un point curieux sur lequel Baudelaire pourrait s'être érigé contre les thèses de l'auteur genevois. Baudelaire, s'il a lu Töpffer, aura en effet pu vouloir le blâmer quand celui-ci dénigre les *Chinois de la Chine*, dans le troisième chapitre du deuxième livre des *Menus propos*. Töpffer, qui insistera sur l'«infériorité de la race nègre» qui lui paraît «évidente» (I, 49), considère l'art des Chinois comme étant «réduit au procédé»: «ils font des choses qui étonnent en fini, en patience, en bonne vue, en finesse, en pointillé, léché, mignoté; des choses à faire pâmer un père de famille... mais plates, bêtes, uniformes et sans l'ombre d'une pensée» (I, 45). Dans ses pages sur l'*Exposition universelle - 1855*, Baudelaire manifeste l'envergure de son esprit en étendant son anti-académisme à un cosmopolitisme esthétique. Il laisse loin derrière lui ses confrères français tels que Diderot, Balzac ou Gautier[25], ainsi que Töpffer, qui tous restent perplexes devant l'étrangeté des créations chinoises, sans comprendre leur intention artistique. S'il nous a été impossible de donner des preuves irréfutables de l'influence de Töpffer sur Baudelaire, il n'existe pas non plus d'indices concrets pour certifier que le critique français vise Töpffer dans ce «pédagogue» anonyme auquel il reproche l'incompréhension devant une œuvre d'art chinoise. Il a en revanche l'audace de considérer un produit chinois comme «un échantillon de la beauté universelle» (Pl. II, 576).

▪

Quelle réponse faut-il donner à la question soulevée au début de cette trop rapide étude? Y a-t-il influence de la part de Töpffer sur Baudelaire ou affinité? ou ni l'une ni l'autre? Après avoir été sceptique au début de cette recherche, je suis maintenant convaincu que Baudelaire a lu les pages *De la plaque Daguerre*, qu'il a feuilleté les *Menus propos* en s'arrêtant ici et là, et que le compte rendu de Gautier sur Töpffer l'a incité à formuler des thèses parmi les plus avant-gardistes de son esthétique. Faute de documents, ceci ne reste qu'une hypothèse dont la plausibilité doit être discutée par d'autres baudelairiens.

Il ne faut pas perdre de vue, en dépit des affinités qui résident dans l'esthétique de ces deux hommes, l'écart chronologique considérable qui les sépare. Töpffer meurt quand Baudelaire fait son entrée dans le monde littéraire avec son premier coup de maître, le *Salon de 1846*. Né en 1821, Baudelaire appartient à une génération postérieure à Töpffer, venu au monde en 1799. Enraciné à Genève, Töpffer est enthousiasmé par de grands principes éthiques, tandis que le Parisien Baudelaire, désabusé et sceptique, se lance dans le combat après les effervescences du romantisme. Il conçoit ses œuvres dans la fièvre de la capitale française, sujette sous le Second Empire à des transformations sociales profondes et des spéculations financières exorbitantes. Il vit lui-même l'existence de «l'animal dépravé» dont il évoque magistralement «les joies rapides» dans *Le peintre de la vie moderne* (Pl. II, 693). Il y a une différence fondamentale de climat moral[26] qui fait que Töpffer, toujours partisan de la doctrine du beau absolu, reste convaincu de l'unité indissoluble du beau et du bon, dénigrée par Baudelaire comme «une invention de la philosophaillerie moderne» (Pl. II, 111). Töpffer considère la nature comme une source jamais tarie du bien-être physique, et la vénère avec une émotion religieuse comme une émanation divine.

Mais à côté de concepts tout à fait contraires chez les deux penseurs, leurs ressemblances sont surprenantes, comme la prise de position contre une *imitatio naturae* en tant que but exclusif de l'art. Il ont une même antipathie pour l'introduction de procédés industriels dans l'art, notamment la daguerréotypie. C'est un point de convergence qui montre du reste que Baudelaire n'a pas toujours su se libérer des entraves de l'esthétique traditionnelle. Le poète se range du côté d'un peintre néo-classique comme Ingres, qui, avec d'autres artistes, avait vivement protesté contre cette invention[27]. Baudelaire se sera senti conforté par Töpffer dans sa propre condamnation d'un réalisme plat, visant à produire une copie exacte de la nature; il aura trouvé chez Töpffer des éléments d'argumentation qu'il a inclus dans son attaque contre la photographie. Il est vrai que les concepts de Töpffer, quand ils se retrouvent identiques chez Baudelaire, y reçoivent pourtant une inflexion très différente. Ainsi le refus de l'imitation de la nature amène l'auteur des *Fleurs du Mal* à exiger de l'artiste la création d'un univers imaginaire de rêves, qui n'a rien à voir avec la vision töpfférienne d'un monde équilibré et harmonieux. Il n'en reste pas moins vrai que Baudelaire poursuit certaines idées de Töpffer d'une façon vigoureuse, comme la liberté de facture, jusqu'à défendre des fautes de dessin que la critique traditionnelle n'a jamais voulu pardonner à Delacroix. Ce que Töpffer a pressenti, sans le formuler avec rigueur, à savoir la suggestivité de la ligne et de la couleur indépendamment du sujet, Baudelaire le développe avec clairvoyance et maîtrise. Quand Töpffer entrevoit le charme du laid, Baudelaire, volontiers impertinent et provocateur, accorde à la laideur et au mal une place centrale dans son esthétique. Partout, c'est le radicalisme qui distingue Baudelaire de la sagesse classique de l'auteur des *Menus propos*.

Quoi d'étonnant que le Parisien n'ait pas cité le Genevois? Il y a eu affinité sur certains points, il y aura eu influence sur d'autres. Baudelaire a eu le flair de prendre les éléments les plus avant-gardistes de l'esthétique töpfférienne. Mais le contexte dans lequel l'auteur des *Fleurs du mal* a employé les idées de Töpffer a été si différent qu'elles ont pris une valeur neuve et audacieuse, au point qu'il a cru pouvoir se dispenser de reconnaître ce que l'on peut appeler sa dette envers Töpffer.

NOTES

1 Jean POMMIER, *Dans les chemins de Baudelaire,* Paris, Corti 1945

2 Meyer SCHAPIRO, «Courbet et l'imagerie populaire», dans: *Style, artiste, société,* Paris, Gallimard, 1982 (article paru pour la première fois dans *The Journal of the Warburg and Courtauld Institute,* 1940-1941), et Anne COFFIN HANSON, «Manet's Subject Matter and a Source of Popular Imagery», dans: *Museum Studies,* The Art Institute of Chicago, 1968

3 Cf. Annie RENONCIAT, «Rodolphe Töpffer et l'image populaire», *Bulletin de la société*

archéologique, historique et artistique «Le Vieux Papier» pour l'étude de la vie et des mœurs d'autrefois, fascicule 326, octobre 1992, p. 199. Pour une mise au point des recherches sur Töpffer, je renvoie à l'important volume réalisé sous la direction de Daniel MAGGETTI, *Töpffer,* Genève, Skira, 1996.

4 «5 octobre (1847).- Prêté à Villot le numéro de la Revue où est l'article de Gautier sur Töpffer.» *Journal d'Eugène Delacroix,* publié par Paul FLAT, Paris, Plon, t. I, s.d., p. 329

5 Dans son compte rendu de l'œuvre töpffférienne, Sainte-Beuve raconte avec quelle curiosité et quel enthousiasme les poètes parisiens ont accueilli les «spirituels albums humouristiques nés de son crayon» (p. 838 s.). Dans les *Nouvelles Genevoises,* Sainte-Beuve apprécie particulièrement ce qu'il appelle métaphoriquement «l'air vif et frais des montagnes» (p. 838). Cette critique fait partie d'une longue série d'articles parue dans la *Revue des deux mondes,* consacrée aux «Poètes et romanciers modernes de la France»; le n° XLIII du 15 mars 1841 est consacré à Töpffer (t. XXV, 4e série, pp. 838-865).

6 Marie ALAMIR-PAILLARD, «Rodolphe Töpffer critique d'art, 1826-1846: de la subversion à la réaction», dans: *Töpffer, op. cit.*, 1996, pp. 67-131

7 *Revue des deux mondes,* Paris, 1847, pp. 887-908. Je cite d'après Théophile GAUTIER, *Rodolphe Töpffer et ses Menus propos – Du beau dans l'art,* paru dans le n° 3 de la *Petite collection Rodolphe Töpffer* dirigée par Pierre Cailler et Henri Darel, Genève, Skira, 1943.

8 Voir les *Œuvres complètes de Rodolphe Töpffer,* Edition du centenaire, Genève, Pierre Cailler, t. II, 1957

9 Je cite d'après les *Réflexions et menus-propos d'un peintre genevois ou Essai sur le beau dans les arts, par R. Töpffer, Auteur des Nouvelles genevoises, des Voyages en zigzag, de Rosa et Gertrude, etc. Précédés d'Une notice sur la vie et les ouvrages de l'auteur, par Albert Aubert,* Paris, J.-J. Dubochet, Lechevalier et Cie, 1848, en deux tomes (renvoi: I/II)

10 Je cite d'après Charles BAUDELAIRE, *Œuvres complètes,* texte établi, présenté et annoté par Claude PICHOIS, Paris, La Pléiade, t. I, 1975, t. II, 1976 (renvoi: Pl. I/II)

11 Cité d'après GAUTIER, *Pages choisies,* publiées par C.-A. Fusil, Paris, Larousse, 1934, p. 95 (renvoi: numéros des pages)

12 Voir à ce propos Philippe KAENEL, «Rodolphe Töpffer et la copie. Le paradigme photographique», dans *Nos monuments d'art et d'histoire,* Année 37, 1986, n° 1, pp. 36-42

13 Je cite d'après les *Œuvres complètes de Rodolphe Töpffer,* publiées sous la direction de Pierre Cailler, t. II, Genève, Cailler, 1957 (renvoi: ŒC). Le texte – pas tout à fait conforme à celui-ci – a aussi été reproduit dans le livre de Heinz BUDDEMEIER, *Panorama Diorama Photographie. Entstehung und Wirkung neuer Medien im 19. Jahrhundert,* München, Fink 1970

14 «Eh, Monsieur, un roman est un miroir qui se promène sur une grande route. Tantôt il reflète à vos yeux l'azur des cieux, tantôt la fange des bourbiers de la route. Et l'homme qui porte le miroir dans sa hotte sera par vous accusé d'être immoral!» STENDHAL, *Le rouge et le noir,* édition de Pierre-Georges Castex, Paris, Garnier, 1973, p. 342

15 Il fallait pourtant payer une nouvelle entrée pour bien marquer la différence. Pour une analyse plus poussée de la position baudelairienne, je me permets de renvoyer à mon article sur «Photographie als Unkunst? Historisch-ästhetische Analyse von Baudelaires Verurteilung der Photographie» dans *lendemains – Zeitschrift für Frankreichforschung und Französischstudium,* IXe année, fascicule 34, Berlin 1984, pp. 25-33

16 Cf. aussi P. MIQUEL, *Le paysage français au XIXe siècle,* Mantes-la-Jolie, 1975

17 En des termes plus scientifiques: Virgile décrit «une épizootie et la mort d'un taureau qui vomit des flots de sang noirs mêlés de sanie et d'écume» (*op. cit.*, p. 55).

18 *Lettres à Baudelaire,* publiées par Claude Pichois, Neuchâtel, La Baconnière (*Etudes baudelairiennes,* t. IV-V), 1973, p. 119 s. Il s'agit de la lettre de Delacroix du 8 octobre 1861.

19 Cité d'après Auguste Blondel, *Rodolphe Töpffer, L'écrivain, l'artiste et l'homme,* Genève, Slatkine Reprints, 1976, p. 300

20 *Ibid.*, p. 307

21 W. D., «Kriterien der Kunstkritik Baudelaires. Versuch einer Analyse», dans: Alfred NOYER-WEIDNER (éd.), *Baudelaire,* Darmstadt, Wissenschaftliche Buchgesellschaft, 1976, pp. 410-442. Sur le concept de la naïveté, cf. p. 429 ss.

22 Voici la citation complète de Gautier: «ce ne sont donc pas des formes qu'ils empruntent à la nature pour en revêtir la conception *a priori* qu'ils ont eue du beau; l'opération, avec eux, est toute contraire: ils prennent *a posteriori* dans leur esprit un souffle pour faire vivre les types observés et choisis» (66).

23 Gautier défend ainsi la position d'un subjectivisme romantique. Pour le critique, «Tout homme qui n'a pas son monde intérieur à traduire n'est pas un artiste. L'imitation est le moyen et non le but» de l'art (16). L'opinion de Gautier semble correspondre à celle de Töpffer mais le lecteur s'aperçoit vite que pour Gautier la beauté est l'expression toute personnelle voire subjective de l'artiste. Le «peintre porte son tableau en lui-même» (22). Gautier cite Rubens, comme exemple, qui se sert de couleurs resplendissantes pour «traduire la fête éternelle, la kermesse royale qui se donne dans son âme» (17). Ostade également «ne copie pas le manant qu'il a devant lui» mais «il le fait servir à la reproduction de l'idéal rustique qu'il porte en lui-même» (19). Le *beau idéal* classique devient pour Gautier «la beauté idéale» de chaque artiste qui l'exprime «dans la langue qui lui est propre» (23).

24 Gautier y revient à plusieurs reprises dans son compte rendu: pp. 17, 19 s., 33, 50. Sur le «Modèle idéal chez Diderot», cf. W.D. dans: Michel DELON et W. D., *Le regard et l'objet, Diderot critique d'art,* Heidelberg, Winter, 1989, pp. 69-90 (Reihe Siegen 80)

25 Voir à ce propos l'article de Yoshio ABÉ publié dans *Le Monde* du 28 novembre 1968 cité par Claude PICHOIS (Pl. II, 1368). Gautier consacre un chapitre des deux volumes *Les beaux arts en Europe - 1855* à la *Collection chinoise* du Consul M. de Montigny (Paris, I, 1856, 130 ss.).

26 Même dans son *Essai de la physiognomonie,* Töpffer souhaite «moraliser» le peuple et les enfants en particulier. Il considère la littérature en estampes comme un «antidote victorieux du Sand, du Balzac, ou encore du Sue, trois moralistes assurément, et qui se piquent de l'être, mais vicieux et délétères, assurément aussi». Reproduction photostatique de l'édition originale autographique, avec la traduction allemande en regard par W. et Dorothea DROST et une postface (en partie sur la réception en Allemagne) de W. D. et Karl RIHA, Siegen, Machwerk, 1982, p. 8

27 Otto STELZER, *Kunst und Photographie Kontakte Einflüsse Wirkungen,* Munich, Piper, 1966, p. 37. Cf. aussi Erwin KOPPEN, *Literatur und Photographie. Über Geschichte und Thematik einer Medienentdeckung,* Stuttgart, Metzler, 1987

CRÉDIT PHOTOGRAPHIQUE

Photos Kunsthistorisches Institut der Universität-GH Siegen

UN MODÈLE POUR LA SUISSE ROMANDE

par Daniel Maggetti

La popularité que, de son vivant déjà, Rodolphe Töpffer avait acquise en France grâce à son œuvre littéraire présentait, à l'échelle de la Suisse romande, un caractère exceptionnel. En pleine phase de nationalisation depuis les années 1830, ainsi qu'en témoigne l'action de Töpffer lui-même, le champ littéraire et intellectuel suisse français se devait presque de faire de l'auteur des *Voyages en zigzag* un modèle. Contrairement à d'illustres prédécesseurs que la France avait «adoptés» et qui n'étaient demeurés Suisses que d'origine, comme Rousseau ou Benjamin Constant, Töpffer avait placé sa vie sous le signe d'une patrie qu'il n'avait pas quittée; d'autre part, la qualité de son œuvre le distinguait aussi au sein de la troupe des auteurs bons patriotes mais piètres écrivains, comme le doyen Bridel. Dans ce contexte, Rodolphe semble prédestiné à servir de manifeste. Je me propose de souligner ici quelques moments d'une réception aussi positive que chargée, dont les divers essais parus au cours des années 1930 – ceux de Chaponnière et de Courthion notamment – constituent sur bien des points l'aboutissement.

UN HOMME EXEMPLAIRE

Moins de trois mois après la mort de Töpffer, Jean-Pierre Gaberel lui consacre une brochure qui se veut davantage qu'une nécrologie. Sous le titre d'*Essai sur le caractère artistique et littéraire des œuvres de R. Töpffer*, il accumule des propos très élogieux[1], où le patriotisme le dispute à la morale, et qu'il reprendra presque tels quels, vingt ans plus tard, dans ses *Souvenirs religieux*[2]. L'un des premiers, Gaberel va donner corps à une légende historiographique qui aura la vie dure. Ecoutons-le:

> On peut presque appliquer à Töpffer la fable de *l'Homme qui court après la fortune, et l'Homme qui l'attend dans son lit*. Une renommée capable de satisfaire des prétentions élevées est venue l'entourer sans qu'il ait fait aucun effort, aucune démarche pour y parvenir; on l'a vu accueillir les avances de la publicité avec une simplicité modeste; le retentissement de ses œuvres dans le monde littéraire ne changea rien à son humeur ni à ses goûts. [...] Ainsi Töpffer a connu pour bien peu de temps les joies légitimes d'un succès obtenu par le mérite, dépourvu de réclames et de prôneurs.[3]

Certes, par un réflexe professionnel qui lui a déformé l'esprit, le pasteur Gaberel a tendance à transformer tout le monde en missionnaire, et à considérer l'écriture des romans de la part de n'importe quel Genevois comme un succédané du ministère pastoral qu'il aurait à ses yeux mieux fait d'embrasser. Mais au-delà de ces excès, sa vision de Töpffer – un Töpffer en quelque sorte surpris par le succès, qui ne tient guère[4] lorsqu'on lit la correspondance de Rodolphe en prêtant attention aux marques de sa stratégie d'auteur –, cette vision traversera le siècle. La plupart des textes canoniques consacrés à la littérature romande brodent sur ce canevas, à l'exception, notable, de l'*Histoire de la littérature de la Suisse romande* de Virgile Rossel. Le critique jurassien se montre en effet très critique à l'égard de l'œuvre de Töpffer[5], et ne se prive pas d'étaler une antipathie due à son appartenance politique radicale, mais aussi à la rivalité qui l'oppose à Philippe Godet, l'autre historien des lettres de Suisse française, fervent admirateur, lui, du père de *Festus*.

Nous avons relevé l'exception, revenons à la règle. Nous n'allons pas nous lancer dans l'énumération fastidieuse de tous les jugements convergents qui font de Rodolphe Töpffer un parangon de modestie[6]. Je vais toutefois exhumer l'éloge en vers que Godet, justement, distille en 1889 dans *Au foyer romand:*

> [...] Pour devenir quelqu'un, il faut rester soi-même.
> Notre Töpffer, jadis, a causé sur ce thème,
> Et si nul plus que lui, parmi tous nos auteurs,
> Hors du pays natal n'a trouvé des lecteurs,
> C'est qu'il resta fidèle à son cher coin de terre,
> Et que, né Genevois, il a «bu dans son verre».
> Or, depuis qu'à Paris son nom fut consacré,
> Il fut parmi les siens doublement honoré,
> Et cher au même titre à la Suisse, à la France,
> Son aimable renom passa son espérance.[7]

Godet reprend le même thème dans son *Histoire littéraire*[8], puis dans le chapitre sur la littérature romande qu'il signe dans l'ouvrage collectif *La Suisse au XIXe siècle,* où il insiste sur le fait que Töpffer, «cet honnête homme», «ne nourrissait point de sottes ambitions», et que «la "consécration de Paris" ne paraissait point indispensable à ce Genevois épris et fier de sa Genève»[9].

La première raison de cette mythologie est évidemment le patriotisme, moteur premier de la constitution de l'histoire littéraire nationale. Au cours de son institutionnalisation, pendant la deuxième moitié du XIXe siècle, le champ littéraire romand construit son identité en prenant ses distances d'avec la France, et en essayant de s'assurer un espace à soi: avec les traits qu'on lui prête, Töpffer sert admirablement ce projet, dans la mesure où il prouve qu'on peut être un écrivain de qualité sans rien abandonner de sa qualité de Suisse. Par conséquent, son cas permet de croire pleinement à la possibilité de donner corps, en Suisse romande, à une littérature autonome et de valeur.

Cette utilisation – mieux vaudrait parler d'instrumentalisation – de Töpffer comme symbole susceptible de renforcer la position d'une littérature périphérique ne repose pas seulement sur la mise en évidence de quelques arguments biographiques, tels la fidélité à Genève et l'amour des Alpes, voire sur la citation de quelques phrases bien choisies tirées des articles publiés par Töpffer dans la *Bibliothèque universelle* ou *Le Fédéral*. A eux seuls, ces éléments possèdent certes une charge considérable; mais, sur le plan strictement littéraire, leur force est insuffisante. En fait, en insistant sur l'authenticité de Töpffer, en soulignant son prétendu refus de se plier aux règles qui régissent la comédie littéraire parisienne, les critiques suisses français cherchent à fonder une croyance autour de laquelle se rassembler. Sur le mode de la riposte, ils tiennent à affirmer que les lois du champ littéraire français ne sont pas absolues; qu'il existe une manière d'être écrivain qui diffère totalement de celle, dominante, incarnée par les modèles parisiens honnis; que cette autre manière, spécifiquement romande, repose sur une coïncidence entre l'être et le paraître, entre l'homme et l'écrivain[10], entre l'esthétique et la morale. Plus ou moins explicitement, cette conception est sous-tendue par une vision protestante du monde; à lire Gaberel, chez qui les ficelles théologiques sont très apparentes, on voit même se dessiner, en filigrane, une puissante isotopie entre le succès qui finirait fatalement par sourire à l'homme de lettres «à la romande», comme cela a été le cas chez Töpffer, et le salut qui attend l'homme de bien dans l'au-delà. C'est ce qu'on peut légitimement déduire de ce commentaire du *Presbytère*, où la figure du pasteur Prévère se superpose à celle de l'auteur:

> Töpffer prouve ainsi que la grandeur de la tâche accomplie ne dépend point du théâtre où se passent les événements, mais bien du mérite des hommes qui parlent et agissent; il établit que la situation la plus modeste et le village le plus retiré peut être un foyer de célébrité et de lumière, et que les grandes facultés, dignement employées, fixent tôt ou tard l'attention du public, et portent au loin les fruits de moralité, de bonheur, de vertu qui semblaient devoir être enfouis dans leur obscurité native.[11]

Dans un univers suisse français qu'agite la fièvre nationale, la réussite «morale» de Töpffer fait de lui le Jean-Baptiste de la littérature romande à venir: ce qui équivaut à dire que, grâce à lui et à son exemple, les auteurs et les critiques suisses peuvent continuer à bâtir leur édifice en se disant que le fait qu'ils ne sont pas remarqués, que personne ne les connaît hors de Suisse, voire hors de leur canton, n'est qu'un accident passager, et que leur valeur sera un jour forcément reconnue, puisqu'ils sont, eux, dans la vérité et dans le bien, non dans la vanité de la renommée éphémère. Cette stratégie de refoulement, ou de contournement des complexes, se révèle particulièrement efficace, à voir à quel point on y a recouru: à moins que cette insistance soit la marque visible d'un doute profond, et que la répétition ait pour fonction l'auto-persuasion...

Dans ce concert, un seul auteur fait preuve de lucidité en démontant les mécanismes de la domination symbolique qui caractérise la Suisse romande: je veux parler d'Henri-Frédéric Amiel. Dans son *Journal intime*, il est souvent question de Töpffer, au point que cette réception pourrait à elle seule donner matière à toute une étude. Tenons-nous-en ici à quelques jalons, quitte à revenir plus loin sur son cas. Dans sa jeunesse, Amiel rêve d'être l'un des intellectuels qui donnera véritablement corps à une littérature nationale digne de ce nom, dont il charbonne les grandes lignes en 1849 dans son mémoire intitulé *Du mouvement littéraire dans la Suisse romane, et de son avenir.* Au fil des décennies suivantes, il perdra peu à peu ses illusions, jusqu'à se convaincre que ses projets de jeunesse ne sont que chimères. Sa désillusion et sa position de plus en plus à l'écart du monde littéraire lui confèrent une lucidité – c'est souvent le lot des exclus – dont le *Journal* porte la trace. En octobre 1879, il écrit par exemple ceci:

> Evidemment, les ingénieux parmi nous sont ceux qui font leur réputation au-dehors. Nos cantons et même la Suisse romande ne sont pas un public. On n'est apprécié à sa valeur que lorsqu'on apporte des lauriers exotiques. Ce public a beau être orgueilleux, il est purement provincial et jaloux. Il méprise tout ce qu'il peut détruire, et ne respecte que ce qu'il n'a pas fait. Ceux qui lui croient les attributs de la souveraineté, c'est-à-dire, l'indépendance du jugement, lui font trop d'honneur. Par nature, il n'est que dénigrant et détracteur. Mais pour faire l'entendu, il attend le succès au-dehors. C'est Sainte-Beuve qui a fait leur piédestal à Töpffer, et à Vinet. C'est à Paris que Marc Monnier et Victor Cherbuliez ont fait leur carrière. – Ceux qui s'internent, se tuent. J'en suis une preuve, autant qu'Olivier lui-même.[12]

En dévoilant de la sorte les mécanismes de consécration, en les mettant en relation avec les réflexes courants d'un public dont la situation dominée est illustrée ici dans ses retombées les plus désagréables pour les auteurs, Amiel déplace le débat sur la littérature romande. En fin de compte, et avec en plus l'amertume de celui qui estime avoir raté, il considère la question en sociologue: il la débarrasse donc de tout un carcan qu'on pourrait appeler ontologique, pour montrer que comme tous les écrivains, quelle que soit leur origine, Töpffer, Vinet et leurs émules devenus célèbres doivent leur succès non pas à une valeur intrinsèque particulière et méritoire, mais bien à une conjoncture qui leur a été favorable et qui a garanti la prise en charge de leurs textes à Paris. Amiel va même jusqu'à renverser la *doxa* que d'autres Romands cherchent à renforcer: loin d'être couronnés, les écrivains qui adoptent l'attitude modeste tant préconisée, «ceux qui s'internent», sont voués à l'échec et sombrent dans l'oubli, eux et leurs œuvres.

UNE ŒUVRE ROMANDE PAR EXCELLENCE

A propos d'œuvre, qu'en est-il de celle de Töpffer? Nous avons vu comment sa trajectoire individuelle a pu être valorisée dans une Suisse romande marginalisée et désireuse de retourner le handicap de sa position; mais qu'a-t-on fait, dans cet univers, de ses nouvelles et de ses récits? Quels commentaires leur a-t-on réservés?

Au XIXe siècle, les livres de Töpffer sont vite devenus en Suisse romande une référence classique et quasi obligée. Les marques de cette popularité sont multiples. Excellent indicateur, une fois encore, le *Journal* d'Amiel nous révèle une parfaite connaissance des *Nouvelles genevoises*, lues et relues, non sans déceptions d'ailleurs, par le professeur d'esthétique. Il serait trop long d'étudier dans le détail une réception où l'admiration et l'irritation se mêlent, où le désir de rendre justice à un précurseur cède la place à la volonté de faire mieux, d'aller plus loin. Contentons-nous de signaler que l'œuvre de Töpffer est si présente dans l'esprit d'Amiel, qu'elle apparaît comme une sorte de filtre à travers lequel, souvent, il considère la réalité. Réservoir d'images, de situations, de types, les *Nouvelles genevoises* et *Le Presbytère* sont convoqués à plusieurs reprises par le diariste. Qu'il s'agisse d'un éloge de la flânerie[13], d'une figure de jeune fille[14], d'une réflexion sur la vanité[15] ou sur le progrès[16], d'un incendie[17], du fait de s'égarer au cours d'une promenade à la montagne[18] ou d'une coccinelle[19], voici Jules, la robe bleue de la jeune Juive, le bourgeon, le héros de «L'héritage», l'excursion au Col d'Anterne ou le célèbre hanneton appelés à la rescousse. Il n'y a pas jusqu'au *Journal* lui-même, principal souci d'Amiel au cours de ses dernières années, qui ne soit caractérisé à travers un renvoi à «La vallée de Trient» de Töpffer[20]. Deux éléments töpffériens, par leur récurrence, sont spécialement importants. D'abord, une expression: le fameux «Epitaphe! Tout est épitaphe!», qui clôt la nouvelle «Le Grand Saint-Bernard». Entre 1864 et 1881, il ne revient pas moins de dix fois sous la plume d'Amiel, montrant par là son caractère emblématique: cet adage fait quasiment partie de l'idiolecte du diariste, voire des Genevois. Il faut ensuite mentionner ce qui, pour Amiel, est une sorte de «scène capitale» qu'il utilise pour illustrer sa gêne, sa timidité, ou, comme il le dit lui-même, «cette hyperesthésie de la pudeur [qui] ressemble au crime d'Onan»[21]. Il s'agit d'un épisode du *Presbytère:*

> [...] comme Charles l'enfant trouvé [...], j'ai toujours froissé dans ma poche, la lettre où mon âme s'était versée et que j'aurais voulu pour tout au monde oser remettre à son adresse.[22]

Cinq fois reprise et commentée dans le *Journal,* cette anecdote sert à Amiel pour exprimer un caractère psychologique qui lui est propre: par là, elle modalise et concentre son expérience personnelle, ce qui revient à conférer à Töpffer une acuité de perception et une justesse exceptionnelles. Ce type d'allusion littéraire renvoie habituellement à de grandes œuvres, antiques ou classiques; il est très rare qu'un tel honneur échoie à des auteurs romands. C'est dire l'intensité de la présence de Töpffer dans l'univers culturel des Suisses français de la génération d'Amiel. Ouvertement revendiquée par les uns, facilement repérable chez les autres, la référence à Töpffer est constante. Peut-être taxera-t-on d'hypothétique le rapprochement entre le projet des *Alpes suisses* de Rambert et les *Voyages en zigzag;* peut-être trouvera-t-on qu'il est hasardeux de chercher une parenté entre les albums de Rodolphe et les comédies de marionnettes de Marc Monnier. La proximité entre Töpffer et la Valérie de Gasparin de *La Bande du Jura,* par contre, ne soulèvera pas d'objections[23]. Quant aux récits de Philippe Monnier, *Mon village* ou *Le Livre de Blaise,* il est incontestable qu'ils sont une réactualisation du regard de Töpffer, jusque dans la langue qu'ils adoptent. Il est tout aussi indéniable que la lecture de Töpffer a été une étape fondamentale dans la formation de Guy de Pourtalès, qui s'est essayé dans son enfance, comme des documents d'archives le prouvent, à composer une petite histoire ornée de quelques vignettes, intitulée «Aventures de Mr et Mme Foliot», et qui débute ainsi – on reconnaîtra le modèle: «Mme Foliot est très bête, et Mr Foliot de même»[24]. L'auteur de *La Pêche miraculeuse* reconnaît d'ailleurs explicitement l'influence exercée sur lui par Töpffer. Au sujet de *Marins d'eau douce,* il écrit notamment à Philippe Godet:

> Töpffer a été le peintre exquis des paysages genevois et savoyards. J'ai cherché (toutes proportions gardées) à esquisser quelques aspects lacustres de la Suisse française.[25]

La quête de repères töpffériens, du côté de la Genève du début du XXe siècle surtout, pourrait se poursuivre: que l'on songe aux romans genevois de Louis Dumur, en particulier au *Centenaire de Jean-Jacques,* paru en 1910, qui restitue avec beaucoup de fraîcheur l'atmosphère du Collège, ou encore à certaines pages de Pierre Girard et à *Rodolphe,* cette «silhouette genevoise» satirique que Henry Spiess publie en 1906, et dont le titre est de toute évidence un clin d'œil. A nouveau, l'amour de la patrie explique beaucoup de choses, mais pas tout. Pour bien comprendre la vogue de l'œuvre de Töpffer, il faut me semble-t-il mettre cet engouement en rapport avec les tendances de l'histoire de la littérature de Suisse romande. Un constat s'impose: de Jean-Pierre Gaberel à Rodolphe Rey, d'Eugène Rambert à Philippe Godet, d'Auguste De la Rive à Philippe Monnier, le talent littéraire de Töpffer est toujours étroitement associé à un âge de la vie, l'adolescence, et à un type de roman qui lui serait propre. Référons-nous une fois encore à Godet, qui a le mérite de synthétiser dans son *Histoire littéraire* les appréciations de plusieurs générations de critiques:

> Disons mieux: la *Bibliothèque* et le premier livre du *Presbytère* sont des ouvrages sans analogue en littérature française et ne pouvaient naître que chez nous. Dans ces récits, Töpffer est le poète en prose de l'adolescence, vue dans le cadre des mœurs protestantes. Son héros, qu'il s'appelle Jules ou Charles, c'est le jeune homme qui se rencontre dans nos contrées, où l'on mûrit sans fièvre; c'est le grand garçon de quinze à dix-huit ans, déjà presque un homme, déjà volontiers épris platoniquement de quelque robe bleue, mais conservant encore l'espièglerie et la gaminerie de l'écolier. Le petit Parisien de douze ans sourira de ce jouvenceau si peu déniaisé. Il a sa physionomie bien à lui, cependant, et il ne faut pas trop rire de cette «jeunesse intacte, préservée du bruit autant que des souillures, protégée par le foyer domestique, n'ayant rien gaspillé du trésor de son cœur».[26]

Que nous dit ce commentaire? Que l'enjeu de l'œuvre de Töpffer, c'est que non seulement elle inaugure la peinture d'un univers que les écrivains de Suisse romande peuvent revendiquer pour eux, mais qu'elle leur propose aussi un *genre* spécifique à explorer. Traditionnellement en réaction contre les modèles imposés par les écoles esthétiques dominantes, surtout dans le domaine du roman, où le sort des romantiques, voués aux gémonies, est partagé par les réalistes, les naturalistes et les décadents, les acteurs de l'indépendance littéraire romande prônent à travers Töpffer la possibilité de concilier un souci louable de la forme et le respect de la morale qui les préoccupe. Le type de roman susceptible d'incarner cette voie médiane, c'est le roman de formation; on n'est dès lors pas étonné de constater le goût pour le *Bildungsroman,* et sa fréquence en Suisse romande à la fin du XIXe et au début du XXe siècle, ainsi que l'attestent les choix d'une revue comme la *Bibliothèque universelle,* ou nombre d'œuvres d'auteurs que nous avons mentionnés, par exemple Dumur, Pourtalès ou Philippe Monnier. Tel qu'il est compris *via* des modèles allemands explicites et, on l'a vu, *via* Töpffer, le *Bildungsroman* doit permettre aux Romands de se démarquer de la France et les conduire à élaborer leur propre système de valeurs esthétiques, non sans les faire lorgner du côté de l'Allemagne en vue de la réalisation d'un vieux fantasme, jouer les intermédiaires entre les deux puissances voisines. L'option *Bildungsroman* semble ouvrir aux auteurs romands un espace où les écrivains français ne sont pas de concurrents redoutables, ce qui laisse présager – enfin – une suprématie helvétique. A la représentation de «l'auteur romand» ayant une éthique bien accrochée, tel que Töpffer l'incarne aux yeux des critiques de son pays, répond ainsi, symétriquement, un type d'œuvre particulier.

Comme je l'ai dit, on peut considérer que le fait de privilégier l'adolescence et, par elle, d'encourager les romans de formation est une réponse aux impératifs moraux qui pèsent alors sur la conception des lettres romandes: à l'instar de Töpffer évoquant la vie de Jules, de Charles, de Louise, l'écrivain suisse français, s'il concentre son attention sur des héros non encore adultes, pourra éviter les sujets à risque (entendez ceux qui touchent de trop près au sexe), et produire des œuvres «pouvant être mises entre toutes les mains», selon la formule consacrée chère au directeur de la *Bibliothèque universelle,* Edouard Tallichet. Cette option a de quoi combler les attentes de Gaberel[27] et de Vinet – qui en son temps regrettait que Töpffer ait poussé l'histoire de Jules jusqu'au mariage du héros; elle satisfait aussi les désirs des critiques qui ont succédé à ces pionniers, et que les intrigues toujours trop crues de Flaubert, des Goncourt, de Zola ont scandalisés. Mais, par-delà cette explication un peu mécaniste, ne pourrait-on pas se lancer dans une interprétation symbolique? Age par définition de l'entre-deux, du passage, de l'évolution, l'adolescence est aussi un temps d'espoir. Dès lors, n'aurait-elle pas valeur de métaphore pour désigner au plus près un univers littéraire – celui de la littérature romande – alors en plein devenir, et auquel ses chantres attitrés prédisent, dans un futur plus ou moins proche, son entrée dans l'âge adulte, son accomplissement, son affirmation incontestée?

Annoncée et expérimentée par un Rodolphe Töpffer à qui, selon Godet, «il [...] resta toute sa vie quelque chose de la quatorzième année»[28], cette littérature serait donc caractérisée par une forme d'immaturité congénitale, exhibée non comme un manque, mais comme une marque d'ouverture. L'ostentation et la bonne volonté n'effacent toutefois pas les faiblesses de la situation des Romands. A l'heure de l'industrialisation massive, les représentations adolescentes qu'ils affichent tendent à naturaliser une image de la Suisse comme terre où l'idylle est réalité – ce que Töpffer, dans sa croisade contre le progrès, prétendait déjà. Mais ces mêmes représentations révèlent aussi la précarité de la position de la littérature de la Suisse francophone, toujours en attente de sa réalisation et d'une forme qui ne serait plus seulement une annonciation ou une ébauche. N'a-t-on pas parfois envie de se demander, aujourd'hui encore, si cette adolescence ne s'est pas un peu trop prolongée? Pis encore: ne serait-on pas passé, sans transition, de l'âge des premiers émois à celui de la décrépitude?

NOTES

1 Voir le commentaire d'AMIEL: «Lu la brochure de Mr Gaberel sur Töpffer; un peu trop panégyrique. C'est élégant et sucré, modeste et honnête» (*Journal intime*, 8. 8. 1849, p. 499). Nous citons le *Journal* d'après l'édition parue en douze volumes à Lausanne, à l'Age d'Homme (1976-1994), en donnant pour chaque occurrence la date et la page.

2 Jean-Pierre GABEREL, *Souvenirs religieux*, Toulouse, Société des livres religieux, 1865, pp. 230-231

3 Jean-Pierre GABEREL, *Essai sur le caractère artistique et littéraire des œuvres de R. Töpffer*, Genève, Impr. Gruaz, 1846, p. 5

4 Pas plus que ne résistent à l'analyse les commentaires de Gaberel relatifs à d'autres secteurs de l'activité de Töpffer, son travail de journaliste, par exemple: «[...] Töpffer s'est interdit les procédés qui attirent la vogue dans les capitales, c'est-à-dire les personnalités politiques, les moqueries prodiguées aux hommes d'Etat, les satires adressées aux gens en place, toutes choses aimées du public, mais qui s'oublient avec l'occasion qui les a fait naître» (GABEREL, *Essai...*, *op. cit.*, p. 11). Il suffit de parcourir *Le Courrier de Genève* pour se rendre compte que la réalité est tout autre!

5 Voici quelques-unes des pointes de ROSSEL: «La littérature de la Suisse romande a eu ses privilégiés. Quelques-uns de nos auteurs eurent plus de talent que Töpffer; aucun d'entre eux n'a eu la gloire plus facile. [...] A Paris, l'engouement de Sainte-Beuve ne laissa pas de se heurter à bien des préventions. [...] Assurément, Sainte-Beuve a été plus que bienveillant pour Töpffer, et l'on conçoit que ses éloges aient scandalisé le justicier Planche» (*Histoire de la littérature de la Suisse romande*, 2e édition, Neuchâtel, Zahn, 1903, pp. 688-689). Rossel critique ensuite les néologismes de Töpffer, et chacune de ses appréciations positives est mitigée par une objection – même lorsqu'il parle des romans et des nouvelles, qui constituent la partie de l'œuvre la moins déplaisante pour lui: «Avouons que l'excellent Jules disserte volontiers, qu'il abuse des digressions et s'y perd. On lui reprochera même d'être parfois aussi banal que touffu dans les tartines philosophiques qui alourdissent ses confessions. Ainsi toute une tirade sur la mort est-elle d'un poncif horripilant [...]» (*ibid.*, p. 690); «Sans compter que le sujet de *Rosa et Gertrude* est scabreux, que le pasteur Bernier ressemble étonnamment à M. Prévère, que l'histoire n'est point palpitante, que l'écrivain n'a jamais été plus tourmenté, ni plus archaïsant [...]» (*ibid.*, p. 692).

6 Rappelons en passant les commentaires d'Eusèbe-Henri GAULLIEUR, d'Alexandre DAGUET dans sa *Revue des principaux écrivains littéraires de la Suisse française,* d'Eugène RAMBERT dans ses *Ecrivains nationaux,* de Rodolphe REY dans *Genève et les rives du Léman.*

7 Philippe GODET, «Causerie», in *Au foyer romand,* 1889, p. 47

8 Voici deux exemples de son discours: «[...] notre Töpffer. Je dis *notre,* car il est bien à nous, celui-là, et nul n'a voulu plus obstinément rester de son pays»; «Töpffer ne dédaignait point la renommée, mais il la laissait venir.» (Philippe GODET, *Histoire littéraire de la Suisse française,* 2e édition, Neuchâtel, Delachaux et Niestlé, 1895, p. 456 et p. 462)

9 Philippe GODET, «Les lettres», in *La Suisse au XIXe siècle,* dir. Paul SEIPPEL, Lausanne/Berne, Payot/Francke, 1900, p. 346, ainsi que la citation qui précède.

10 Auguste DE LA RIVE le souligne ainsi: «L'histoire de l'écrivain est chez Töpffer l'histoire de l'homme lui-même» («Notice sur Töpffer», 16 juin 1846, reprise in *Rosa et Gertrude,* Paris, Garnier, 1897, p. 62).

11 Jean-Pierre GABEREL, *Essai..., op. cit.,* p. 22

12 Henri-Frédéric AMIEL, *Journal...,* notation du 13. 10. 1879, p. 173

13 «Les délicieux flâneurs de Töpffer, Jules, Charles, tous ces jeunes amis et amants de la nature, ces observateurs ravis et éblouis revenaient à mon souvenir comme un reproche ou une leçon. Le modeste jardin d'un presbytère, l'horizon étroit d'une mansarde contiennent autant d'enseignements qu'une bibliothèque pour qui sait voir et attendre» (29. 4. 1852, p. 129).

14 Voir la notation du 20. 3. 1864: «Rencontré un vieux Monsieur avec sa fille, une jolie Antigone, qui m'a rappelé la *robe bleue* de la *Bibliothèque de mon oncle* (et la mienne aussi avait une robe bleue)» (p. 366). Le 12 juillet, Amiel déplore la mort d'une jeune fille qui lui avait fait «songer à la *robe bleue* de la *Bibliothèque de mon oncle*» (p. 495). D'autres notations vont dans le même sens.

15 Voir les notations du 22. 6. 1878 et du 5. 5. 1879, pp. 539 et 1029

16 Voir, le 8. 5. 1868: «La Savoie n'est pas infectée de la maladie du progrès, comme le disait avec satisfaction l'humoriste Töpffer» (p. 131); le 26. 4. 1869: «Progrès, que me veux-tu? disait Töpffer» (p. 735); en mai 1880, voici d'autres propos contre le progrès (p. 460).

17 Le 30. 1. 1860, voir le récit de l'incendie de la maison où Amiel a vécu enfant (p. 867)

18 Voir le récit, le 20. 8. 1861, de cette «aventure digne de la plume de Töpffer»

19 Voir une notation de mars 1874, p. 116

20 Notation du 26. 7. 1876, p. 835: «Le journal tient lieu de confident, c'est-à-dire d'ami et d'épouse; il tient lieu d'action et de production, il tient lieu de patrie et de public. C'est un trompe-douleur, un dérivatif, une échappatoire. Mais ce factotum qui remplace tout, ne représente bien quoi que ce soit. Il me rappelle ce meuble dont parle Töpffer, à la fois parapluie, canne, siège, et qui était insuffisant dans tous les emplois.»

21 Avril 1867, p. 823

22 1. 6. 1862, p. 714

23 Cette parenté est du reste soulignée par Gabriel MÜTZENBERG, le dernier en date des biographes de Valérie de Gasparin, qui voit en elle «une manière de Töpffer vaudois» (*Une femme de style. Valérie de Gasparin,* Le Mont-sur-Lausanne, Ed. Ouverture, 1994, p. 162).

24 Le manuscrit de cette petite histoire inédite est conservé dans les Archives Guy de Pourtalès à Etoy. Nous remercions Anne-Lise Delacrétaz, assistante au CRLR, de nous avoir communiqué ce document publié en fac-similé dans le troisième *Cahier Guy de Pourtalès,* 1998.

25 Guy de Pourtalès à Philippe Godet, le 30 juillet 1919. Archives Guy de Pourtalès, Etoy

26 Philippe GODET, *Histoire littéraire de la Suisse française, op. cit.*, p. 461. Les propos cités sont d'Eugène Rambert.

27 «... Töpffer serait un auteur bien distingué, n'eût-il d'autre mérite que celui d'exciter l'hilarité avec une gaîté innocente. Excepté Walter Scott, Manzoni, Dickens, où sont les contemporains dont les plaisanteries puissent être admises sans réserve dans le cercle de famille? La haine, la calomnie, la vengeance. l'immoralité, ou tout au moins la légèreté la plus inconvenante, ne sont-elles pas les sources principales de l'esprit railleur du théâtre et du roman contemporain?» (Jean-Pierre GABEREL, *Essai..., op. cit.*, p. 26)

28 Philippe GODET, *Histoire littéraire de la Suisse française, op. cit.*, p. 459

LE «PORTRAIT» DE TÖPFFER PAR PIERRE COURTHION

par Françoise Vannotti

Rodolphe Töpffer n'aimait pas les biographies: «Tout cela est faux, faux comme une épitaphe. Biographes et peintres composent une figure à plaisir, sur un modèle qu'ils se sont eux-mêmes forgé, choisissant certains traits de la réalité, omettant certains autres selon la tournure de l'esprit de chacun et la pente de ses inclinations naturelles»[1]. Pour n'être pas exacte[2], cette citation n'en reflète pas moins fidèlement l'avis de son auteur présumé, tel qu'il l'exprime par exemple au cours de la treizième journée du *Voyage autour du Mont Blanc, dans les vallées d'Hérens, de Zermatt, au Grimsel,* dans une digression sur les peintres paysagistes.

En conséquence, les mânes de Rodolphe Töpffer ont eu à souffrir assez rapidement: dix ans après sa mort, en 1856, E. H. Gaullieur proposait dans les *Etrennes Helvétiennes de l'Album suisse*[3], une première esquisse de la vie de Rodolphe Töpffer. Cette même année, Albert Aubert faisait précéder son édition des *Réflexions et menus propos d'un peintre genevois* d'une «Notice sur la vie et les œuvres de Töpffer». En 1868, Eugène Rambert, dans la *Bibliothèque universelle* de Genève consacrait 35 pages à Rodolphe Töpffer, pages reprises en 1874 dans la première série des *Ecrivains nationaux,* consacrée précisément à Genève. Pour les quarante ans de la mort de notre grand homme (1886), c'est Auguste Blondel, avec la collaboration de Paul Mirabaud, qui livrait aux amateurs un *Rodolphe Töpffer. L'écrivain, l'artiste et l'homme,* tandis que l'abbé Pierre-Maxime Relave, qui avait entrepris la rédaction d'une thèse sur les *Menus propos,* proposait *La vie et les œuvres de Töpffer,* ouvrage suivi treize ans plus tard par *Rodolphe Töpffer, biographie et extraits* (1899).

Sans prolonger inutilement la liste de ces biographies et autres notices, venons en à l'année 1936, date à laquelle Pierre Courthion publie à Paris, chez Bernard Grasset, un livre de 251 pages intitulé *Genève ou le portrait des Töpffer.* Pierre Courthion, né à Genève en 1902, est le fils d'un Valaisan, Louis Courthion, devenu rédacteur au *Journal de Genève,* auteur de travaux bien connus consacrés à sa vallée d'origine[4]. Pierre fait des études classiques, entre à l'université et se propose de devenir peintre. Il reçoit de la Municipalité de Genève une bourse de trois ans pour parfaire sa formation. Arrivé au terme de cet apprentissage artistique, il constate qu'il avait donné «dans un genre et dans un autre, sans avoir obtenu la maîtrise de [ses] doigts». Il cherche alors «la consolation d'un métier intermédiaire»[5] et pratique le journalisme avant de devenir le critique d'art que l'on sait. A 34 ans, il a déjà publié une dizaine d'essais consacrés à des peintres anciens ou contemporains, et trois recueils de poèmes illustrés par Raoul Dufy ou Kurt Seligmann[6].

On s'étonne un peu du sujet choisi par Courthion. Pourtant le titre est très clair; et Courthion de s'en expliquer dans ses mémoires:

> Genève me travaillait. J'avais besoin de mieux connaître la ville où j'étais né et de laquelle l'esprit se partageait entre Calvin et Rousseau. D'un côté un mur nu, un style surveillé, la ville-église du Réformateur; de l'autre, un composé de pièces et de mouvements d'horlogerie autour de la susceptibilité de l'auteur des *Confessions*. [...] Plutôt que de m'attarder dans la confrontation des deux hommes, je choisis Rodolphe Töpffer – le petit-fils d'un tailleur d'habits arrivé de Franconie à Genève – comme interprète du caractère genevois dont il connaissait les vertus et les manies. [...] A travers ces Töpffer, Adam, le peintre, et son fils Rodolphe, l'auteur de ces albums de caricatures ainsi que des *Nouvelles genevoises,* j'avais eu l'idée de faire un portrait de Genève.

Il se pourrait bien que Pierre Courthion ait trouvé dans la trajectoire de Rodolphe Töpffer quelque analogie avec son propre parcours. D'abord, pour l'un et l'autre, la nécessité de changer, tout jeunes, l'orientation qu'ils avaient d'abord envisagée pour leur carrière, celle d'artiste-peintre: Töpffer en raison de sa vue déficiente, Courthion à cause de ses capacités créatives jugées par lui insuffisantes. Ensuite «suivant la pente de ses inclinations naturelles», Courthion souligne chez Töpffer, «certains traits de la réalité» qui, à l'évidence, résultent d'une manière de retour sur lui-même. Qu'on en juge: «Rodolphe Töpffer est un Genevois artiste (ce qui est rare) et mélancolique (ce qui est fréquent). Mais il a pour lui la supériorité du transplanté, l'œil nettoyé de préjugés; le sentiment de ce qui lui manque». Transplanté, Courthion l'était aussi: né à Genève mais de père Valaisan – oh combien! – et de mère Savoyarde; faisant carrière à Paris; passé du milieu des créateurs d'art à celui du journalisme, de la littérature à la critique artistique. «La supériorité du transplanté, l'œil nettoyé de préjugés...» Et Pierre Courthion de relever encore: «Ce que Rodolphe Töpffer possède en plus de ses qualités genevoises, n'est-ce point cet enjouement, cette malicieuse bonhomie, cette gaîté dans l'observation, qui sont des qualités savoyardes, souvenir peut-être de ses promenades dans les villages où son père, avant lui, a choisi ses thèmes». Rappel aussi des origines de Madame Louis Courthion.

«Il y a du Don Quichotte dans les voyages en zigzags, et aussi du Gil Blas dans ces écoliers, derniers clients de la vieille auberge des hidalgos et des bacheliers; [...] pareillement il y a en Rodolphe Töpffer un grand désir de partir à la découverte de son rêve, de courir l'imprévu. [...] Le vrai Töpffer n'est-il pas avant tout un évadé qui trouve son refuge dans l'invention d'art?» Pierre Courthion est parti à Paris, Rodolphe Töpffer s'évade dans les pages de ses albums où «sur chaque feuille il y a une chance, une hardiesse, une fenêtre ouverte sur un peu de vrai ciel».

> Dans la ville de Calvin, au milieu d'un grand mur monotone, le baroquisme des dessins de Töpffer est la seule brèche ouverte sur la fantaisie. Et derrière ce mur

qu'y a-t-il? Une assemblée de pasteurs réformés qui conservent avec héroïsme le dur héritage de la Réforme: une ville-église, un couvent laïque dont les moines bourgeois vivent de la banque et du trafic de la bijouterie en faisant travailler les «cabinotiers», ces farceurs, qui n'aiment pas leur caractère ombrageux et parodient les armoiries de la ville en disant que la clé d'or est la clé de la cave, la demi-aigle, la moitié du poulet et que les trois lettres JHS, abrégé du nom de Jésus, signifient: *J'ai Horriblement Soif.*

En nous racontant l'histoire des Töpffer, ces immigrés venus de Franconie à Genève, sur trois générations, Pierre Courthion nous fait le récit de l'intégration de cette famille allemande dans la ville de Calvin. Avec un double contrepoint: d'une part l'histoire de la ville de Genève, de la fin de l'Ancien Régime aux bouleversements des années 1840; et de l'autre, en sourdine, en filigrane, en ombre portée, de constantes références à sa propre histoire à lui, Pierre Courthion. Le résultat – si l'on peut dire – est qu'un milieu austère favorise, par réaction, l'éclosion d'un talent plein d'imagination et de fantaisie: «Il faut un pays puritain pour que naisse un Charlie Chaplin; il faut Genève pour former un Töpffer». Rodolphe, bien sûr, marque l'aboutissement du processus d'intégration de sa famille. Mais les Töpffer, père et fils, «ne sont-ils pas les [...] artistes auxquels on se reporte quand on aime à évoquer les souvenirs d'une enfance genevoise?» – revoilà Pierre Courthion, qui poursuit:

> Et n'est-ce pas cela qui nous importe, cette lumière permanente dans quoi baignent les gestes de toujours, ceux que ne parviennent point à fausser les péripéties de l'histoire avec ses luttes autour du pouvoir, ses inégalités de castes, ses petitesses et ses mensonges? On s'efforce de modeler une ville selon des croyances et des lois. Le prophète et le législateur disparus, on en prolonge avec peine l'existence au prix de révolutions et de massacres. Et ce sont des hommes isolés de la foule, un peintre et un écrivain, arrivés là par hasard, qui, les premiers, s'avisent de montrer par des œuvres ce qu'il y a d'honnête et de permanent à Genève, dans les hommes et dans les paysages.

Les «péripéties de l'histoire» d'un côté, et de l'autre «ce qu'il y a d'honnête et de permanent à Genève»: chant et contre-chant...

Aux yeux de Courthion, c'est Rodolphe Töpffer qui peut, mieux que tout autre, nous faire passer derrière le mur tantôt évoqué:

> Saisir le secret d'une ville, comme c'est malaisé! surtout quand il s'agit de Genève où il n'y a pas d'échelles de corde, point d'amours retentissantes, rien qui ne vienne à notre secours pour faire passer au gai la gravité locale, laquelle compose un climat très particulier où d'honnêtes visages évoluent. On voudrait aussi y évoquer d'étranges folies, y tirer quelques feux d'artifices, y situer des passions dévorantes. On attend l'aventure, l'extraordinaire, et l'on ne trouve que ce Rodolphe Töpffer, les pieds au chaud, bien installé dans sa ville et dans sa famille, menant doucement une existence sans imprévu entre son pensionnat et ses promenades à la campagne. [...] On attend toujours l'intermède qui ne vient pas, le scandale qui

> jamais n'éclate, un drame qui dépasserait la petite histoire. C'est ainsi, continue Pierre Courthion, que je m'attarde dans l'interrogation de cette ville dont le visage tendu ne quitte point sa réserve. Mais Töpffer lui-même ne poursuit-il pas une recherche analogue lorsque, le crayon en main, il renie ce qu'il est en s'évadant dans les rêves dont il accueille les plus folles extravagances. [...] Il y a en lui, qui ne veut pas accepter les rythmes de la vie nouvelle, auxquels il résiste avec le parti-pris bien souvent justifié d'un anti-moderne (bien souvent, pas toujours!), il y a en lui comme un désir de retour au passé.

C'est bien cet attachement aux institutions du passé qu'on a reproché à Rodolphe Töpffer lors des événements de 1841-1842. A ceux qui réclament une constitution plus libérale, basée sur le suffrage universel, Töpffer et ses amis opposent le respect du gouvernement élu, l'observation de la loi. Les théoriciens du premier mouvement libéral groupés autour de Sismondi ont évolué vers le conservatisme et désapprouvent les réformes sociales. Ils fondent le *Courrier de Genève* auquel Töpffer vouera le meilleur de ses forces pendant les deux ans de parution – le temps que le gouvernement capitule pour la deuxième fois! Ce ne sont pas tant les réformes constitutionnelles qui sont condamnées mais la méthode avec laquelle elles sont réclamées, l'émeute, qui provoquent leur indignation. Céder brusquement à la démocratisation c'était renoncer non pas à des privilèges mesquins mais à tout un passé de grandeur, «à une tradition d'honneur et de dévouement à la chose publique continuée dans les familles de génération en génération» selon l'expression d'Eugène Rambert. Rodolphe Töpffer – comme son père, prétend Courthion, à tort – fut membre du Conseil représentatif dissous le 22 novembre 1841. C'est dire s'il s'était intégré dans la société genevoise. Pierre Courthion précise encore: «Le petit-fils du tailleur de Schweinfuhrt, né dans le milieu des artisans du Faubourg, se convertit à la cause de la Genève conservatrice; tout naturellement il aime cette ville qu'il a toujours connue heureuse, et dont les patriciens lui ont généreusement ouvert l'Académie où ils ont refusé une chaire à l'économiste James Fazy»...

Si Pierre Courthion publie un ouvrage sur Töpffer en 1936, c'est sans doute moins pour honorer le 90e anniversaire de sa mort que pour s'interroger sur les grands bouleversements sociaux induits par l'avènement du Front populaire. Courthion, dont la générosité naturelle s'enthousiasme des premiers «congés payés», ne retient pas l'attitude de «reniement» de Rodolphe Töpffer par rapport à ses origines faubouriennes, mais bien la loyauté du petit-fils d'immigré envers la ville qui l'a accueilli et assimilé et à laquelle sa personne et son œuvre expriment reconnaissance et attachement.

> On n'imagine pas, à Genève, que ce Monsieur Töpffer, qui va monter la garde devant la Maison de Ville pour défendre l'ancienne Municipalité, soit un artiste exceptionnel dont l'œuvre attache à Genève ceux qui n'y sont pas nés ou qui, y étant nés, n'y ont pas reçu une éducation protestante [comme Courthion]. Car n'est-ce point par lui que Genève se donne et s'explique à celui qui l'interroge? N'est-ce point grâce à lui qu'apparaît parmi les qualités de la cité calviniste (dont

les passions se peignent dans la grisaille, et dont les lignes ont toujours un peu le coupant de la règle) ce quelque chose de sourd et de profond comme un concert d'idées? N'est-ce point dans son œuvre que, sans nous fier à la première apparence, nous découvrons enfin ce don de sympathie pour l'homme et pour l'humanité qui est caché au fond de tout Genevois?

Concert d'idées, sympathie pour l'homme: n'est-ce pas là ce qu'évoquait aussi, en 1929, Robert de Traz dans son livre *L'Esprit de Genève?* L'hommage de Courthion aux qualités genevoises s'inscrit bien dans la ligne des ouvrages de réflexion sur la Suisse, le «Sonderfall» helvétique, qui vont paraître pendant une dizaine d'années encore. On se souvient qu'en 1937, Emile Schreiber a décrit avec admiration *La Suisse pays d'hommes libres*. Passées les années de guerre, c'est Paul Chaponnière, éditeur et commentateur de l'œuvre de Rodolphe Töpffer, qui, sous l'égide de l'Office suisse d'expansion commerciale, publiait en 1947 *La Suisse terre de travail et de liberté*. André Siegfried enfin, mettait un point d'orgue avec son essai remarqué: *La Suisse démocratie-témoin* (Neuchâtel, 1948).

Töpffer avait raison de se méfier des biographes. Avec le recul des années, celui que Genève «travaillait» l'avoue dans ses mémoires: «Passer quelque temps avec Rodolphe Töpffer me fit revivre partiellement l'histoire de la ravissante cité», cette Genève qui, en comparaison du Valais, «me semblait une ville de pasteurs embourgeoisés, de banquiers calvinistes pour qui la fortune est un bienfait de Dieu, une ville de fondateurs d'institutions et de maharadjahs en tournée, une ville sans ouvriers, mais qui fut le milieu d'époustouflantes célébrités dans les lettres et les sciences. [...] Mon livre était une sorte de retour sur moi-même. Je me vengeais en quelque sorte de Genève en l'aimant». Jean Cassou, qui avait préfacé l'ouvrage de Pierre Courthion concluait avec finesse: «Un Genevois n'écrit jamais autre chose que ses confessions»...

NOTES

1 Les citations étant toutes tirées – sauf exception signalée – de l'ouvrage de Pierre COURTHION, *Genève ou le portrait des Töpffer*, Paris, 1936, il n'y sera plus fait référence.

2 C'est Marie Alamir-Paillard qui a eu l'amabilité de me signaler la chose et de me renvoyer aux *Nouveaux voyages en zigzag;* je lui exprime ici mes remerciements cordiaux.

3 Il s'agissait de la première livraison de cette publication.

4 *Les Veillées des Mayens. Légendes et traditions valaisannes*, Genève 1896; *Le Peuple du Valais*, Paris/Genève 1903

5 Ces deux passages sont tirés des mémoires de Pierre COURTHION, *D'une palette à l'autre*, à paraître dans la collection *Cahiers de Vallesia*.

6 *Gabriele d'Annunzio. Son œuvre*, Paris 1925; *L'évolution de l'art moderne*, Paris 1925 (Cahiers de la quinzaine, 16/5); *Couleurs: Delacroix, Corot, Cézanne, Matisse, Raoul Dufy, André Lhote, Picasso*, Paris 1926 (épuisé dès 1934); *André Lhote*, Paris

1926; *Panorama de la peinture française contemporaine,* Paris 1927; *La vie de Delacroix,* Paris 1927; *Nicolas Poussin,* Paris 1929; *Raoul Dufy,* Paris 1929; *Gino Severini,* Milan 1930; *Courbet,* Paris 1931; *Claude Gellée dit Le Lorrain,* Paris 1932; *Henri Matisse,* Paris 1934. Poèmes: *Suite montagnarde,* illustré par Raoul Dufy, Anvers 1932; *Les vagabondages héraldiques,* illustré par Kurt Seligmann, Paris [1934]; *Bal,* avec un frontispice de Kurt Seligmann, Paris 1935

POSTÉRITÉ DE TÖPFFER: LA PHYSIOGNOMONIE AU CŒUR DE LA BANDE DESSINÉE

par Thierry Groensteen

Je prie le lecteur de m'en excuser: les propos que je tiendrai aujourd'hui ne seront pas strictement töpffériens. Je veux plutôt m'attacher à confirmer l'intuition remarquable qu'avait eue l'auteur de *Mr Jabot,* que la physiognomonie – c'est-à-dire, au sens le plus large dans lequel lui-même l'entendait, la représentation graphique du visage – constitue un enjeu fondamental pour cet art que nous nommons désormais la bande dessinée. Cette règle qui était vraie hier ne l'est pas moins aujourd'hui, et c'est en convoquant des exemples plus modernes que je veux essayer de le montrer.

DE LA LITTÉRATURE EN ESTAMPES À LA PHYSIOGNOMONIE

Rodolphe Töpffer affirmait que l'on ne saurait pratiquer la littérature en estampes «sans posséder jusqu'à un certain point des connaissances pratiques de physiognomonie, c'est-à-dire sans savoir par le menu quels sont les moyens qu'il faut employer pour donner aux physionomies l'expression quelconque que réclame le rôle qu'on leur assigne dans une action donnée»[1]. Je tiens que si Töpffer s'intéressait à la physiognomonie, d'un point de vue très éloigné et à maints égards opposé à celui de Lavater, c'est parce que, ayant inventé la bande dessinée moderne[2], il ne pouvait faire autrement que d'être interpellé par cet enjeu, dans sa pratique même.

Premier auteur à raconter une action équivalente à celle d'un roman sous une forme essentiellement graphique – les dessins composant, non plus des cycles de «tableaux» à la Hogarth, mais des séquences continues – Töpffer est amené à représenter certains de ses héros près de deux cents fois, au fil de l'album qui leur est consacré. Benoît Peeters a évoqué la conséquence directe de cette ubiquité des personnages: «Töpffer, comme tous les auteurs de bande dessinée qui le suivront, se trouve confronté à ce problème: jusqu'où peut-on faire varier un visage sans qu'il cesse d'être identifiable? [...] Xavier de Maistre avait parfaitement perçu cette difficulté, lui qui écrivait dans une lettre à Töpffer du 1er avril 1839: "Je regarde comme une difficulté bien grande le fait de garder toujours la ressemblance dans chaque croquis. Mr Jabot ne ressemble jamais à Mr Crépin, ni à Mr Vieux Bois, et c'est toujours lui-même qui reparaît à chaque dessin"»[3]. La solution à ce problème, Töpffer la trouve dans la distinction qu'il établit entre les *signes permanents,* qui, exprimant son caractère, assurent l'identification du personnage, sa continuelle ressemblance, et les *signes non permanents,* qui marquent les sentiments passagers[4].

Töpffer soutenait aussi que tout visage dessiné possède nécessairement «une expression quelconque parfaitement déterminée». Dans la plupart des caricatures töpffériennes, les expressions physionomiques prêtées aux personnages sont en effet si éloquentes que ces personnages paraissent entretenir une conversation muette. On ne serait pas en peine de matérialiser cet échange en ajoutant un dialogue sous forme de bulles. Dans les rares dessins où Töpffer s'est lui-même risqué (comme son père l'avait fait avant lui) à user de ce procédé, il est assez vraisemblable d'imaginer que la bulle a été introduite *a posteriori,* l'artiste genevois n'ayant pas résisté à la tentation de faire parler directement un personnage dont l'expression l'amusait. On retrouverait là sa méthode habituelle, qui consiste à produire d'abord un dessin instinctif puis à «voir ce qu'il faut conclure».

A la suite de Philippe Junod[5], on a souvent salué en Töpffer un précurseur de la sémiotique moderne. En effet si, contre Lavater, il démontre l'absurdité d'une localisation des attributs psychologiques ou moraux – par des planches proprement expérimentales telles que celle intitulée *Comme quoi mêmes nez ne font pas mêmes hommes* (comprise dans les *Essais d'autographie)* –, Töpffer n'en décompose pas moins le visage humain en unités graphiques, qui ont toutes les propriétés du signe. Les variations qu'il tire de la combinaison de ces unités ne laisseront pas d'influencer d'autres dessinateurs, comme le montre assez clairement telle planche de Caran d'Ache intitulée *Impôt sur le flirt*[6].

LES PROCÉDÉS DU TYPAGE

Il n'est pas possible de recenser ici toutes les œuvres attestant que la physiognomonie est, jusqu'à nos jours, restée un enjeu d'importance pour la bande dessinée. Je me contenterai de citer quelques cas exemplaires. Le remarquable album *Why I hate Saturn* (fig. 1), de l'auteur américain Kyle Baker (Piranha Press, New York, 1990), présente essentiellement, tout au long de ses 200 pages, des scènes de simple conversation. Les jeunes interlocuteurs y sont cadrés en plans si serrés que leurs visages envahissent toute la vignette et sont fréquemment amputés d'une partie, tandis que l'auteur est obligé de rejeter le dialogue hors cadre pour ne pas masquer ses personnages. L'expression du visage, traitée dans un style mi-réaliste, mi-caricatural, et constamment placée sous la loupe d'un gros plan insistant, s'impose ici comme ici la figure centrale d'une rhétorique graphique. Un procédé arbitraire de mise en scène érige la maîtrise de toutes les nuances de la physiognomonie en défi pour le dessinateur.

A l'inverse, certains dessinateurs, au bout de nombreuses années de métier, se signalent encore par leur maladresse dans ce domaine[7]. Tel auteur (Yves Swolfs pour ne pas le nommer) ne parvient pas à moduler la moue qu'il prête à ses personnages, dont la bouche fait une grimace toujours identique, qu'elle profère une menace, un ordre, un murmure, un aveu ou une plainte; tel autre (François

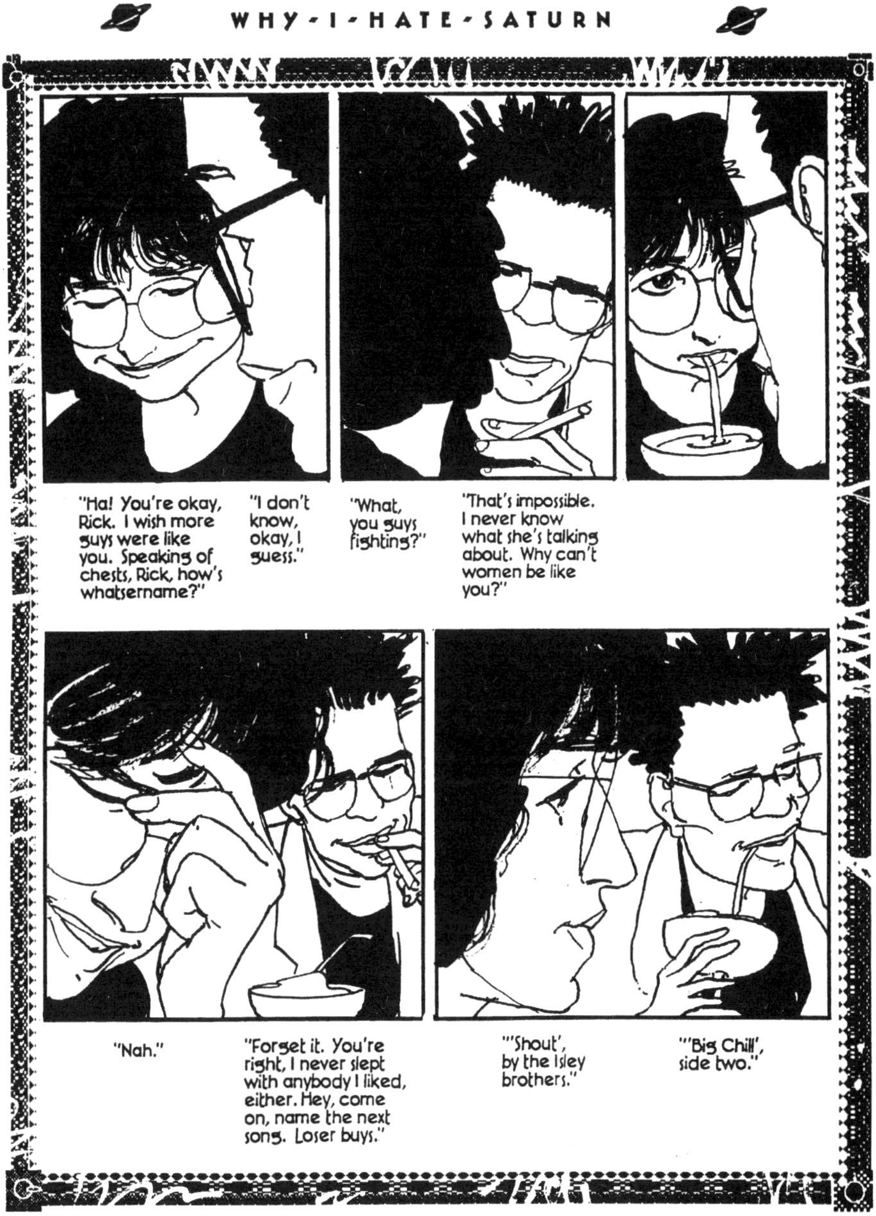

1. Kyle Baker, *Why I hate Saturn,* 1990

Dermaut) se complaît à faire regarder ses personnages «par au-dessus» ou «par en-dessous»; en découvrant le blanc qui entoure l'iris, il croit ajouter un supplément d'expression, mais ne parvient qu'à doter ses personnages d'une dimension involontairement inquiétante ou malsaine. Ces échecs mêmes manifestent que la représentation du visage et de ses expressions présente des difficultés auxquelles tout dessinateur de BD doit se confronter.

Avant même d'animer ses personnages, au moment où, les imaginant, il cherche quelle apparence graphique leur conférer, l'auteur de bandes dessinées rencontre d'abord la question du typage. Il s'agit en effet d'incarner le scénario au moyen d'un *casting* adéquat. A ce stade, celui de la distribution des rôles, les dessinateurs se montrent souvent (à leur insu) les héritiers de Lavater, en ce sens qu'ils font appel à l'intuition physiognomonique de leurs futurs lecteurs: ceux-ci seront censés décrypter le typage psychologique s'ils veulent, par exemple, démêler les «bons» des «méchants». Traditionnellement, ces derniers ont une «sale gueule» ou, à tout le moins, une mine patibulaire, comme les gangsters de Chicago qu'Hergé représente dans *Tintin en Amérique*. Naturellement, le typage peut se révéler paradoxal ou mensonger. L'auteur peut s'en servir comme d'un leurre, pour mieux surprendre ou égarer son public. Un exemple de personnage typé à contre-emploi serait Joe Piper alias «M. Chalumeau», le plombier d'apparence placide et bonhomme dessiné par Floyd Gottfredson dans une aventure de Mickey datant de 1938 (*Mickey et la bande des plombiers*). Son physique insoupçonnable ne permet pas de le reconnaître d'abord pour ce qu'il est, à savoir le chef d'une bande d'audacieux cambrioleurs. Cette question inspirera à Hergé une savoureuse séquence de *L'Affaire Tournesol* (page 30). Tintin et le capitaine interviennent dans une bagarre qui oppose des agents bordures et syldaves dans les jardins de l'Ambassade de Bordurie. «Comment distinguer les bons des mauvais?», demande le capitaine qui se précipite au secours de son ami le professeur. Tintin lui répond: «Tapez sur ceux qui ont une sale tête... On verra bien!» Et le capitaine de s'interroger, face à deux combattants: «Lequel des deux a la plus sale bobine?... Pour moi, c'est kif-kif...»

Le cas du dessinateur Don Martin – longtemps pilier du magazine satirique *Mad* – offre une sortie intéressante de la problématique du typage. Un seul type physionomique de base est prêté indifféremment à tous les personnages, hommes ou femmes, jeunes ou vieux. Le visage «à la Don Martin» ne prétend à rien d'autre qu'à être une signature de l'artiste, que celui-ci décline à l'infini en faisant varier quelques accessoires, et singulièrement la coiffure.

LES DEGRÉS DE L'EXPRESSIVITÉ

Un visage dessiné peut être plus ou moins expressif. Cependant, les dessinateurs humoristiques privilégient d'ordinaire les deux extrêmes de l'expressivité. Les uns atteignent au comique par la répétition obstinée d'un même visage immobile et inexpressif, un masque indifférent aux paroles qu'il prononce et aux situations qu'il traverse (ce procédé s'observe notamment dans nombre de planches dessinées par Jules Feiffer); les autres cultivent au contraire une hyperexpressivité paroxystique, les gestes et mimiques des personnages tenant à la fois du cabotinage de mauvais acteur et de l'hystérie. Gotlib est l'un des meilleurs représentants de cette école; on le sait influencé à cet égard par les outrances du cinéma d'animation, et par Tex Avery en particulier. A la suite de ce dernier et de son *Droopy,* Gotlib s'est paradoxalement consacré, pendant une demi-douzaine d'années, aux aventures d'un chien flegmatique et impassible: *Gai-Luron.*

Les deux options, celle du minimum et celle du maximum d'expressivité, peuvent d'ailleurs se rencontrer dans une même bande dessinée, par exemple dans *Mickey et la bande des plombiers* déjà citée. A la placidité de M. Chalumeau s'oppose en effet, dans les mêmes vignettes, l'air perpétuellement agité et effaré de Mickey. Du contraste entre ces deux expressions naît un comique physiognomonique très particulier – auquel Töpffer avait déjà eu recours en opposant la mine perpétuellement revêche de M. Crépin à celle, continuellement pâmée, de son épouse. On notera, par ailleurs, que la lassitude et l'inquiétude tendent, dans cette histoire de Mickey, à devenir les «signes permanents» respectifs des deux protagonistes. A force d'être répétés, des traits caractéristiques de l'expression finissent par relever du typage.

En résumé, tout auteur de bandes dessinées est confronté au questionnement physiognomonique. Il lui faut, avec ses moyens graphiques particuliers, traduire la variété des types humains, inventer sa propre typologie. Il n'est pas sans intérêt de faire ici un détour par la tradition de la caricature, dont la bande dessinée est en partie l'héritière. *Characters and caricaturas* est le titre d'une célèbre gravure (1743) de William Hogarth. La frise qui en occupe la partie inférieure fait se succéder trois têtes académiques copiées d'après Raphaël, et trois figures grotesques inspirées de caricatures italiennes (Vinci, Carrache). Hogarth les oppose aux fins de rejeter la monstruosité; il défend l'idée que la satire peut et doit s'appuyer sur l'imitation exacte de la nature. Dans ses lithographies, ou dans une peinture telle que son *Etude de 35 têtes d'expression,* Louis Léopold Boilly, un contemporain de Töpffer, confond ce qu'Hogarth s'ingéniait à dissocier: la représentation de *caractères,* c'est-à-dire de types humains, et la caricature. Mais c'est l'expression (donnée par les «signes non permanents») qui est chez lui poussée jusqu'à la grimace, relevant ainsi de l'exagération caricaturale.

Plus près de nous, nombre de tableaux de Jean Dubuffet (par exemple *Affluence,* 1961) indiquent une sortie de l'alternative caractère *vs* caricature, qui est tout bonnement celle de l'indifférenciation. Ramenés à un schéma anthropomorphique simple et banal, les échantillons d'humanité que peint l'artiste n'ont plus de signes distinctifs notables, ni permanents ni passagers.

LES PARADOXES DE LA RESSEMBLANCE

Cette volonté d'échapper au typage se marque même dans les portraits peints par Dubuffet, tels ceux des écrivains Henri Calet, André Dhotel et Francis Ponge, qui datent tous trois de 1947 et appartiennent à la série *Plus beaux qu'ils*

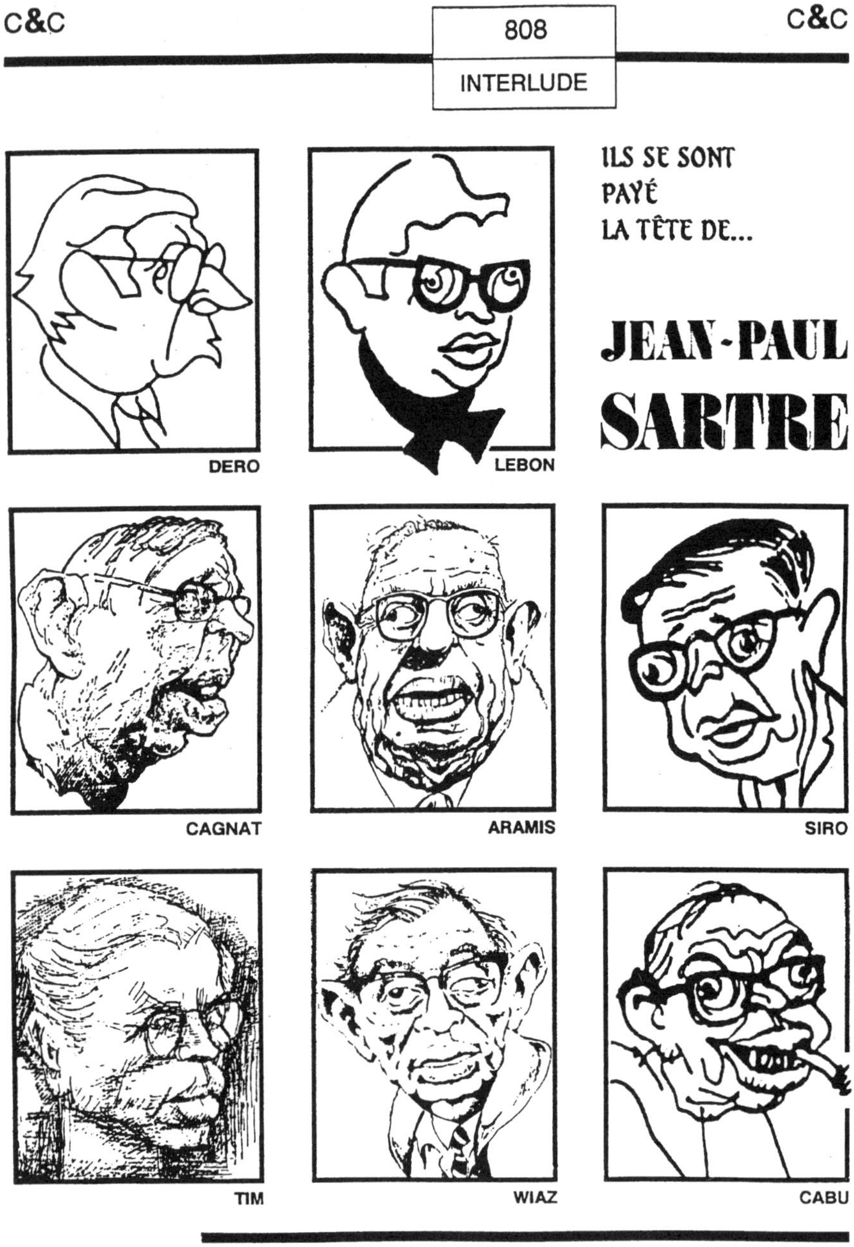

2. *Caricatures et caricaturistes,* 1992

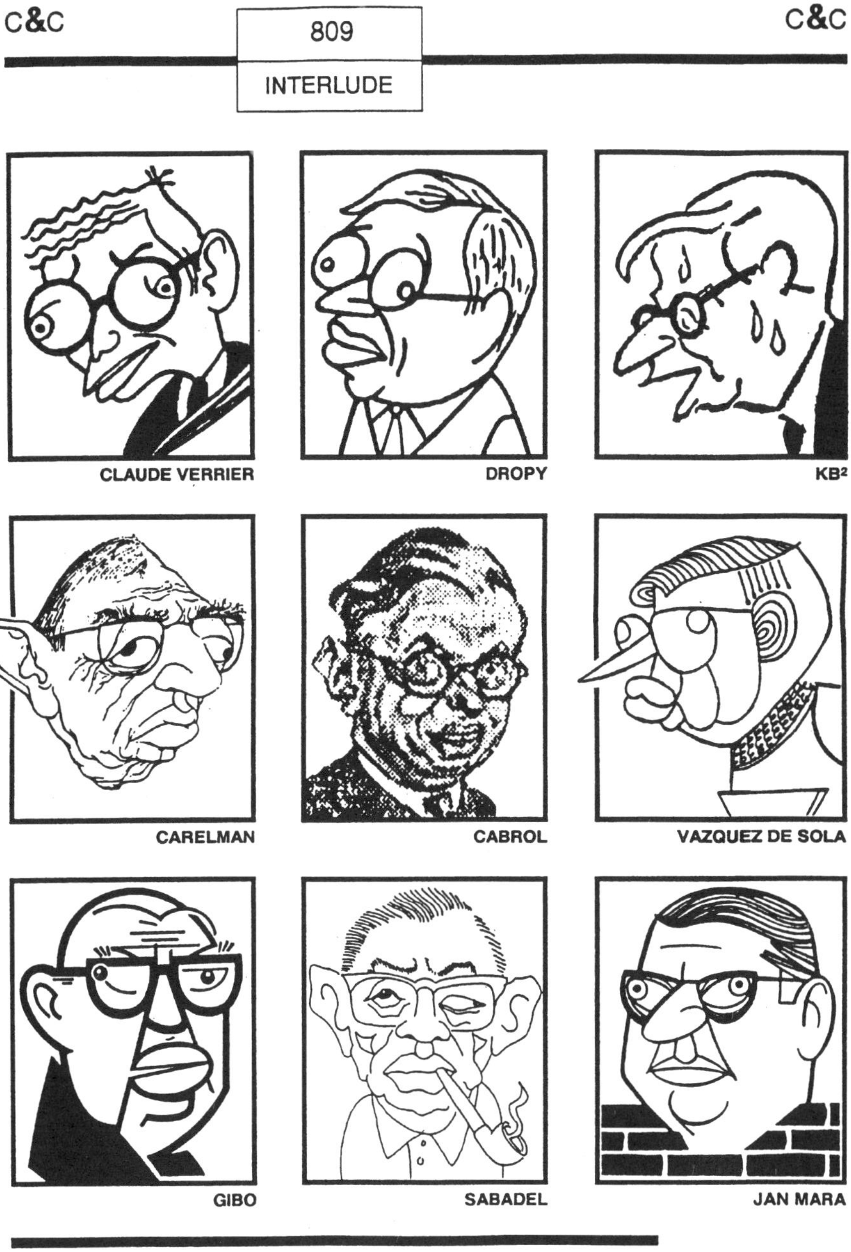
C&C
809
INTERLUDE
C&C
CLAUDE VERRIER
DROPY
KB²
CARELMAN
CABROL
VAZQUEZ DE SOLA
GIBO
SABADEL
JAN MARA

croient. Le peintre parvient par des moyens non conventionnels à saisir quelque chose de la «vérité» de ses modèles, parlant lui-même d'une ressemblance «cuite et confite dans la mémoire». Et Dubuffet d'expliquer: «Si je peins l'effigie d'un homme, il me paraît suffisant que ma peinture évoque en effet un visage d'être humain, mais sans particularités accidentelles, qui sont si vaines...»[8]

Töpffer n'a guère pratiqué l'art du portrait (fût-ce du portrait-charge) dans ses histoires en estampes, dédaignant par exemple de dessiner Albert à la ressemblance de son modèle James Fazy. S'il l'avait fait, son *Essai de physiognomonie* aurait sans doute accueilli d'intéressantes réflexions sur la question de la ressemblance dans la caricature. Car celle-ci n'obéit pas du tout aux mêmes impératifs que la ressemblance des portraits traditionnels. Ce ne sont pas, en effet, l'exactitude du dessin, le vérisme du simulacre qui sont en jeu dans le portrait caricatural, mais bien la captation et le rendu d'une identité globale. Celle-ci ne se confond pas avec la somme de ses parties, et c'est en cela que la caricature est tout sauf une science exacte. L'objectivité et la subjectivité ne s'y laissent pas aisément démêler. J'en veux pour preuve ces dix-sept caricatures de Jean-Paul Sartre (fig 2), par autant de dessinateurs différents, qu'a réunies la revue *Caricatures et caricaturistes*[9]. D'un dessin à l'autre, on peut observer des différences frappantes dans la représentation de la forme générale du visage, comme dans chacune de ses parties composantes: le nez, le front, la bouche, les lunettes mêmes. Cependant, le fait de reposer sur des options contradictoires n'empêche nullement la plupart de ces dessins d'offrir une ressemblance globale assez satisfaisante avec l'auteur de *L'Etre et le Néant.*

La bande dessinée a su tirer les conclusions de ces paradoxes de la ressemblance. Dans les bandes dessinées autobiographiques, par exemple, qui se sont multipliées ces dernières années[10], la volonté d'être fidèle et exact dans la relation de situations vécues ne va pas nécessairement de pair avec le recours à un graphisme cultivant la ressemblance, ou plus précisément avec ce qu'exprime mieux le terme anglais de *verisimilitude.* Tout au contraire, des dessinateurs tels qu'Art Spiegelman ou Lewis Trondheim ont choisi de se représenter (et de représenter leurs proches) sous les traits d'animaux, le premier s'incarnant dans une souris, le second dans un oiseau. S'agissant plus particulièrement de l'œuvre de Trondheim (fig. 3, planche tirée de *Approximativement,* éd. Cornelius, 1995), il est frappant de constater que ni ce détour arbitraire par le zoomorphisme, ni l'usage d'un trait extrêmement schématique, ne font obstacle à la ressemblance: lui-même, et les collègues qu'il met en scène, sont immédiatement reconnaissables par les lecteurs auxquels leur aspect véritable est familier.

Notre ami Töpffer, qui fut le premier à célébrer les noces de la bande dessinée et de la physiognomonie, n'avait pas eu tant d'audace lorsqu'il avait pris la liberté de se représenter lui-même, à la fin de l'histoire de *Mr Crépin,* sous l'identité du maître de pension M. Bonnefoi. La facture académique de cet autoportrait tranchait singulièrement avec l'apparence bouffonne des Crépin, Bonichon, Fadet et autres Craniose. Mais c'était en un temps où le sentiment de la dignité imposait encore ses limites au génie créateur.

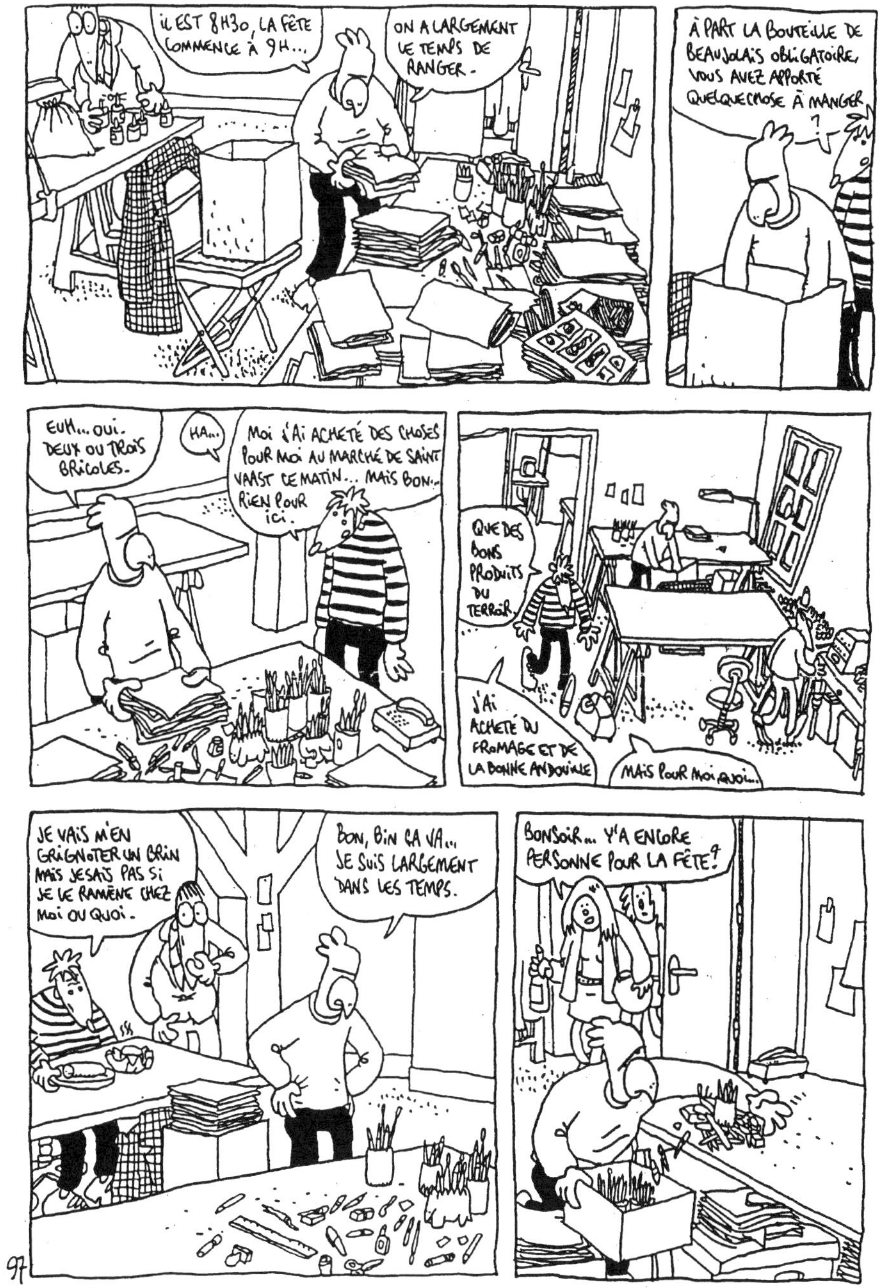

3. Lewis Trondheim, *Approximativement,* 1995

NOTES

1 *Essai de physiognomonie,* Genève, 1843, chap. V
2 Par bande dessinée moderne, j'entends une bande dessinée imprimée et se revendiquant comme un mode d'expression singulier, deux conditions qu'aucun prédécesseur de Töpffer ne remplissait. Je me permets de renvoyer à mon intervention «Töpffer aux sources de la bande dessinée moderne», à paraître dans les actes du colloque sur *Les Inventeurs de la bande dessinée,* qui s'est tenu au Centre Belge de la bande dessinée le 19 octobre 1996.
3 *Töpffer, l'invention de la bande dessinée,* textes réunis et présentés par Thierry GROENSTEEN et Benoît PEETERS, Hermann, «Savoir: sur l'art», Paris, 1994, p. 15
4 Cf. les cinq derniers chapitres de l'*Essai de physiognomonie, op. cit.*
5 «Actualité de Rodolphe Töpffer. Un précurseur de la sémiotique visuelle», *Etudes de lettres,* n° 4, Université de Lausanne, 1983, pp. 75-84
6 Cette planche, parue dans *Le Figaro* et reprise dans l'album *Pages d'Histoire,* a été réimprimée vis-à-vis de deux planches des *Essais d'autographie* dans *9e Art, Les cahiers du musée de la bande dessinée,* n° 1, Angoulême, janvier 1996, pp. 106-107.
7 J'ai décrit ailleurs les difficultés déjà rencontrées en ce domaine par Cham, un des premiers disciples de Töpffer. Cf. *L'invention de la bande dessinée, op. cit.,* p. 114
8 Cité in Manuel JOVER, «L'art à rebours», *Beaux-Arts* hors série: *Dubuffet,* Paris, 1991, p. 9
9 Il s'agit du bulletin trimestriel de l'association Té.Arte, à Paris, ici no 24, sept. 1992, pp. 808-809
10 Cf. Thierry GROENSTEEN, «Les petites cases du Moi: l'autobiographie en bande dessinée», *9e Art, op. cit.,* pp. 58-69

DE LA COURSE D'ÉCOLE À L'ÉCOLE DE LA COURSE

par Alain Arvin-Bérod

Mon propos concerne une des fonctions de ces «courses d'école» qui, pour être l'occasion de succulentes narrations et de remarquables croquis et dessins, n'en sont pas moins des épreuves physiques occupant une place originale dans l'histoire des aventures pédagogiques. D'où le titre de mon intervention, «De la course d'école à l'école de la course». En premier lieu, je voudrais souligner que ce n'est pas un hasard si Töpffer développe ces courses d'école, car leur origine est suisse. En effet, c'est au début du XVIIIe siècle que Scheuchzer emmène ses élèves en voyage dans les Alpes suisses, dans un but scientifique. En 1731, l'abbé Schmuz conduit une équipée de jeunes gens à Glaris, Altdorf, Brunnen, Einsiedeln, Lucerne, Thoune, Berne et Fribourg. L'idée sera reprise au début du XIXe siècle par Gerlach à Genève. Les nombreuses institutions privées qui prospéraient dans cette ville éminemment intellectuelle organisaient des voyages à pied pendant les vacances, pour les jeunes genevois mais aussi pour les élèves étrangers. Rodolphe Töpffer arrive en 1822 et s'affirme à la fois comme rénovateur de talent de la tradition helvétique et comme un précurseur des futures «caravanes scolaires» de la fin du XIXe siècle. Ces dernières s'inscrivent dans la modernité naissante où l'homme va s'autoriser à agir en maître et possesseur de la nature. La plus célèbre de ces caravanes sera conduite en 1896 par le père dominicain Henri Didon, emmenant ses élèves d'Arcueil jusqu'à Athènes pour les premiers Jeux Olympiques rénovés. Que la culture olympique, dont le siège international est à Lausanne, ait un lien privilégié avec la Suisse ne tient donc pas seulement au fait que le baron Pierre de Coubertin se soit retiré dans ce pays. Un siècle auparavant, le peintre Jean-Pierre Saint-Ours, acteur de la Révolution genevoise, avait le premier donné corps aux fêtes antiques avec sa toile *Les Jeux Olympiques* (Musée d'art et d'histoire de Genève).

Mais en quoi me direz-vous cette apparente continuité des voyages pédagogiques entre les XVIIIe et XIXe siècles éclaire-t-elle d'un jour nouveau l'initiative de Rodolphe Töpffer? A mon sens, et pour faire bref, pour deux raisons essentielles. La première est que, depuis la Révolution française, comme le disait Michelet, «les Français ne regardent désormais plus vers Versailles mais vers la Terre». Et il n'y aura pas que les Français pour découvrir la planète! Avec la publication des *Voyages en zigzag,* les excursions alpines où Töpffer entraîne ses élèves vont séduire l'Europe en privilégiant l'évasion et l'imaginaire qui vont gagner en profondeur la culture européenne. La seconde est que, même si l'esprit sportif dit de compétition est évidemment absent des courses de la pension Töpffer, c'est au travers de l'épopée de la conquête, de la soif de connaissance et du partage d'émotions que l'éducation et l'art modernes vont se redéployer. Quand je parle d'école de la course, c'est pour mieux souligner cette dimension qui va baigner la rénovation olympique. J'en veux pour preuve le fait que, dans la lignée des courses d'école suisses, ce sont les Clubs Alpins, et tout spécialement le C.A.F. (Club Alpin français dont un des fondateurs, le marquis de Turenne, est un ancien pensionnaire de Gerlach et lui-même adepte des courses d'école), qui donnent leur impulsion aux «caravanes scolaires» – mélange de randonnées pédagogiques, de découverte des sites naturels et d'aventure vécue par un groupe – qui vont ancrer l'utopie olympique dans l'esprit des jeunes générations. Contrairement à une idée reçue, la rénovation olympique ne s'identifie pas à ses origines avec le seul culte du sport et des vertus de l'exploit physique. Il s'agit d'une expérience du monde par le voyage dont Stendhal a été un des annonciateurs avec sa perception du touriste. Töpffer n'était-il pas lui-même ce touriste aux apparences anodines, mais qui visitait en réalité autant la société que les paysages nouveaux? La rénovation olympique associera à ce mouvement les nations et les peuples dans un universalisme hérité des Lumières.

Il faut enfin signaler que la mise sur pied des caravanes scolaires prend en France, sous l'impulsion des Dominicains, la forme d'une rénovation pédagogique esquissée bien avant par Töpffer. Ces nouvelles courses d'école donnent aussi lieu à des publications organisées selon la structure des récits töpffériens, conjuguant la narration enfantine, les dessins d'humour et même la photographie. La XXIe caravane des Dominicains d'Arcueil à Athènes, publiée chez Mersch à Paris, contient et prolonge les idées du départ. En effet, emmenés par le père Henri Didon, les élèves du collège Albert-le-Grand partent en train de la gare de Lyon jusqu'à Brindisi, reçoivent les encouragements du Pape, embarquent puis traversent le Péloponèse à cheval pour être accueillis comme une délégation officielle à Athènes. Cette caravane scolaire donne aux courses d'école de Töpffer une dimension nouvelle, en dépassant les frontières nationales, ethniques et religieuses pour précéder l'aventure du XXe siècle. Et ce n'est peut-être pas un hasard si son auteur Henri Didon, aussi peu préparé à la pédagogie que Töpffer, est celui qui avait lancé le 7 mars 1891, en compagnie de son ami Pierre de Coubertin, la devise devenue olympique et combien fameuse: *Citius, Altius, Fortius* («plus vite, plus haut, plus fort»). De la course d'école vécue comme une initiation pédagogique au monde, à l'école de la course devenue une course à la performance, une mutation s'est opérée qui oublie des pionniers tels que Rodolphe Töpffer, et menace les fondations humanistes de l'entreprise. Que ce retour aux sources nous rappelle à l'humilité!

Achevé d'imprimer
sur les presses de m+h en novembre mille neuf cent quatre-vingt-dix-huit